JN314447

# 聖地巡礼ツーリズム

星野英紀・山中 弘・岡本亮輔 編

弘文堂

聖地巡礼ツーリズム◎目次

概説　**作られる聖地・蘇る聖地**
　　　──現代聖地の理解を目指して　　　　　　［山中　弘］　*1*

## 第1章　巡礼と聖地

1-1　**四国遍路**
　　　──時代を映す日本最大の巡礼地　　　　　［門田岳久］　*14*

1-2　**サンティアゴ・デ・コンポステラ**
　　　──変容する巡礼空間　　　　　　　　　　［土井清美］　*20*

1-3　**ルルド**
　　　──「苦しむ者」の祝祭空間　　　　　　　［寺戸淳子］　*26*

1-4　**テゼ共同体**
　　　──若者たちの聖地　　　　　　　　　　　［岡本亮輔］　*32*

1-5　**チベットの聖山巡礼**
　　　──仏教伝統と変容する巡礼空間　　　　　［別所裕介］　*36*

1-6　**ミャンマーの僧院巡礼**
　　　──「森」へ向かう都市住民たち　　　　　［藏本龍介］　*42*

1-7　**佐渡**
　　　──離島社会に生まれた宗教的風土　　　　［門田岳久］　*46*

## 第2章　伝統と聖地

2-1　**ブッダガヤ**
　　　──仏教最大の聖地の発見と変容　　　　　［前島訓子］　*52*

2-2　**エルサレム**
　　　──歴史の構築される町　　　　　　　　　［平岡光太郎］　*56*

2-3　**メッカ**
　　　──聖地を擁するということ　　　　　　　［高尾賢一郎］　*60*

| 2-4 | **伊勢神宮** | |
| --- | --- | --- |
| | ——20年ごとに繰り返される観光再生 　　　　　　［板井正斉］ | *66* |
| 2-5 | **本願寺** | |
| | ——親鸞の廟をめぐる近現代 　　　　　　　　　　［碧海寿広］ | *70* |
| 2-6 | **永平寺** | |
| | ——変容する根本道場 　　　　　　　　　　　　　［徳野崇行］ | *74* |
| 2-7 | **天理市** | |
| | ——聖地が生んだ宗教都市 　　　　　　　　　　　［山田政信］ | *78* |

## 第3章　世界遺産化と聖地

| 3-1 | **長崎の教会群とカクレキリシタン** | |
| --- | --- | --- |
| | ——宗教とツーリズムのせめぎあい 　　　　　　　［山中　弘］ | *84* |
| 3-2 | **斎場御嶽** | |
| | ——公共空間としての聖地へ 　　　　　　　　　　［門田岳久］ | *90* |
| 3-3 | **熊野** | |
| | ——霊場と観光地のはざまに揺れ動く聖地 　　　　［天田顕徳］ | *94* |
| 3-4 | **富士山** | |
| | ——「信仰の山」への回帰 　　　　　　　　　　　［村上　晶］ | *98* |
| 3-5 | **鎌倉** | |
| | ——武家の聖地と世界遺産 　　　　　［齋藤譲司・松井圭介］ | *102* |
| 3-6 | **ロシアの修道院** | |
| | ——宗教文化財をめぐる教会と博物館の対立 　　［高橋沙奈美］ | *106* |

## 第4章　消費と聖地

| 4-1 | **成田山新勝寺** | |
| --- | --- | --- |
| | ——国際化の進む庶民の聖地　［松井圭介・橋本暁子・齋藤譲司］ | *112* |

| 4-2 | 武州御岳山 |
|---|---|
| | ——修験の山からパワースポットへ　　　　　　　　［問芝志保］　*116* |

| 4-3 | 生駒山 |
|---|---|
| | ——大都市近郊の宗教雑居ビル　　　　　　　　　　［三木　英］　*120* |

| 4-4 | 牛久大仏 |
|---|---|
| | ——巨大仏の出現と受容　　　　　　　　　　　　　［問芝志保］　*124* |

| 4-5 | 台湾の媽祖進香 |
|---|---|
| | ——消費が高める廟への信頼　　　　　　　　　　　［鈴木洋平］　*128* |

| 4-6 | グラストンベリー |
|---|---|
| | ——キリスト教の聖地からスピリチュアリティの聖地へ　［河西瑛里子］　*132* |

| 4-7 | マーヤープル |
|---|---|
| | ——聖者の世界進出と聖地のグローバル化　　　　　［中谷哲弥］　*136* |

## 第5章　メディアと聖地

| 5-1 | 明治神宮・清正井 |
|---|---|
| | ——パワースポットのつくられ方　　［岡本亮輔・川﨑のぞみ］　*142* |

| 5-2 | 鷲宮神社 |
|---|---|
| | ——世界に発信されるアニメの聖地　　　　　　　　［今井信治］　*146* |

| 5-3 | 秩父三十四カ所　定林寺 |
|---|---|
| | ——アニメが描く「秘密基地」という聖地　　　　　［川﨑のぞみ］　*150* |

| 5-4 | 今戸神社 |
|---|---|
| | ——恋愛の聖地の表象戦略　　　　　　　　　　　　［岡本亮輔］　*154* |

| 5-5 | 青森キリストの墓 |
|---|---|
| | ——奇想が織りなす宗教ツーリズム　　　　　　　　［岡本亮輔］　*158* |

| 5-6 | ハワイの神社 |
|---|---|
| | ——移民とツーリストのはざまで　　　　　　　　　［高橋典史］　*162* |

| 5-7 | パリの三大墓地 |
|---|---|
| | ——ツーリズム化される死者の場所　　　［岡本亮輔・問芝志保］　*166* |

## 第6章　悲劇と聖地

- 6-1　阪神淡路大震災
  ——「連帯の聖地」となった被災地　　［三木　英］　172
- 6-2　御巣鷹山
  ——死者と会う場所　　［名和清隆］　176
- 6-3　紫雲山地蔵寺
  ——聖地に集う母親たち　　［問芝志保］　180
- 6-4　えひめ丸慰霊碑
  ——国境をこえた悲劇の記憶への努力　　［高橋典史］　184
- 6-5　ニューヨークのグランド・ゼロ
  ——「文明の繁栄と自省」の聖地　　［藤本龍児］　188

## 第7章　国家と聖地

- 7-1　靖国神社
  ——戦没者の慰霊・追悼・顕彰の聖地　　［藤本頼生］　194
- 7-2　イギリスの戦没記念碑　セノタフ
  ——宗教を超えた国家的聖地　　［粟津賢太］　198
- 7-3　韓国の戦没者墓地
  ——死者の顕彰と地域利害　　［田中　悟］　202
- 7-4　毛沢東の生誕地　韶山
  ——社会主義近代国家の新聖地　　［韓　敏］　206
- 7-5　北海道神宮
  ——忘れられた開拓の記憶　　［問芝志保］　212
- 7-6　バングラデシュの聖者廟
  ——ラロン・シャハ廟をめぐる国民統合と宗教をめぐるジレンマ　　［外川昌彦］　216
- 7-7　シリアの聖者廟
  ——ザイナブ廟とカルバラーの物語　　［安田　慎］　220

## 第8章　戦争と聖地

### 8-1 沖縄
—— アクチュアルな慰霊と平和の聖地　　　［粟津賢太］　*226*

### 8-2 広島・長崎
—— 怒りと祈りの聖地　　　［木村勝彦］　*230*

### 8-3 南太平洋の慰霊巡拝
—— 戦没者の霊魂と交感する旅　　　［中山　郁］　*234*

### 8-4 パールハーバー
—— 楽園ハワイと戦争の記憶　　　［高橋典史］　*238*

### 8-5 旅順
—— 国民的聖地の観光戦略　　　［高山陽子］　*242*

### 8-6 アウシュヴィッツ
—— それは誰の歴史か　　　［加藤久子］　*246*

## あとがき　　　［星野英紀］　*252*

## 聖地・巡礼地マップ

- ▶東日本　*50*
- ▶西日本　*82*
- ▶ヨーロッパ、中東　*140*
- ▶アジア、オセアニア　*170*
- ▶アメリカ　*192*

## 索引　*257*

# 概説　作られる聖地・蘇る聖地
——現代聖地の理解を目指して

山中　弘

## 聖地ブーム

　聖地は、今日、私たちが自由に選べる対象となってきている。『日本の聖地ベスト100』が出版され、雑誌では「週末に行く聖地」といった特集が組まれたりもする。週末に気晴らしに温泉に出かけるように、聖地のガイドブックを携えて、好きな聖地を訪れてみる。聖地はこうしたコンセプトで扱われ始めている。こうなると、どの聖地を選ぶかは、特別な信仰よりも、好奇心、気まぐれ、直感的な好き嫌いによることになるだろう。もっとも、聖地は昔から「旅」と深く結びついており、聖地への旅は巡礼、参詣と呼ばれてきた。伊勢神宮、メッカ、ベナレスなど、洋の東西を問わず、至福の喜びと深い満足感を与えてくれる場所、それが聖地だった。しかし、現在、こうした伝統的聖地への巡礼のなかには、巡礼ツーリズムへと変化するものもある。1993年に世界遺産に指定されたスペインのサンティアゴ・デ・コンポステラの巡礼路には、重いザックを担いで黙々と歩く多くのツーリストたちの姿があるが、彼らにとって大切なものは大聖堂での祈りと祝福であるよりも、約800kmにも及ぶ長い道のりを一人で歩く爽快感や自分探しなのである。

## いろいろな聖地

　聖地に向かう巡礼だけが変化しているわけではない。聖地自身もまた変化している。今日いたるところに出現しているパワースポットは、その代表格だろう。それまで特別に意識されなかった場所が、突如として幸せを呼ぶスポットへと変わっている。有名なところでは、明治神宮の「清正井（きよまさのいど）」がある。その井戸を携帯の「待受」にすると幸運が訪れるという芸能人の発言をきっかけに、参道脇の庭園の古井戸がパワースポットと呼ばれるようになり、それを写真におさめようと長蛇の列ができている。撮影後、本殿に参拝もせずに、そのまま立ち去る人も多いという。このようにメディアが作り出した今日的聖地も、現代の聖地事情にとって見逃せない。いわば「作られた聖地」が増えているのである。

　いまひとつの聖地として、何らかの事情で通常とは異なる死を遂げた人々に対する慰霊、追悼、あるいは顕彰を行うための特別な場所にも注目しなければならないだろう。国家のために尊い命を捧げた戦没者たちが埋葬、顕彰されている墓地や社殿は、国家によって作られた戦争の聖地であろう。また、大量殺戮や悲劇的な事故が起こった場所もまた、悲

劇の聖地といえるだろう。もちろん、そうした場所は必ずしも宗教が介在しているとは限らない。しかし、聖性を既存の宗教に限定せずに、それをより普遍的な、苦痛や死などの人間の実存の究極性に関わる深い感情だとすると、こうした場所が喚起する情緒はそうした聖性へと連なるもののように思われる。アウシュヴィッツ収容所跡地や広島・長崎のような無差別な大量殺戮が起こった場所、旅客機の墜落現場、大震災などの悲劇的災害の現場などはいずれも、犠牲者への慰霊と、人間存在にはらまれた狂気や罪に思いをいたす「負」の聖地といえるだろう。そして、意外にも原爆関連の施設も収容所跡も人気のある観光スポットであり、毎年、数多くのツーリストを惹きつけている。これらの場所は、人間の限界状況に深く関わって、そこを訪れる者に厳粛で敬虔な気持ちを起こさせる負の聖地として、聖地巡礼ツーリズムの重要な舞台となっている。

## 本書のねらいと問題意識

さて、本書のねらいは、聖地／巡礼という伝統のある宗教的実践に「ツーリズム」という補助線を入れて、今日の聖地の状況と現代における聖性の行方を考えてみることにある。特に、「聖地の構築とその変容」という側面をクローズアップしたいと考えた。聖地や聖性をどのように考えるかは後で少し詳しく論じてみるつもりだが、ここでは聖地を「動かないもの」、「変わらないもの」という観点からよりも、むしろ、その場所が意識的に作られたり、絶えず変化しているという点に注目したい。変容といっても、聖地がまったく別の物になるわけではない。聖地を眼差す私たちの視線が変わってきているという点が大切なのである。忘れられていた聖地が急に蘇ったり、あれほど人々を惹きつけていた聖地がすっかり忘れられてしまったりと、私たちの眼差しの変化は聖地の盛衰を左右してきた。もちろん、メッカ、エルサレム、ブッダガヤなど、世界宗教の伝統的な聖地は、敬虔な信徒たちにとって変わることのない永遠で不動の場所のようにもみえる。しかし、歴史を紐解けば、これらの聖地でさえもさまざまに変遷を遂げてきたことがわかる。

ここでまず、多様な聖地を扱う本書全体の問題意識を理解していただくために、「聖地」と「眼差し」に関する４つの類型を図示しておきたい。この図では、横軸に聖地のあり方を取り、右端に「宗教的聖地」、左端に「非宗教的聖地」をおいた。これは、聖性の拡散を現代社会の宗教状況とみなす本書の基本的認識を反映したものである。縦軸には、聖地に関わる人々の眼差しのあり方を取り、上端を「信仰・慰霊・顕彰」とし、下端を、聖地への眼差しの多様化、ツーリズム化を踏まえて、「ツーリズム・文化財」とした。この２つの軸を重ねると、「宗教的聖地／信仰・慰霊・顕彰」（第１象限）、「宗教的聖地／ツーリズム・文化財」（第２象限）、

「非宗教的聖地/信仰・慰霊・顕彰」（第3象限）、「非宗教的聖地/ツーリズム・文化財」（第4象限）という4の類型を描くことできる。この図を使って分類してみると、従来の聖地/巡礼論は第1象限に、ツーリズム論は第4象限で議論されてきたことがわかるだろう。これに対して、本書は、第3象限として、アウシュヴィッツ収容所跡地やグランド・ゼロなどの悲劇的場所を「負の聖地」として聖地論に取り込み、さらに、パワースポットやアニメ巡礼などの今日的聖地の誕生を踏まえて、第1象限に留まっていた従来の聖地/巡礼論を第2象限、第4象限にまで意識的に拡張し、今日の聖地の変容の有り様を検討することにした。もちろん、それぞれの聖地は多面的な性格を持っており、それを4つの象限のどれか1つに位置づけることには無理がある。そもそも聖地の性格をどこか1つの象限に固定すること自体、本書全体のねらいに反している。そこで、ここでは、私の視点に基づいて聖地を位置づけるとともに、聖地の変化の図示にも意を用い、必要に応じて矢印をつけてみた。相反する方向性を同時に示すものには逆方向に反発しあう矢印で、その場所がかかえる葛藤を示してみた。もちろん、聖地を特定の方向へと変化させる要因には政治、社会、文化などの外的なものも含まれるが、それらについては、この図では表現しないことにした。

## 聖地をどのようにみるのか

さて、ここまでは伝統的な聖地とはタイプを異にするいくつかの聖地に言及しながら、本書の問題意識を図示してきた。しかし、聖地の変容や多様な聖地を問題にするにあたって、聖地自体をどのように捉えるかについて少し述べておかなければならないだろう。聖地研究の植島啓司は、さまざまな聖地の定義を紹介した上で、聖地のもつ聖性の源泉として、その場所に由来する固有な力を考えるか、それとも、その場所に深く関わる聖人や英雄などの存在を考えるかのいずれかであると述べている。植島自身は「場所」自体が持つ神秘的な力という論点に肩入れしているようであるが、この立場は、鎌田東二など聖地に思い入れが強い論者にはよく見られるものである。聖地は、その場所に備わる固有な力のために一貫して聖地であり続けたというのが、これらの論者の大方の主張であり、聖地と人間との関係も、人間を聖地の力によって癒される受動的な存在として描くのが一般的である。

しかし、人類学などの近年の議論では、聖地を支える聖性の源泉に人間の側からの能動的な「構築」を認める研究も増えており、聖地研究については、今日、立場を異にするいくつかの見解が存在している。私は、聖地をどのように捉えるかは、「聖なるもの」、「場所」、「人間（社会）の役割」という3つの要素の内、ど

現代聖地の

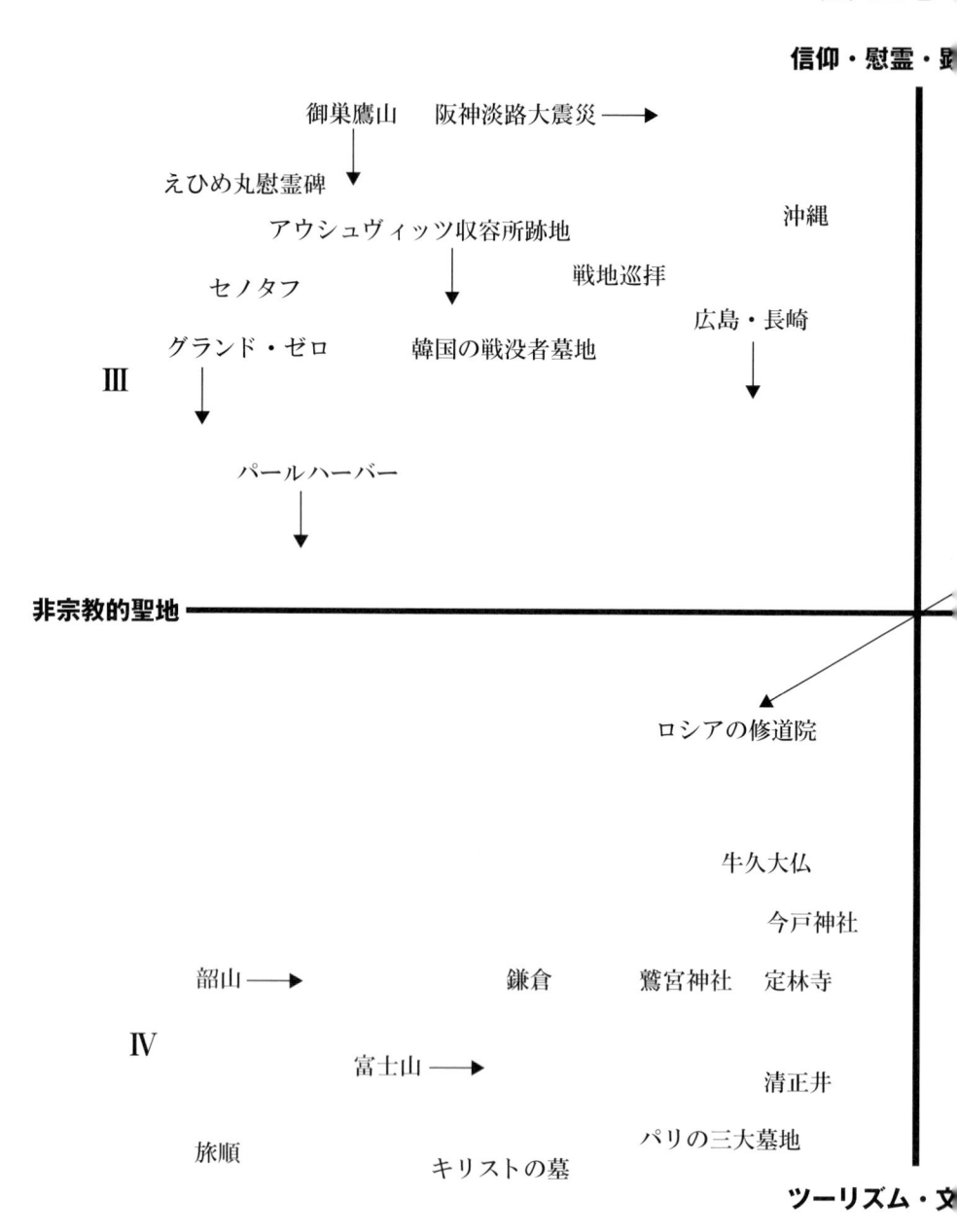

信仰・慰霊・

　　　　　御巣鷹山　　阪神淡路大震災 →
　　　　　　　↓
えひめ丸慰霊碑
　　　　　　　アウシュヴィッツ収容所跡地　　　　　沖縄
　　セノタフ　　　　　　　↓　　　　　戦地巡拝
　　　グランド・ゼロ　　　　　　　　　　　広島・長崎
Ⅲ　　　　　↓　　　韓国の戦没者墓地　　　　　↓
　　　　パールハーバー
　　　　　　↓

**非宗教的聖地** ━━━━━━━━━━━━━━━━━━━━━━━

　　　　　　　　　　　　　　　　　ロシアの修道院

　　　　　　　　　　　　　　　　牛久大仏
　　　　　　　　　　　　　　　　　　今戸神社
　　　韶山 →　　　　　鎌倉　　鷲宮神社　定林寺
　Ⅳ
　　　　　　　富士山 →
　　　　　　　　　　　　　　　　　　清正井
　　旅順　　　　　　　　　　　パリの三大墓地
　　　　　　　　　キリストの墓
　　　　　　　　　　　　　　　　　　　　**ツーリズム・文**

4

動態類型

```
                                          天理       メッカ
                    靖国神社
        テゼ共同体
                                  チベットの巡礼           ↑
        地蔵寺                        ↓           ミャンマー僧院（T僧院）
        シリアの聖者廟                                            Ⅰ
                            長崎教会群
                                          本願寺
                                      ↑
        ロシアの修道院                       北海道神宮
                                            ルルド    エルサレム
    ─────────────────────────────────────────────────────────→ 宗教的聖地
                                ↓
                            長崎教会群            成田山新勝寺    永平寺
                            ブッダガヤ                        伊勢神宮
                    ミャンマー僧院（平凡山）                    武州御岳山      ↑
        バングラディシュの聖者廟                    四国遍路       ↓    熊野
                            媽祖進香    佐渡          ↓
                        サンティアゴ・デ・コンポステラ   生駒山
                                          ↓         斎場御嶽
        ハワイの神社         ↓
          ↓         マーヤープル
                        ↓       グラストンベリー
                                              Ⅱ
```

概説　作られる聖地・蘇る聖地　　5

れをより重視するかにかかっていると考えている。そこで、これらの要素の重要度の違いによって、聖地研究を「実在論的アプローチ」、「場所論的アプローチ」、「構築主義的アプローチ」という３つのアプローチに整理してみたい。

「実在論的アプローチ」とは、聖なるものを実体的な実在だと理解し、その実在が自らを顕した場所こそが聖地であり、そのため、聖地はその他の場所とは質的に区別されるとするものである。このアプローチでは、場所の聖性はあくまでも聖なるものの顕現に支えられており、場所自体の聖性は理論的には副次的なものとなる。たとえば、聖母マリアが出現したルルドの聖性は、洞窟や泉という場所の固有性に由来するのではなく、聖母という聖なる実在がそこに自らを顕したという一点に支えられている。したがって、この立場に立てば、聖地の誕生は、人間の意図とは無関係に、彼方からやってくる神的な意志だけに依存するということになるだろう。

「場所論的アプローチ」とは、場所自体が固有に持っているさまざまな特徴や力が人々に働きかけて、人間の側に特別な効果や体験をもたらすというものである。このアプローチからすれば、場所の聖性は人間を超えた実在者とは無関係に、場所自体の個性が人間に深い感情や強い印象を与えることで、人間はそこにこの世ならざるものを感じるということになる。地理学者B.レインは、この立場から聖地の定義や記述には詩人の才能が不可欠だとさえ述べている。人間に強いイマジネーションを与える場所の喚起力にこそ聖性の源泉があるとし、場所との情緒的なつながりを強調するという意味で、このアプローチはY.トゥアンの「トポフィリア的」立場にも通じるといえるだろう。

ただ、この立場は最初のアプローチと重複して主張されることもある。たとえば、滝や山などの自然物をそのまま聖なるものの顕現とみなす神道的聖地論の場合、場所の力に聖なるものの実在を重ねて語ることが多い。同様なことは、ネイティブ・アメリカンの聖地を中心にしたJ.スワンの聖地論にも当てはまるだろう。つまり、自然を神が創造した被造物とみなすユダヤ・キリスト教的伝統とは異なって、自然に聖性が宿るとするアニミズム的宗教の場合には、場所論的アプローチは、そのまま実在論的アプローチとなる傾向が強いのである。しかし、聖地が必ず場所の力を有していると思うのは、アニミズム的文化の偏向で、場所の聖性を欠いた聖地も当然存在している。たとえば、1996年にフロリダのクリアウォーターで誕生した聖母出現の聖地は、太陽光線がビルの窓ガラスに作り出す模様が聖母の姿のように見えることに由来している。この聖地を研究したW.スワトスは、「聖なる地理性」を明らかに欠くこの場所が聖地たり得るのは、その聖母からのメッセージの存在のためだとして

いる。

　最後の「構築主義的アプローチ」とは、聖地の聖性が人間によって社会的に構築されたという側面を重視する立場である。ここで「社会的に構築された」とは、聖地の聖性が「聖なるもの」や「場所」といった人間の外側にあるものから一義的に引き出されるのではなく、場所に対する人間の側の語りや所作、あるいは聖職者や教団などの社会組織によって作られたということである。ルルドの聖母出現を検討した関一敏は、洞窟での聖母出現は誰にとっても自明な「事実」ではなく、その出現の物語は、不思議な体験をした14歳の少女ベルナデットを軸に、教会、町当局、知識層、庶民層など、いくつかのグループの「社会的・宗教的立場の違いからくる、さまざまな視点の交錯の中で」成立していったことを指摘している。このように、この立場では、先の2つのアプローチが含意していた聖性の所与性や不動性が後景化し、むしろ聖地空間の流動性や多義性が前景化することになるのである。さらに、D. チデスターとE. リネンタールは、この聖地空間に、内部者と外部者、支配者と従属者、男性と女性といったさまざまなアクターたちが力関係をめぐって闘争する「聖地の政治学」を読み込んでいる。実際、オーストラリアの聖地ウルルの登山をめぐるアボリジニと観光客との軋轢や、修験道の聖地大峰山上ヶ岳の女人禁制に対するフェミニストたちの異議申し立てなどに見られるように、聖地が与える癒しとはいったい「誰にとっての」癒しなのかという問いは残るのである。いずれにせよ、このアプローチは、聖地を聖性の名の下に一元的に理解しようとするロマン主義的な美化を批判して、聖地形成のダイナミズムに着目し、聖地空間を、対立するさまざまな語りを内包する分裂した場所とした点で、大きな意義を持っている。

## 聖地化とマーカー

　このように、「聖なるもの」、「場所」、「人間（社会）」の3つの内どの要素を重く考えるかで聖地の捉え方も大きく変化してくるわけだが、これらの要素の配分は、最終的には聖地に対する論者の問題意識にかかっているといえるだろう。聖地への人間の側の眼差しに注目し、その変化の側面を論じようとする私の立場からすれば、聖地形成に対する人間の側からの関与に注目する最後のアプローチに親近感を覚える。

　もちろん、聖地が何よりも特定の場所を指す言葉である以上、場所が人間の側に喚起する情緒を無視することはできない。実際、どのアプローチを取るにしても、たとえば、イザナミの墓所とされる熊野の花の窟（いわや）神社全体を領する雰囲気は、訪れる人々に場所の力を感じさせないではおかないだろう。しかし、たとえ、特定の場所が人々に強烈な印象を喚起したとしても、それだけで聖地が誕生するわけではない。つまり、そ

の場所への強い感情が個人の心の内側に留まってしまうのであれば、社会的実在としての聖地が生まれることはない。聖地が聖地として社会的に誕生するためには、ある場所を他から意味的に分離して、それを聖地として枠づけ、名前を与えるという一連の社会学的な過程を経ることが不可欠であり、これによって、聖地は個人の主観的印象から切り離されてもなお存在する社会的な言説空間のなかに位置を占めることになるのである。ごく普通の場所が悲劇的な出来事を契機にある種の聖地とみなされるようになる場合を考えてみよう。広島の原爆ドーム、ニューヨークのグランド・ゼロ、ポーランドのアウシュヴィッツ収容所跡地など、無辜の人々の無差別な死や虐殺が起こった場所が人間の感情と想像力を強く刺激する場であることは論を待たない。しかし、これらの場所が負の聖地となるためには、悲劇的な出来事そのものの持つ強い感情の喚起力だけでは十分とはいえないだろう。感情は時の経過とともに風化するし、場所さえも、その出来事を直ぐに想起できないほど変化し、日常の風景のなかに簡単に溶け込んでしまうからである。この風化や日常化に抗して、そうした場所を特別な意味を持ったものにするためには、その場所を社会的に特別なものとして意味的に「分離」して「枠づけ」、それに特定の名前を与えることが必要なのである。原爆ドームや収容所などの建物の保存、説明板の設置、慰霊碑の建立など、負の聖地を形作るこれらのアイテムは、この場所を他のものから区別する「マーカー」であり、このマーカーの存在が悲劇の出来事の記憶を喚起させ、これを介して人間の側からのさまざまな「語り」が触発され、これらの語りの集積がさらに強い感情を呼び起こすことになるのである。

伝統的な宗教的聖地も例外ではなく、同様な社会学的過程を経て「聖地」として立ち上がってきたとみることができよう。しかし、新しい聖地に比べて、その聖性が自明にみえるのは、その場所の聖性を保証する宗教的権威が存在し、それが「聖なる土地」という確固とした枠づけを提供しているからである。そして、そこで恒常的に営まれる祭儀を通じて、その場所の聖性が視覚や身体を通じて繰り返し確認されることで、その自明性は確かなものになっていく。さらに、長い時間の経過のなかで、それらが社会的に共有された聖地というカテゴリーの下に分類され、名指され、複製されることを通じて、その自明性は「事実」という域にまで高められるのである。そのため、信徒、非信徒を問わず、なぜその場所が聖地なのかを改めて問う必要はないのであり、場所に関する新しいマーカーなども同様に不要なのである。

しかし、すべての聖地が信徒たちの絶えることのない篤い信仰に支えられて、変化せずに存在し続けているわけではない。特に、日本の山岳

信仰や、ネイティブ・アメリカンやアボリジニなどの先住民の聖地のように、明確な信徒集団も宗教的テクストも持たず、その信仰対象も自然物である場合、近代化に伴うさまざまな影響を強く受けることになる。都市化による閉鎖的な地域共同体の解体、地域開発による自然景観の破壊、さらには自然観そのものの変化は、ローカルな聖地の聖性を脅かし、場合によっては忘れられてしまうことにもつながる。たとえば、江戸時代に大いに流行した富士講固有の聖地は、富士山そのものの意味づけの変化、神仏分離に伴う混乱と東京大空襲での信徒たちの離散によってほとんど顧みられなくなっている。彼らが再興した北口本宮浅間神社も往事の賑わいを失っており、さらに、富士山麓の人穴神社の奥深く、教祖角行の修行場「人穴」とその脇に苔生して存在する富士講の指導者たちの墓石群などは、失われた聖地の感を懐かせるのに十分なのである。

ところで、今ひとつ付言しなければならないのは、宗教的であれ、世俗的であれ、こうしたマーカーやそれが喚起する感情や語りは時として変化したり、矛盾したり、競合したりする場合があるということである。たとえば、加藤久子が本論で詳しく述べているように、アウシュヴィッツ収容所跡地は、東西冷戦下では、ユダヤ人よりも、そこで刑死した何万人ものポーランド人にとっての「受苦」の象徴として存在していたという。さらに、近年でさえ、収容所跡地に隣接する場所に移設されたヨハネ・パウロ2世の十字架をめぐってユダヤ人たちとポーランドの右翼政治家、さらに一部のカトリックの人々の間で対立が起こっている。負の聖地空間にも複雑なポリティクスが存在しているのであり、聖地空間におけるマーカーが常に特定の言説と一体となっているわけではなく、同じ聖地が同時に別の意味を担うこともあり得るのである。

## 消費の深化と巡礼ツーリズム

さて、失われた聖地が存在する一方で、冒頭で述べたように、近年パワースポットを始めとして聖地の人気が高まり、四国やサンティアゴなどの聖地巡礼も活況を呈している。このブームをどのように考えるべきなのだろうか。私は、多くの聖地が、信仰の有無に関わらず、一般の人々の好奇心を刺激する開かれた消費空間へと移行し始めていると感じている。現代版の聖地といえる数多くのパワースポットの誕生は、この消費現象の一層の深化とみることができよう。もちろん、「消費」といっても、聖地がレジャーランドになったという意味ではない。むしろ、書籍や雑誌での扱い方は聖地が持つ不思議な力に焦点が当てられ、聖地空間を私たちの生活世界とは質的に異なるものとみている。消費とは無縁な場所、それが聖地だというイメージなのである。聖地の表象に頻出する「異」性や「他」性は、明らかにこれらのイメージが聖地のマーカーとなって

いることを示しており、その異質性こそが今日の消費の対象となっている。こうした事態は、聖地の担い手が、信仰を共にする信徒集団や伝承を共有する地域共同体の枠を超えて、グローバルに広がるメディア空間の中に拡散していることを示しており、そのマーカーの重要な担い手は、その表象を多用するメディアであり、聖地の力や神秘性を語る宗教学者や文化人なのである。先に、聖地が消費空間に移行していると指摘したのは、こうした意味なのである。

ツーリズムが、マーカーを介して「ある場所を訪れるに値する場所にする企て」であるとすれば、信仰を語らずに「他」性や「異」性というマーカーから聖地の魅力を語ることは、聖地巡礼を巡礼ツーリズムへと変貌させる大きな要因とみることができるだろう。また、熊野やサンティアゴなどにみられる聖地の世界遺産指定は、聖地を信徒以外の一般の人々にもアクセスしやすくすることで、ツーリズムとの親和性をさらに高めている。加えて、ツーリズム自体が備えている日常性からの分離という特徴は、非日常性に溢れる聖地ツーリズムを活性化させずにはおかないだろう。人間の感情を強く刺激する聖地巡礼ツーリズムは、今日の消費の特徴とされる「行ってみたい、感じてみたい」という「実感的消費」の格好の商品といえるのである。もちろん、聖地が商品としてアピールするのは、聖地の持つ非日常的な雰囲気だけではないだろう。そこにスピリチュアリティと呼ばれる新しい宗教意識の高まりを認めることもできるかもしれない。こうした意識の持ち主は、教会や寺院による聖性の決まった解読コードにとらわれずに、自由な感性からさまざまな場所に宗教的インスピレーションを感じ、埋もれた聖地や新たな聖地を蘇生、誕生させている。しかし、これらの聖地は、それらを維持する安定した教団制度や宗教的テクストを持たないためにつねに流動的であり、容易に観光的な資源に転化して消費されることになるのである。

**聖地側の応答**

さて、ここまでは聖地を眼差すメディアやツーリストなど、主に外側に位置するアクターに注目しながら、聖地の変容について論じてきた。最後に、聖地側の応答についても簡単に言及しておかなければならないだろう。当然のことながら、宗教的聖地の核心には、教祖や祖師への深い信仰が存在しており、聖地はその場所を修行や救済の場だと信じる数多くの篤信な信徒や修行者によって支えられている。しかし、聖地側も、人々の無二の信仰をただ受動的に受け入れてきたわけではなく、積極的に信徒集団（講）を組織したり、人々の眼差しを惹きつける布教戦略、経営戦略をとってきた。実際、歴史的にみても、近世寺社による本尊の出開帳や居開帳、霊験譚の流布、御師による配札などは、聖地側のアクターによる布教戦略であり、現代の寺

社も、婚活、就活、安産と、人々の切実な願望に応えるために、お守り、おみくじ、絵馬、ご祈祷などいろいろな工夫を凝らしている。そして、こうした経営戦略には、聖域や礼拝の静寂さをどのように確保するのかといった課題も含まれており、その判断が、ロシアの修道院のように聖地を文化財として眼差す別のアクターとの間に鋭い緊張関係をもたらす場合もでてきている。いずれにせよ、聖地がツーリストたちにもアクセス可能な開かれた場所となるか、それとも信徒以外は立ち入ることができない、閉じられ空間となるかは、国家を含めた聖地を運営、管理する側の判断に大きく依存しており、その判断が聖地空間のあり方を大きく変化させるのである。

　以上、聖地をめぐる3つのアプローチを紹介・検討し、消費の深化と、聖地側の応答を焦点としながら、主に構築主義的なアプローチから聖地の形成や変動を論じてきた。もとより、構築性という観点から聖地を論ずることは、マルクスの古典的な宗教批判のように、聖地の人間学的な転倒を暴こうという意図をもつものではない。むしろ、ここでの問題意識は、聖地論の言説のなかに濃厚に認められるロマン主義的な情緒を相対化し、聖地の形成や変動というダイナミズムに着目して聖性の今日的有り様を考えてみようというところにある。本書がさまざまな研究領域でこうした問題系をさらに触発することを願っている。

**参考文献**
関一敏『聖母の出現』日本エティタースクール出版部、1993年
山中弘編『宗教とツーリズム』世界思想社、2012年
植島啓司『聖地の想像力』集英社、2000年
鎌田東二『聖地感覚』角川学芸出版、2008年
イーフー・トゥアン『トポフィリア』小野有五、阿部一訳、せりか書房、1992年
D. Chidester & E. Linenthal eds., *American Sacred Space*, Indiana University Press, 1995.
W. H. Swatos, Jr. & L. Tomasi eds., *From Medieval Pilgrimage to Religious Tourism*, Praeger. 2002.
B. Lane, *Landscapes of the Sacred: Geography and Narrative in American Spirituality*, expanded edition, the Johns Hopkins University Press, 2002.

第 1 章

巡 礼 と 聖 地

## 1·1 四国遍路
——時代を映す日本最大の巡礼地

### 時代を映す四国遍路

　四国遍路は四国にある88の寺院を全長1300kmに亘って数珠繋ぎに巡っていく巡礼地である。寺院のことを札所というため、四国八十八カ所札所と呼ばれることもある。仏教に基づく巡礼地であり、とりわけ開祖である弘法大師空海の足跡をめぐる聖蹟巡礼としての性格が強く、現在に至るまで大師の功徳にすがろうとする庶民の信仰として持続してきた。しかし四国遍路を単に大師信仰に基づく庶民の伝統的な宗教形態としてのみ理解することは一面的である。四国遍路はその時々で多様な巡礼者を集め、複数の側面を持ちながらも名実共に日本を代表する巡礼地になってきたといってよく、また多面的な姿が研究者の高い関心を集め、日本の巡礼研究といえば四国遍路研究を軸に進捗してきた。そこでまずは四国遍路の概要から始めたい。

　88の札所を現在のように回遊する巡拝行為として四国遍路が定着したのは、室町時代後半とも江戸時代前半とも言われるが、明確に年代が分かっているわけではない。だが当初僧侶の修行の場であった遍路が庶民に浸透したのは、17世紀後半以降だとされている。自由な往来を制限

札所で読経をする団体の巡礼者

された時代にあって、巡礼や参詣は庶民に許された数少ない旅であり、地元四国や瀬戸内海周辺の地域を中心に巡礼者が訪れていた。近代初期までの四国遍路には大師信仰に基づく修業だけでなく、年中行事や成人になるための通過儀礼としての巡礼、あるいは病い治しや貧困のための巡礼も少なくなかった。このうち貧者やハンセン病などの病者の巡礼は、現在ではほぼなくなったと言ってよい。もちろん現在でも健康を祈願する巡礼者は多いが、公的福祉の未整備な時代にあっては、在地で生活を全うすることのできなくなった人々が四国を巡ることで糧や施しを得るという、まさに生死を賭した最後の行為として行っていた。こうした歴史を負う四国遍路は、物見遊山という明るい信仰のイメージを持つ一方で、死や病いという暗いイメージも

拭いがたく付随してきた。

## 巡礼のツーリズム化

　四国遍路の両義的なイメージに変化の兆しが訪れるのは、都市での中産階級の増加と余暇の誕生、交通の発達といった近代社会の萌芽と足並みを揃えていた。大正時代になると関西方面より旅行の一種として四国遍路を行う新しいタイプの巡礼者が誕生したが、より抜本的な変化は、第二次世界大戦後のモータリゼーションとツーリズム産業の参入を一大契機とする。1950年代に始まった団体バスでの巡礼ツアーは、それまで遍路を思いとどまっていた比較的高齢な、徒歩では廻ることのできない人々を誘い込むことで商業的成功を収め、一時は全巡礼者の半数以上のシェアを占めていた。88ヵ所を巡るために歩き遍路と呼ばれる徒歩巡礼だと50日は要するが、バスなら12日ほどで廻り終える。しかもツアーには「先達」と呼ばれる、霊場会（札所の合同組織）が公認したプロの先導役が巡礼者を案内する。旅行会社の参入は四国遍路にさまざまな変化を及ぼした。たとえば巡礼者の力点を道中での修行から札所での参拝へ移したり、ホテル利用が増えたことで遍路宿と呼ばれる小規模な巡礼者専用の旅館の衰退を招いたり、札所の道路やトイレの整備を後押ししたりとさまざまなことが挙げられるが、いずれにせよ巡礼ツアーが遍路の急拡大を促したのは紛れもない事実である。

　戦後の四国遍路拡大期において、おおむね1980年代までは旅行会社や霊場会の組織力や広報活動によって新たな巡礼者を獲得してきたと言ってよい。しかし1990年代末に起こった四国遍路ブームは、もっぱらメディアによる波及効果であり、とりわけNHKの番組『四国八十八ヵ所　こころの旅』（1998年－2000年）に代表される映像メディアの影響が大きい。それ以前の巡礼者は団体のバスツアーが多くを占め、比較的高齢で自力では参詣できない人々が中心だったのに比して、90年代末以降に増加した巡礼者は、自家用車利用の個人や夫婦を単位とした比較的若い世代が中心を占めるようになった。これはメディアの情報発信が基本的に個人へとダイレクトに届くことと無関係ではない。さらに近年は、数としては自動車に到底及ばないけれども、歩き遍路が復活の兆しを見せている。世代は20－40代と若く、女性や外国人も珍しくない。この時期のブームに特徴的な巡礼者像は、「無信仰」を標榜し、個人もしくは親密な少人数を単位とした都市部からの人々である。

## 多様化する観光の一形態として

　無信仰、すなわち修行や供養、大師信仰といった四国遍路伝統の宗教的裏付けを持たない巡礼者の増加は、宗教の世俗化・私事化の一例であると見なされることも多い。また「自分探し」を一つの目的とした近年の歩き遍路を、「新霊性運動」と同様の

トレッキングスタイルの歩き遍路

類型として読み取る研究もある。つまり民衆宗教としての巡礼が時代とともに変容をとげ、伝統的な大師信仰の枠組みからは外れつつあるが、個々人の心性としてはある種の宗教性を持続させている、というマクロな宗教変容の事例として位置付けられているのである。宗教研究の側から見れば確かにその通りであるが、他方ツーリズム研究（観光研究）の側から見れば、90年代以降の四国遍路の隆盛はマスツーリズムからポストモダンツーリズムへと至る、観光形態の拡大の一例と理解することもできる。つまり巡礼者が経験する旅の出来事は規格化・標準化された旧来型の観光と異なり、生き方や内面をえぐるような予測不可能なものであり、なおかつ他の巡礼者や沿道の人々との交流は、ホスト／ゲストという主客が明確に分離した旧来型の観光とも異なる様相を見せるものである。「巡礼ツーリズム」は経験消費型ツーリズムの一種であり、観光形態が急激に多様化する現在、ある意味で最先端の観光現象だと位置付け ることもできる。

ツーリズム研究としての四国遍路研究はまだ端緒についたばかりで、今後の大きな課題だが、他の文脈での研究は1970年代に本格化し、まず宗教史、郷土史などの歴史的分析が蓄積された。近年では社会学や宗教学、文化人類学による統計分析や民族誌的分析にまで拡がっている。四国遍路自体の活況に比例するように研究も著しい進展を見せ、遍路は極めて多角的に考察されるようになった。以下ではその中でも比較的語られることの少なかった、四国という場所の特性をめぐって四国遍路の現在を読み解いていきたい。

## 「四国」という空間

四国遍路では巡礼者を「お遍路さん」や「お四国さん」という呼ぶ。また四国遍路自体を「お四国参り」、巡礼地全体を「お四国」と呼ぶように、四国遍路は空間としての四国と強い繋がりがある。徳島、高知、愛媛、香川の4県からなる四国は、近世まで阿波、土佐、伊予、讃岐の旧国名が充てられていた。遍路も各県（国）が特色をもっているとされ、阿波から順に「発心の道場」、「修行の道場」、「菩提の道場」、「涅槃の道場」と名付けられている。県ごとの独自性は遍路全体の廻り方にも影響を及ぼす。四国遍路では札所への参拝を、かつて木製だった納め札（参拝のしるしに札所へ納める紙の札）を寺院に釘で打ち付けたことにちなんで「打つ」と称するが、88カ所を一度に参

拝する「通し打ち」だけでなく、短い日数で一部を参拝する「区切り打ち」も人気があり、特に一県を一回の巡拝単位とする「一国参り」はよく見られる形態である。日数や費用負担の面でもツアーに適しており、たとえば農閑期の団体ツアーで毎年一国参りを行い、4年ですべて終えるという手法が採られる。

　また四国遍路の存在が4県を統合するケースもある。しばしば言われるように、住民の意識レベルで四国の4県はそれほど「仲が良くない」。関西を向く徳島、岡山と密な関係にある香川、広島と繋がりを深める愛媛、太平洋の彼方をみつめる高知。県庁所在地の規模でも各々拮抗し、九州や東北のように文化的・経済的中心地がないことも全体性の欠如を促している。その中にあって遍路の存在は、官民を挙げて4県の社会統合を行う恰好の素材となる。たとえば国土交通省が遊歩道整備事業として建設し、ハイキング道として親しまれている「四国のみち」は、88カ所をつなぐ巡礼路をベースとしている。巡礼路を四国では遍路道というが、その多くは消滅もしくは車道に拡張された。「四国のみち」は旧遍路道を参考に、4県を繋ぐ歩行者道新造の試みだった。他方旧来の遍路道を保存し、現代の歩き遍路の使用に供する取り組みが、1980年代より市民の手で行われてきた。「へんろみち保存協力会」が建てた案内板は、歩き遍路だけでなく周辺住民にも馴染み深いものとなっている。近年で

へんろみち保存協力会の道しるべ

は遍路道と札所を世界文化遺産に登録しようとする運動も立ち上がり、文化政策や観光の面でも遍路を軸にまとまりが生まれつつある。

　歴史的に見ても巡礼者は四国を横断的に回遊する数少ない存在だった。国民国家形成過程の説明でB.アンダーソンが述べたように、巡礼のような回遊者の存在は全体性を形成する。それは現在でも同様で、普段四国という単位に無関心な地元の人々にとっても、遍路は4県統合の象徴となっている。巡礼者たちが抱く「お四国」という独特のニュアンスを持った集合表象が、当の四国にも逆流しているのである。

### 四国は聖地か？

　巡礼者たちが「お四国」に何を求め、実際にどのような経験を肯定的に捉えているか、という主観的感覚の基準を価値観と呼ぶならば、多くの研究が明らかにするように、現代巡礼者の価値観は近代批判の色彩を持っていると言える。静寂に包まれた札所、海山や田園に囲まれた道中の長閑な光景、落ち着いた時間の中

で自らの生活史を問い直す精神的余裕、他の巡礼者や沿道の人々との損得抜きの交流、徒歩であるか車であるかに関わらず通常の観光旅行に比べれば圧倒的に不便で苦労の多い旅のプロセス。これら一連の経験から対比されるものは、忙しく時間の流れる都市の喧噪であり、利便性、商品性、合理性に彩られたモダニティの風景である。四国での遍路経験を反近代的な志向性とともに体験記にまとめる人は多いが、他方でマスメディアも、ガイドブックや映画、ドキュメンタリーを通じて反近代的側面を強調することで、「お四国」イメージを再生産してきた。四国遍路が「癒し」という言葉で語られるようになった2000年代以降、その傾向は加速している。

だが四国が他の多くの聖地と異なるのは、それが全長1300kmに拡がる広大な空間であるとともに、ほとんどは聖地と言うよりも通常の生活空間であるということだ。もちろん他の聖地にも地元の人々の暮らしが展開し、聖と俗は常に混交的である。しかし本書で取りあげた聖地の多くが、たとえば一つの寺院や聖堂であったり宗教都市であったりするのと比して、四国では居住する約400万人のほとんどが日ごろ遍路と無縁に暮らし、多くは自ら関わることなく一生を終えていく。遍路道の沿道には確かに長閑な田園風景もあるが、他方で郊外型家電量販店やレンタルビデオ店が立ち並び、徒歩の巡礼者の横を通勤車が忙しそうに駆け抜ける。そこに拡がる風景は、モダニティの日常そのものである。〈四国＝聖地〉という図式に難があるとすれば、生活空間全体における宗教的凝集性の低さゆえである。

興味深いのは、にも関わらず、多くの巡礼者が四国の「暖かさ」に惹かれると述べ、聖地イメージをもって語る点である。しかもそれが単に自然の風景だけに由来する感覚でないことは、多くの巡礼者が接待という四国遍路独特の習俗に言及していることに窺える。接待とは巡礼者を歓待するために飲食物や金銭、場合によっては宿を無償で提供する行為である。接待はイスラームにおける喜捨(サダカ)のように宗教的裏付けを持つ。伝統的な考えでは巡礼者の中に弘法大師が身をやつして混じっているとする伝承があり、接待は大師を歓待する行為だと説明される。また、巡礼者は接待者に代わって遍路を行う修行者であり、接待はその功徳に授かる行為だとも言われる。そのため接待を受けた巡礼者は、返礼として読経や納め札の供与を行う。その意味で接待は一種の交換行為なのだ。

接待は沿道の人々から受けることが多いため、自動車より徒歩の巡礼者の方が享受する機会も多い。見ず知らずの人からねぎらいの言葉とともに接待を受ける経験は、日ごろ貨幣交換にしか縁のない巡礼者に強い印象を与える。またバスや自動車であっても、札所の駐車場や宿泊先で接待を受ける機会はある。見方によっては「試食」と言いうる土産物屋

の「接待」もあるにせよ、「ご苦労様です、お接待です」という言葉から始まる他者との交流は、巡礼者たちが求める近代批判の価値観に大いに合致するものであり、四国イメージを形作る契機となっている。

## 日常性としての四国遍路

ここから見えてくるのは四国という空間の二重性である。巡礼者も、四国遍路に興味のない地元民も、皆四国地方に身を置いている。だが前者とって四国とはモダニティが失った価値観を有する社会環境であり、後者にとってはモダニティそのものである。「お四国」とは前者の呼称なのであり、聖地と言いうる要素を備えているが、後者の観点に立つと聖地とは言い難い単なる生活の場である。だが、四国が巡礼者／地元民の間で二重性を持っているからといって、両者が完全に分断されているわけでもない。つまり、四国遍路に積極的関心のない多くの地元の人にとっても、巡礼者の存在は決して奇異な存在ではなく、一種当たり前の存在として受容されているのである。

四国ではメディアを通して一年中さまざまな遍路情報が流れ、自身は関心がなくとも、身内が88カ所巡礼を行うというケースは多い。また大学生や若者が休暇に札所巡りをすることも珍しくない。都市部からの巡礼者が無信仰かつ近代批判の志向性を有する傾向があるのに対して、地元の若者は無信仰であるのはもちろん、反近代的志向性のような特定の考えに基づいて参拝するわけでもない。喩えるなら雪国の若者の多くがスキーやスケートに長けているのと同様に、特別な意味を持った行為ではないのである。そのことは巡礼者へのまなざしにも表れる。遍路をする巡礼者は、しばしば通常のファミレスや店舗を利用する。白装束に身を包んだ個人（団体）の恰好は、他の客に比べると異様である。しかしそれを異様と思うのは外部的な視点であり、四国では混み合う店内に巡礼者がいても、せいぜい「あ、お遍路さんね」という世代を越えたまなざしが人々を包み込む。こうした感覚は特筆すべきものであり、いわば四国遍路が日常性であると言いうる根拠となる。遍路への関心の有無という個々人の考えとは独立して、巡礼者は四国において、日常の風景に埋め込まれている。近世後期から明治にかけ、巡礼者は治安を乱す者として排除されたこともあった。しかし現在、巡礼者は包摂されていると言っても過言ではない。特段遍路に関わったり興味を持ったりすることのない普通の人々ですら、巡礼者を当たり前の存在として受け入れる。その事実は、四国遍路の持続可能性を示唆する風土であると言えよう。

（門田岳久）

### 参考文献

浅川泰宏『巡礼の文化人類学的研究―四国遍路の接待文化』法蔵館、2008年

星野英紀『四国遍路の宗教学的研究―その構造と近現代の展開』法蔵館、2001年

星野英紀・浅川泰宏『四国遍路―さまざまな祈りの世界』吉川弘文館、2011年

# 1-2 サンティアゴ・デ・コンポステラ
―― 変容する巡礼空間

## サンティアゴ巡礼の歴史

　サンティアゴ巡礼とは、その名の通り、スペイン北西部のカトリック聖地サンティアゴ・デ・コンポステラ大聖堂を目指す旅である。その歴史は、9世紀に12使徒のひとり聖ヤコブの遺骸が発見され、最初の聖堂が建設されたことにさかのぼる。その後、イベリア半島をイスラーム勢力からとり戻す国土回復運動の過程で、イスラーム勢力に苦戦を強いられていたキリスト教陣営に、白馬に乗った騎士姿の聖ヤコブが加勢して勝利に導いたという「サンティアゴ・マタ・モーロス（ムーア人殺しの聖ヤコブ）」の伝説が広まった。13―14世紀にはさまざまな修道院や騎士団が巡礼道や巡礼者のための救護院などを整備するようになり、最盛期には年間50万人の巡礼者があったと言われている。

　このような歴史から、サンティアゴ巡礼はしばしば中世以来の長い伝統をもった聖地巡礼として語られるが、実際には過去しばらくの間、衰退していた時期があった。14世紀にはペストの被害の拡大や百年戦争によって巡礼者が激減し、さらに16世紀には海賊によってサンティアゴが位置するガリシア地方沿岸部が襲

サンティアゴ・デ・コンポステラ大聖堂

われるようになる。その被害から守るためにヤコブの遺骸は隠され、そのまま行方不明になってしまうのである。1122年に教皇カリストゥス2世によって7月25日が聖ヤコブの日とされ、その日が日曜日にあたる年は特にヤコブの聖年に定められたが、19世紀半ばには、そのヤコブの日でも巡礼者の数は少なかった。

## 脱カトリック化する巡礼

　その後も巡礼者数が目立った伸びを見せることはなく、際立って増加し始めるのは1990年代以降のことである。だが、そのきっかけとなったのはサンティアゴを聖地とするカトリックの文脈とは距離をとる出来事であった。まず、1987年にブラジルの小説家パウロ・コエーリョが自らの巡礼体験を下敷きにした小説『星の巡礼』を発表する。同書は、そ

の後書かれたコエーリョ作品のベストセラー入りを受けて、次第に各国語に翻訳された。2000年にはニューエイジャーとして世界的に知られる女優シャーリー・マクレーンが巡礼記『カミーノ―魂の旅路』を刊行した。現在のサンティアゴ巡礼者たちが巡礼を知ったきっかけや巡礼を始めた動機としてこの2つの作品にしばしば言及するが、いずれも伝統的なカトリックの観点から書かれたものではなく、2人のニューエイジ的な世界観に基づく著作である。現在まで続くサンティアゴ巡礼の興隆に大きな影響を与えたひとつが、1993年にスペイン国内の巡礼路がユネスコの世界文化遺産の認定を受けたことだろう（フランス側は1998年）。これによってサンティアゴは、キリスト教の歴史遺産ツーリズムの対象として世界的に認知されるようになった。サンティアゴはガリシア州都でもあるが、同州は観光の目玉として巡礼を位置づけている。1993年はサンティアゴの聖年にも重なり、この年の巡礼者は10万人に迫る勢いであった。その後も巡礼者数は増加し続け、2004年の聖年には18万人近くが巡礼している。聖年以外では、2001年を境に常に5万人を越え、2006年前後10万人を越えるようになり、ますます国外からの巡礼者が増加している。このように、サンティアゴ巡礼の興隆はきわめて近年の出来事であり、また、伝統的なカトリックの文脈には必ずしも重ならないのである。

## 現代の巡礼ツーリズム

それだけ多くの訪問者のある今日のサンティアゴでは、当然ながら空港、鉄道駅、バスターミナルが整備されている。にもかかわらず、近年の興隆においてきわめて興味深い傾向としてあげられるのが、あえて動力を用いずに聖地を目指す人々の増大である。その巡礼路は欧州各地から走っているが、以下ではおもに、スペイン国内における、このような巡礼の様態について述べよう。

スペイン・フランス国境に位置するピレネー山脈から約800kmに及ぶ「フランス人の道」と呼ばれる巡礼路は、巡礼宿や道標がよく整備されている。そこでは、ヤコブのシンボルであるホタテ貝の貝殻をぶら下げたリュックを背負い、杖を携え、西へ向かう巡礼者が季節を通して見かけられる。近年は混雑を避けるように、スペイン南部セビリアを北上する「銀の道」や、リスボンから始まる「ポルトガルの道」など、イベリア半島を走るそれ以外の諸ルートをたどる巡礼者も増えている。これ

自転車巡礼者と徒歩巡礼者

巡礼路のひとつ「フランス人の道」

らの正式名称は「ルータ・ハコベア Ruta Jacobea（スペイン語で「ヤコブの道」の意）」だが、巡礼経験者や近隣の人々は、地名および巡礼行為それ自体を「カミーノ Camino」（スペイン語で「道」の意）と親しみを込めて呼ぶ。

　徒歩や自転車、馬に乗るなどして任意の場所から数日から数週間かけてサンティアゴを目指す人々の多くは、目的地に到着した時に多かれ少なかれ「巡礼が終わってしまったこと」に対して落胆するため、バスや飛行機で目的地に直行する人々に比べると、信仰に篤くないといわれている。そのため、サンティアゴ巡礼における「ペレグリノス（スペイン語で「巡礼者たち」の意）」には、一般的な用法からは離れて、聖地へ直行しない人々というニュアンスが含まれる。動機・目的は、路上に点在する教会建築の探訪、体力試し、傷心旅行から新婚旅行まで非常に幅広い。彼らは、目的地に到着すること以上に「どう行くか」という旅のやり方にこだわりをみせる。したがってこの巡礼を一言で特徴づけるならば、目的地への到着を先延ばしにす

る旅といえよう。

　巡礼者は通常「クレデンシャル」と呼ばれる巡礼手帳を携行する。これは、ドミトリー式の安価な巡礼者専用の宿に宿泊したり、サンティアゴの巡礼事務所で教会到着の証明書を受け取るときに必要となる。彼らは立ち寄った宿や教会、バルなど各所で通過記録としてそれにスタンプを押し日付を記入することを道中における毎日の習慣としている。巡礼人気に伴い、教会ではない団体が巡礼証明書を発行する事態を懸念したサンティアゴ大司教区は、「コンポステラ」と呼ばれる公印を付した巡礼証明書を発行するにあたり、次のような条件を設定している。徒歩または馬でサンティアゴから100km、自転車で200km巡礼すること。宗教的または精神的な動機であること（それ以外の動機を申告した場合は巡礼証明書の代わりに「歓迎書」が発行される）。100kmないし200km区間からは1日2回、バルやレストラン、役場などに設置されているスタンプをクレデンシャルに押印すること。これらからは、サンティアゴ大司教区が伝統性や肉体的苦難の経験を評価し、聖地巡礼をカトリック教徒以外にも開きつつ同時に権威性を発揮する戦略がうかがえる。

　この巡礼証明書を取得できる条件を最低限満たす100km（サリア）ないし200km地点（ポンフェラーダ）まで交通機関を利用し、そこから歩き始めたり自転車や馬に乗り始める人は数多い。他方、欧州各地の自宅

スタンプが押されたクレデンシャル

から「出発」する人や、数百キロの道のりを踏破する人には、歩くほどに日付つきスタンプが紙面を覆ってゆくクレデンシャルは大切な旅の記録であり、証明書はひとつの価値ある土産物にすぎない。そのことは巡礼事務所の統計には表れないものの、極めて多くの巡礼者が、仕事の都合や体調などで目的地に到着することなく途中で切り上げて帰宅する事実からもうかがえる。したがって巡礼証明書の発行は、かつての贖宥状（しょくゆうじょう）とは異なり、巡礼者を動員する求心的な役割を果たしてはいない。旅の途上で圧倒的に長い時間を過ごす、多種多様な志向をもつ巡礼者にとって、今日の聖地サンティアゴは、進むべき方向と「ゲーム」のルールを与えるひとつの指標として機能しているといえよう。

### 開かれる巡礼路

教会が「伝統的巡礼者」とよぶ徒歩、自転車、馬での旅行者のうち、約9割を占める徒歩巡礼は、一見すると苦難が多く健脚な人向けという印象を与える。だが近年、リュックサックを次の投宿地まで運搬するサービスや、疲れた体をほぐすマッサージ業者、巡礼者を希望の区間運ぶタクシー業者が登場し、体力に自信のない人にも開かれつつある。利用者の好評を受けて、洗濯乾燥機、公衆無線LAN、インターネット用PCなどを装備した宿も増えている。このような商業化や「近代化」により巡礼路は「回復すべき伝統性」といった「不純」なものを排除するイデオロギーに収斂されることなく、多様な体験やその解釈を生産し続ける場所であり続けている。

巡礼路の維持・発展に貢献する組織的活動においても離散的な集合とでもいうべき特徴がある。巡礼経験者を中心に組織された「カミーノ友の会」とよばれるアソシエーションは、国内外に100以上ある。「スペインカミーノ友の会連合」は、そのうち約30の団体を取りまとめる窓口の役割を担っている。他方で「連合」に参加しない団体や、バイラテラルな関係をもつ団体もあり、「連合」は統括組織というよりも、雑誌の出版や文化イベントの企画を主とする一アソシエーションに位置している。各団体の活動内容の概要は、経験者の交流会の開催や愛好誌の刊行、巡礼路の整備（ゴミ拾い、道標の設置）、未経験者への相談会、地元が被る経済的インパクトの調整などだが、各団体で独自色が強い。たとえば、イギリスとイタリアのアソシエーションは、それぞれ巡礼宿を所有し簡易礼拝の進行も執り行っている。「連

合」はボランティア希望者に講習を行い、中世のやり方に倣い、宿泊料を徴収せず主に巡礼者の寄付によって運営される巡礼宿に彼らを派遣し、独自のやり方で「カミーノらしさ」の維持と再生に貢献している。だがガリシア州では、州内の10団体が活動しているため、そこでの「連合」の関与はほとんどない。つまり、数々のアソシエーションが共在し住み分けしながら多方向的な活動をしているのである。このような中心の不在が、一元的に管理された「伝統的巡礼路」ではなく、開かれた巡礼路として今日の巡礼人気を支えているという指摘もある。またこの離散的な集合のありようが、国からの権限移譲が進み自治州ごとに独自色の強いスペインの地方分権型行政の特質と重なる点も興味深い。

## 両義的な宗教、自己矛盾的な現代

「フランス人の道」をもう少し細かく見てみよう。巡礼者は極めてシンプルな毎日をくり返しながら西へ西へと進んでいく。朝起きると寝袋をまとめ、ところどころで休憩を取りながら、一日平均20−30kmの距離を歩き、宿の受付でクレデンシャルにスタンプを押してもらい、シャワーを浴び、洗濯し、食事をし、共同寝室で休む。ガイドブックなどに掲載される広大な田園風景に敷かれた一筋の道を行くイメージとはうらはらに、場所によっては代わり映えのしない風景に無意味さを感じて途中で切り上げる人もいる。しかしこの単純な反復のなかで、ときおり忘れ物をしたり、足を痛めたり、風邪を引いたり、道に迷ったりと、多様なアクシデントが経験される。良きにつけ悪しきにつけ、このような「地上的」な出来事の積み重ねに巡礼経験者は大きな意義を感じとる結果、目的地到着に落胆する場合が多いのである。

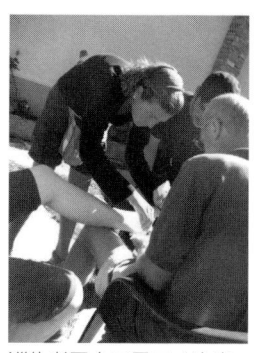

巡礼者同士で足マメ治療

先に、国外からの巡礼者の増加について触れたが、2006年以降、ドイツ人巡礼者が急増した。これはドイツ人コメディアン、ハーペイ・カーケリングによる『巡礼コメディ旅日記』が国内ノンフィクション部門で大戦後最大の売行きを記録したことと無関係ではない。肥満気味で持病もあるカーケリングの旅日記は、大きな反響を呼んだニューエイジ的な二作品とは大きく異なっている。彼は自分のペースで歩くことをモットーに、暑さ、発見、怒りなどその場その場での気分の浮き沈みを、思いがけない出会いや風景の移り変わりと重ねながら面白おかしく綴った。歩くことに没頭したかとおもえば、気に入らない人には悪態をつき、ところどころでバスやヒッチハイクを利用した率直な内容は高い評価を受け、19言語に翻訳された。この本を

距離感が巡礼者を圧倒する

読んで巡礼路を歩くことにした人のなかには「カミーノの、地に足をつけたスピリチュアリティがいい」という声もあった。

かつてA. ファン・ヘネップがその著書『通過儀礼』のなかで、「聖」や「宗教」の両義性について述べたように、この「地に足をつけた精神性」という一見相反する言葉は、「癒し」「つながり」といった耳ざわりのよい一義的な観念に対する慎重さを表している。彼らは、未知の危険や偶発的な出来事を直接経験することに充実感をおぼえるのである。

また、地球規模での移動が容易になった現代的状況という観点からみた場合、「地に足をつけた精神性」という表現は単なる比喩を超えて、より説得力をもつだろう。故郷を離れ、国境を越えた移動・居住・就労を積極的に求める人々は増加の一途をたどっている。世界各地を越境的に暮らしてきたというある人は、サンティアゴ巡礼について次のように語る。「簡単に移動できる人がよく実感することですが、目的地への方向感覚のなさが次第に積もってきたんです。決まった方角へ行くカミーノは、私にはとても意味があることなんです」。飛行機に乗ったり、ウェブ上で聖堂を「訪問」できる現在、空間と時間が圧縮されることにより遠近感や方向感覚、滞流する時間感覚が希薄になるという経験は、誰にでもあるだろう。C. ギアーツやM. オジェはそれぞれの観点から、人間が混乱せずに生きるうえで距離感と方向性を与える宗教の必要性を指摘したが、その極めて具体的な側面において、サンティアゴ巡礼は「宗教的」なのである。

こうして、到達を先延ばしにする旅と、「地に足をつけた精神性」の間に、一つの平行関係を見いだすことができる。そして先に述べた、便利なサービスの登場とその利用は、近代的なものが疑問に付され、同時に肯定されるという両義的な性質をもち、幾多の「カミーノ友の会」による多方向的な活動は、巡礼路を維持・形成するという奇妙な特徴を備えている。サンティアゴ巡礼はこのように、多様な位相において本質的に自己矛盾的な現代の状況を反照しているのである。　　　　（土井清美）

**参考文献**
岡本亮輔『聖地と祈りの宗教社会学―巡礼ツーリズムが生み出す共同性』春風社、2012年

## 1-3 ルルド
―― 「苦しむ者」の祝祭空間

### ルルドの現在

　フランス南西部、スペイン国境近くに位置するピレネー山脈の麓の町ルルドは、キリスト教カトリックの巡礼地であるとともに、夏山登山やスキーなど山岳レジャーの玄関口としても知られる。交通の便がよく、パリから直通の高速鉄道 TGV で 6 ― 7 時間、近くには飛行場もあり、パリから 1 時間半で到着する。町の歴史は古く、12 世紀にビゴール伯が築いた堅固な城塞が現在は地域随一の民俗博物館となり、多くの来訪者を誇っている。地域の物流の要所として栄えていたが、19 世紀以降、近隣の湯治場が新たな観光産業で発展するなか、鉱泉の出ないルルドは取り残されるかたちになっていた。

　現在はホテルの部屋数でパリに次ぐフランス第二の観光地で、パリとニース（3 位）に比べると、2 星、3 星ランクが 85% を占め、4 星が 5% にとどまるという特徴がある（パリは各 70%、25%、ニースは 60%、30%）。ルルドの聖域を管理する聖域事務局と町の統計によれば、年平均 500 万人が世界中から訪れ、そのうち 80 ― 100 万人が巡礼団や商業ベースのツアーの参加者であり、春の復活祭から 10 月末までの巡礼シーズンに集中している。国別ではフランス 30 ― 40%、イタリア 30%、これにベルギー、スペイン、イギリス、オランダが続き、アジア、アフリカからも巡礼団が訪れる。最近はインド系の訪問者が増え、ヒンディー語表示のホテルも見られるようになった。

　メディアへの露出が多く、毎年 8 月 15 日（聖母の祝日で、この日の賑わいが有名）には風物詩の扱いで、フランス国営テレビのメイン・ニュースで紹介されるのが慣例となっている。このとき「ルルドらしい光景」として、車いすやストレッチャーに乗った傷病者と、寄り添うボランティアの姿が映し出される。ルルドは「傷病者巡礼」という独自のスタイルで広く知られ、ガイドブックにも傷病者の存在が「見所」として書かれるほどで、他者の苦しみを見世物にする「苦しみのスペクタクル」として批判されることもある。また、道の両側にぎっしりと立ち並ぶ商店とそこで売られる安手の土産物も頻繁に話題になる（1970 年代には、ホテル・商店の組合と聖域事務局の間で、巡礼地の望ましい姿について意見交換が行われたこともあった）。そのほか、国内外の要人・著名人（政治家、俳優、教皇やダライ・ラマ）の訪問や、自転車レース、ツール・ド・フランス

町中を行く車いす

（ルートに入る年がある）などの機会にも報道される。聖域事務局には取材希望者の窓口としてプレス部門があるが、すべては把握しきれないという。映画も数多く撮られている。

聖域事務局の公式ホームページは仏・伊・西・英・独・オランダの6カ国語に対応し（観光関係者やボランティアも多言語を操る）、4カ所に設置されたカメラの映像を24時間配信するほか、聖域内で毎日行われる、多くの車いすとストレッチャーを連ねて行われる宗教行列の映像も、リアルタイムで見ることができる。充実したコンテンツを持ち、聖地の歴史、年間のテーマや巡礼予定、祭事・行事のタイム・テーブル、最新ニュース、定期刊行物の紹介、寄付や祈りの申し込みなどの巡礼情報のほか、傷病者用、ボランティア用、医師用、プレス関係者用など、カテゴリーごとの情報ページが設けられている。個人的な来訪者を対象に、どうすれば「巡礼者」として過ごせるかを指南するページもあり、細やかな「顧客対応」がなされている。

ルルドでは傷病者の存在が、交通機関・ホテルのバリアフリー化を促し、巡礼形態にも影響を与えている。日本における一般的なイメージとはおそらく異なり、ルルド巡礼はグループを基本単位とする滞在型で、ミサ・宗教行列・祈りなどの宗教行事や、特に癌患者・障害者など社会的困難に直面する人々が主体の巡礼の場合には、講演会・意見交換会など、ルルドでさまざまな行事に参加しながら3—5日間を過ごすのが一般的である。傷病者とボランティアが巡礼団全体の各10％を占めるのが理想的とされ（傷病者は年間約6万人）、それぞれに専用の安価な宿泊施設が聖域事務局によって用意されている。イギリスの障害者巡礼組織やイタリア最大の傷病者巡礼組織など、独自の傷病者宿泊施設を運営する組織もある。巡礼者を受け入れる修道院も多く、ホテル業界は厳しい競争にさらされている。巡礼シーズンが終わるとほとんどのホテル・商店が店を閉めるため、観光産業の働き手の多くは季節労働者である。

聖地は通常、それが位置する司教区（カトリック教会の行政単位で、都道府県にほぼ一致する）の管轄権下にあるが、ルルドは国際的巡礼地として、フランス司教団の指導の下に置かれている。ルルドでは、町や司教区といったローカルな世界が、巡礼に関わる「よそ者」たちを受け入れ、彼らとともにユニバーサルな世界を織りなしてきたのである。

## 聖地誕生の経緯と時代背景

キリスト教では、旧約聖書の記述

とキリストにゆかりの場所以外は、主に「聖人」との関係によって聖地が生まれてきた。もとは迫害時代の殉教者（キリストに倣って「贖いの死」を遂げた人々）に与えられた称号だったが、キリストに倣った生涯を全うした人々も、後に聖人とみなされるようになった。聖人の遺体やその一部（聖遺物）には神の恵みを媒介する力が宿ると考えられ、その助けを仰ぐために評判の高い聖遺物の元に赴くのが、聖地に行く主な目的であった。だが19世紀になると、異なるタイプの聖地が人々を惹きつけるようになる。フランスを初めとするヨーロッパ各地で聖母出現「ブーム」がおき、今も新たな聖地が生まれている。

ルルドも、全18回に及んだ聖母マリアの出現によって誕生した聖地である。1858年2月11日、14歳の少女ベルナデット・スビルーが町外れのマサビエルの洞窟で白く輝く少女を見、1週間後、少女の頼みで3月4日まで洞窟に通う約束をすると、連日見物人が詰めかけ、その様子が全国紙でも伝えられる聖母出現騒ぎ

マサビエルの洞窟

となった。ベルナデット自身は少女が何者なのか一言も述べなかったというが、早い段階で聖母説が有力となった背景には、同時代の出現ブームの存在があった。2月25日、少女の指示で洞窟の奥に泉が掘り出されると、直後から数々の治癒が起きる奇蹟の泉として評判になった。出現現場に立ち会った医師が独自に治癒事例の調査を始め、これが後に〈医学審査局〉（第二次世界大戦後に〈医局〉と改名）となった。現在も治癒した人物が自己申告してくれば、それが自然治癒かどうかを調べる、カトリック教会による奇蹟認定に先立つ予備調査機関の役割を果たしている。ルルドは今も奇蹟の泉で有名で、多くの傷病者は治癒を求めてやってくると思われているが、奇蹟的治癒として認定された人の数は150年間で67人と、決して多くはない。実はルルド巡礼にはリピーターが多く、「治癒を求める」という動機では、その行動は説明できないのである。

ルルドは1862年に地元の司教区司教によってカトリックの正式の聖地として認められ、出現の舞台となった洞窟を中心に聖堂が建設されて、1866年の完成にあわせて鉄道も開通した。当初は近隣の村落単位で訪れる地方の巡礼地だったが、1870年代に、全国から司教区単位の巡礼団が訪れる国家的聖地へと発展を遂げた。19世紀のフランス社会は革命後の混乱の中にあり、特に1870年代は、普仏戦争の敗北やパリ・コミューンなど、国家存亡の危機と感じら

れる出来事にみまわれていた。革命以前の社会体制復活を望む王政復古派やカトリック陣営の人々は、これらを神罰と考え、神をおろそかにした罪を悔い赦し（フランス・カトリック王国の復興）を求める贖罪の行為として、シャルトルやパレ・ル・モニアルなど、有名な国家的聖地への全国一斉巡礼を数多く行った。それは、フランスはどのような国家であり（共和国かカトリック王国か）、フランス国民とは何者で（自由主義者かキリスト教徒か）、どのような歴史を共有しているのか（革命の栄光かキリストへの忠誠か）という、国家と国民のアイデンティティに関わる主張としてのナショナリズム運動であった。ルルドにもその一環として、司教区単位で組織される巡礼団が全国から訪れるようになったのである。

### 傷病者巡礼による「共同体復興」

1845年に〈被昇天アウグスティノ会〉（以下、「被昇天会」と略記）という修道会が南仏のニームで創設された。青少年と労働者の教育や、新聞・雑誌も含めた出版事業とメディア戦略（ラジオ、映画などをいち早く活用）を通じて、カトリックの教えに基づく社会の復興を目指したこの修道会が、教会を中心とする教区共同体再建の最も有効な手段として注目したのが巡礼であった。そして、被昇天会とその指導の下に作られた篤志家婦人の会が1874年に寄付を募り、貧しい病気の労働者14人を伴って行った〈全国巡礼〉が、ルルドの巡礼世界を特徴づける「傷病者巡礼」のモデルとなったのである。

全国巡礼が行う傷病者巡礼の目的は、奇蹟の聖地で1人でも多くの傷病者の治癒を祈ることにはなかった。彼らは、社会の犠牲者である「貧しい病気の労働者」が堪え忍ぶ苦しみには、キリストが堪え忍んだ受難の苦しみと同様の無垢な贖いの力があると考え、その苦しみを犠牲として神に捧げ「フランスの救い」を祈るために、ルルド巡礼を行ったのである。全国巡礼は、参加者全員が傷病者を中心に心を一つにして祈るすばらしい巡礼だと、聖域司祭団発行の機関誌で賞賛され、他の司教区巡礼団もそのスタイルを取り入れていった。そこでは傷病者は「私たちの主、キリスト」や「巡礼団の至宝」と呼ばれ、豊かで健康な者と貧しく病んだ者が互いを思いやり祈り合うことで、革命によって破壊されたキリスト教共同体が復活すると考えられた。

### 奉仕組織と「宗教の公共性」

全国巡礼では、女子修道会と篤志家婦人の会が傷病者の介護に当たっていたが、1880年代に参加傷病者の数が1000人に迫ると、巡礼の円滑な実施を目的に、傷病者の移動を助ける「オスピタリテ」という奉仕組織が創設された。オスピタリテは「十字軍の時代のマルタ騎士修道会のような、異教徒と戦うキリストの騎士の部隊」の復活という目的を掲げ、当初は上流階級の男性しか会員になれなかった。この「キリスト教を守

るために立ち上がった社会的地位の高い男性」という自己イメージを持つ彼らが奉仕活動の理念としたのが、「ノブレス・オブリージュ」である。「高貴な身分は、その身分にある者に対して社会的な義務を課す」という意味で、「社会の秩序と安定は、社会全体の福利厚生に責任を負う上流階級の者が、私利私欲を捨て社会奉仕をすることによって保たれる」という考えを表す。19世紀には、「社会的カトリシズム」という、政治活動を通してキリスト教道徳に根ざした公正な社会の実現を目指す潮流が生まれていたが、オスピタリテもその一端を担うものと認識されており、会員の男性に対しては、労働組合活動や奉仕団体など、社会的カトリシズム運動への積極的な参加が奨励されていた。オスピタリテは、「宗教の公共性」の復活を目指す動きの中から生まれたのである。

だが実際は、19世紀に進展していた男性の教会・宗教離れ対策としての意味が大きく、オスピタリテの活動自体、女性や庶民の手を借りなければ立ち行かなかった。時を置かずに聖域司祭団も、ルルドに来るすべての巡礼団の傷病者を対象とする独自のオスピタリテを創設し、女性や庶民の参加も認めていくと、全国巡礼のオスピタリテも変化していった。さらに各地の司教区巡礼団も個別にオスピタリテを組織し始めると、ノブレス・オブリージュという理想は語られなくなっていった。

それに変わる活動理念として人々に浸透していったのが、「ディスポニーブル」である。「空きがある」ことや「在庫品」を意味し、「助けを求める他者の声にすぐに応えられる心身の構え」を指す言葉で、傷病者の個別・具体的な日々の必要に応え続けるオスピタリテ活動の中から、必然的に生まれてきた考え方といえる。20世紀に入り、フランス・カトリック王国復興の希望が現実味を失っていくなかで、この「私たちはディスポニーブルでなければならない」という理想が、傷病者巡礼の世界が同時代の潮流に対して突きつける異議、他の選択肢として提示する価値となっていった。

### 新たな参加者による新たな提言

第二次世界大戦後、傷病者巡礼に参加していた傷病者が主体となり、傷病者や視覚・聴覚障害者などが自分たちで組織する、新しいタイプの巡礼団が生まれていった。これらは、病や障害があっても健常者と同じように社会で自立して働けるという、社会参加の要求を掲げて日常的に活動している団体で、ルルド巡礼についても、「至宝」と呼ばれて一方的に世話をされる、健常者に都合のいい傷病者イメージと自分たちに与えられた立場に、異議を唱えていった。

ルルドの巡礼世界にさらに大きな変化をもたらしたのが、第二ヴァチカン公会議（1962−65年）が打ち出した「時代のニーズに応える」という方針であった。カトリック世界全体を覆った改革ムードの中で、ルル

ドでは、重い病や障害のために社会から排除され、孤独の内に生きることを強いられた人々を共同体に迎え入れるというテーマが、重要性を増していった。その中で聖域事務局が支援し、ルルド巡礼のリピーターたちからも支持されているのが、障害児巡礼、特にフランスを中心とする知的障害児の国際巡礼〈信仰と光〉(1971年から10年ごとに開催)と、フランスの癌患者の巡礼〈ルルド―癌―希望〉(1986年より)である。〈信仰と光〉巡礼に対しては教皇からもメッセージが送られ、カトリック教会世界が進むべき道を示す巡礼として注目されている。これらの巡礼は、「現代社会は健康な市民による生産性の高い社会の実現を目指してきたが、人生の中に非生産的なものを組み入れられないような価値観が支配的な社会では、人は幸せに生きられない、なぜなら病、障害、死という非生産的な状態と無縁な人間など、一人もいないからである」というメッセージを発していると考えられ、評価されている。

また障害児の巡礼も癌患者の巡礼も、共に生きる喜びの発露が、その魅力としてあげられる。障害のある者とないもの、病む者と健康な者という、まったく立場の異なる者たちが、分かり合えるかどうかや互いに何を提供できるかを条件とすることなく、ただ共に居ることを選び、相手の存在を喜ぶという「共生の理想」が、たとえ巡礼という限られた状況であれ実現していると、参加者によっても「見物人」によっても感じられている。それは苦しみのスペクタクルではなく、社会の中で「見てはいけない」存在にされてきた人々が「見てもよい」存在になる、見てほしかった人も目を背けていた人も共に解放される、祝祭空間なのである。

〈盲人十字軍〉巡礼

このようにルルド巡礼の世界は、日常生活世界で支配的な価値や規範とは異なる選択肢を提示する場所として機能してきただけでなく、そこで提示される価値や規範は、時代と共に変化してきた。その変化は、上流階級の男性、貧しい傷病者、障害者、癌患者など、立場の異なる人々が新たなグループを作り、巡礼世界に次々に参入することによって実現したものである。このような、異なる立場の人々の参加に開かれた空間は、傷病者巡礼の支援活動の中で生まれた「ディスポニーブル」という規範が存在したことによって、可能になったと考えられる。(寺戸淳子)

**参考文献**
寺戸淳子『ルルド傷病者巡礼の世界』知泉書館、2006年

## 1-4 テゼ共同体
―― 若者たちの聖地

### テゼ共同体とブラザー・ロジェ

　テゼ共同体はフランスのブルゴーニュ地方南部に位置する修道院である。共同体の設立者ロジェ・ルイ・シュッツ＝マルソーシュ（以下、ロジェ）は、1915 年、スイスのプロテスタントの家庭に生まれた。改革派神学をストラスブールとローザンヌで学んだ後、1940 年、フランスのソーヌ＝エ＝ロワール県テゼ村に、現在の共同体の元になる農家を購入する。当時のフランスは北部はナチス政権の支配下にあり、南部は対独協調政権であるヴィシー政府の統治下にあった。テゼ村は南北の境界から 2km 南に入った場所にあり、ロジェは姉とともに北部からのユダヤ人難民のスイス亡命を支援した。しかし、この活動によってロジェはナチス・ドイツの秘密警察に追われる身となり、1942 年からスイスに一時帰国することを余儀なくされる。

　戦後、ロジェはテゼ村に戻り、その後、数名の者がロジェと共に暮らすようになる。そして、1949 年、ロジェと彼に共鳴する修道士たち 7 人が誓願を立て、男子修道会としてテゼ共同体が正式に発足した。その後、次第にメンバーが増え、現在では、20 カ国以上から集まった 120 名近く

テゼ共同体入口の鐘楼

の修道士たちが共同生活を送っている。このように、テゼ共同体の大きな特徴のひとつは、プロテスタントの牧師によって設立された修道院に、カトリックや正教会を始めとするさまざまな宗教的背景をもったメンバーが参加するという「エキュメニズム」を体現している点にある。

　エキュメニカルな修道院という性格に加えて、テゼ共同体を現代の宗教風景のなかでも目立つ存在にしたのが若い巡礼者たちの存在である。テゼ共同体は現在に至るまで一貫して祈りと黙想を主軸にした共同生活を送る観想修道会であることを自認しているが、1950 年代後半から徐々に若者たちが自発的にテゼ共同体を訪れて滞在し、修道士たちの礼拝に参加するようになった。とりわけ 1960 年代にはヒッピー・ムーブメントと重なることで若者たちが殺到し、

カウンター・カルチャーのなかで興隆したカトマンズやウッドストックのようになったのであった。現在でも夏になると、毎週5000－8000人の若者が世界中から訪れ、1週間程度滞在してゆくのである。

なぜ若者たちはテゼ共同体へと向かうのだろうか。ヨーロッパ社会の宗教状況については1960年代頃から「世俗化」が指摘されてきた。簡単に言えば、世俗化とは、宗教が社会に及ぼす影響力を低下させる過程のことである。テゼ共同体のあるフランスを例にとってみよう。

かつてはフランス国王は「カトリック教会の長男」、国そのものは「カトリック教会の長女」といわれたように、フランスでは長い間カトリックが歴史的に優勢であり、その社会と文化を大きく特徴づけてきた。しかし、19世紀以降の近代化の過程のなかで、フランス・カトリックは徐々に社会的・政治的な影響力を低下させてきた。1960年代頃には毎週教会の礼拝に出席する人々の割合が目立って低下し始める。近年の統計では、月1回出席でも10%強、毎週出席しているのは8%にすぎず、18－29歳に限れば2%なのである。こうした世俗化の傾向はフランスに限られず、イギリスやドイツなど西欧諸国に見出せる。要するに、西欧社会では若い人ほど教会とは明らかに距離をとるようになっており、その分、毎週何千人もの若い巡礼者を集めるテゼ共同体の「若者の聖地」としての性格は衝撃的に受け止められているのである。

## テゼ共同体の祈りと音楽

一時的な巡礼者の滞在が可能な修道院は無数にあるが、そのなかでも、とりわけテゼ共同体が若い人々にアピールするのはなぜなのだろうか。ここではテゼの独特の祈りにその理由を求めてみたい。テゼ共同体の修道士たちは朝昼晩の1日3度の祈りを軸とした生活を送っており、巡礼者たちもそれに参加するのだが、テゼの礼拝は歌と沈黙を中心にした独特のものである。テゼの礼拝のほとんどは歌によって構成され、言葉による説教は行われない。礼拝は歌と共に始められ、数曲が歌われた後、10分ほどの沈黙となる。沈黙の後も再び歌が続けられるが、しばらくすると修道士たちはピアノ伴奏者だけを残して退出し、巡礼者も徐々に出てゆき自然に終了となる。

テゼの歌は多言語で作られたシンプルなフレーズを繰り返すオリジナルのものであり、世界中からさまざまな巡礼者たちが集まるようになったことに対応するなかで創出された。

テゼを訪れる若い巡礼者たち

多国籍で、しかも普段は教会へ行かない若者たちが多数集まる祈りの場では、誰もが知っているわけではない通常の讃美歌を用いると、教派や言語の違いから礼拝をただ眺めるだけの「聴衆」が数多く出てしまう。そこでカノン形式の讃美歌では比較的多くの人が参加できたことに着想を得て、4－8小節程度の短いフレーズを繰り返すテゼの歌が作られるようになった。すでに200以上の歌が作られ、歌詞も各国語で用意されている。初期の曲の多くはイエズス会士ジョセフ・ジェリノ（1920－2008年）とジャック・ベルティエ（1923－94年）によって作曲された。日本でも塩田泉神父によって「見よ兄弟が」「キリストの平和」などの歌が作られ、教派を問わずに歌われており、エキュメニカルな対話や文語表現の刷新という観点から編集された『讃美歌21』にもテゼの歌は収録されている。

多言語・多国籍に対応するために創案された歌を軸に構成されるテゼの礼拝は、図らずも世俗化によってキリスト教の礼拝や文化についての知識のない若い世代にも抵抗なく受け入れられる祈りの形となった。テゼ共同体を訪れたことがなかったり、そもそも共同体の存在すら知らなくても、テゼの歌を知っている人々は少なくない。最近では、YouTubeなど動画共有サイトにもテゼの歌をアレンジしたものやリミックスしたものが無数にアップされており、音楽そのものとしてテゼの歌が愛されている様子がうかがえる。

## 移動する聖地

歌と沈黙を中心にすることで、テゼは祈りへの敷居を低くし、その結果、若い世代にアピールすることになったといえるのだが、同様の傾向は祈りの空間構成そのものにも見出せる。テゼ共同体で礼拝が行われる「和解の教会」の最大の特徴は何もないことである。壁面や屋根には正教を思わせるイコンや八端十字など、諸教派のデザインが取り込まれた装飾が施されており、エキュメニズムを体現した建築であるといえるだろう。だが、教会内部には、修道士と一般の巡礼者を区切る観葉植物を除いては、さえぎるもののない空間が広がっている。Ch.ジョリーの表現によれば、和解の教会はまるで「体育館か多目的ホール」のようであり、内部も「ほとんど倉庫のように」見えるのである。既存の伝統的な教会に重苦しさや過剰な荘厳さや圧迫感を覚える若い人々にとっては、こうしたテゼの祈りの空間構成は新鮮なものと受け止められている。和解の

和解の教会

教会での礼拝の参加者は床に直接座って、思い思いの姿勢で祈る。正座をするものもあれば、ほとんど寝そべっているように見える人もいる。テゼのシンプルさは音楽だけでなく空間構成にも及んでおり、祈りにおける身体性の自由度も高められているのである。

さらに、テゼの自由度の高さは、祈りの空間をさまざまな場所へ移動させることを可能にした。1980年代以降、テゼは「地上における信頼の巡礼」を開始する。毎年年末年始にかけてヨーロッパのいずれかの都市で開催され、その街にある諸教派の教会を同時に使用してテゼの祈りが行われる。最初期にはバルセロナ、ロンドン、パリ、ローマなどで行われ、1989年以降東欧との行き来が可能になるとワルシャワ、プラハ、ブダペスト、ウィーンなどでも行われている。巡礼者数は毎回2-4万人ほどであるが、1994年パリ大会のように、多い時には10万人以上が集まる時もある。また、テゼの修道士たちが関わる信頼の巡礼とは別に、世界中のさまざまな場所で、テゼの歌

東京近郊のテゼの祈りの会

を用いた祈りの会が有志によって無数に開かれている。東京近郊でいえば、2日に1回はどこかの教会や個人宅で行われている。これらの祈りの会の特徴は、歌と沈黙を中心とした礼拝の形式だけは共同体のそれと重ねられるが、その他の空間構成や照明のアレンジは自由であり、さらには礼拝の準備運営も聖職者、牧師、一般信徒の別なく担われている。会に参加する人は、必ずしもテゼ共同体へ行ったことがあるわけではなく、なかにはテゼ共同体の修道院としての存在についてはほとんど知らず、歌だけを知っている場合も少なくないのである。こうした点において、テゼ共同体は自らの場所の聖性をかたくなに主張する聖地ではなく、非場所化された移動可能な聖地だといえるのである。　　　　（岡本亮輔）

和解の教会での礼拝

**参考文献**
岡本亮輔『聖地と祈りの宗教社会学―巡礼ツーリズムが生み出す共同性』春風社、2012年
Ch. ジョリー『テゼ―その息吹と祈り』水垣美和訳、サンパウロ、1999年

第1章　巡礼と聖地

# 1-5 チベットの聖山巡礼
―― 仏教伝統と変容する巡礼空間

## チベットの山岳信仰

チベット高原は、天山南路南側の祁連山脈からヒマラヤ山脈の間に広がる、面積約250万k㎡の山岳地域である。平均標高4500mに達するこの高地には、険しくそびえたつ山脈が幾重にも連なってひだ状に地平を埋め尽くし、その急峻な谷底にはアジア諸地域を潤す大河の源流が無数の支流に分かれて蛇行している。

チベット人たちは、こうした山河が織りなす落差の激しい地形に適応し、放牧や狩猟採集の場として山を利用すると共に、山の生命力に畏敬の念を感じ、その自然に霊的形象を重ね合わせて捉えてきた。

チベット人の共同体に普遍的に見出すことのできる「ユラ」と呼ばれる土地神への信仰は、こうした観念に強く裏付けられている。「ユ」とは、特定の氏名を共有する親族集団によって継承される領土を指し、「ラ」は天上神、もしくは祖霊神を指す語である。その前身は多くの場合、当該氏族の最初期の祖先であるとされ、そうした祖霊は山を依り代として山頂から部民の生活を見守るとされる。

こうしたユラが宿る山の頂はもっとも神聖な場所とされ、「ラツェ」と呼ばれる社によって聖別化されている。氏子たちは毎年数回ラツェに集い、供犠祭祀を行って豊饒祈願や病気直し、子授けなどの願いを捧げる。また、祭祀への参加は氏族内の結束を高め、自らのテリトリーを対外的に顕示する機会ともなる。さらに山林の伐採や採掘、無分別な狩猟など、山を荒廃させる行為はユラの庇護を受ける氏族全体の衰微を意味したため、その山の生態環境は常に万全に保たれなければならなかった。

## 山岳信仰の仏教化

一方、7世紀の仏教伝来以降、山は仏教のコスモロジーを内包することで「聖化された空間」としての変貌を徐々にたどることになる。この際、「マンダラ」と呼ばれる密教の世界観が重要な役割を果たす。須弥山宇宙を表すマンダラは、ヨガ行者の内観瞑想に用いられるのみならず、寺院建築や自然景観の解釈モチーフとして浸透した。このため、在来のユラ信仰の対象だった山は、マンダラ構造を持った世界観の投影対象として、土着の自然信仰の上から、密教的な儀軌に裏付けを持つ信仰体系を上書きされていくことになる。

その最初の重要な契機は、ユラの本性に関わる伝承が書き換えられることにある。後期密教の代表的マン

ダラである「チャクラサンヴァラマンダラ」を例にとると、山頂からふもとにかけての山の自然は、マンダラが持つ同心円状の構造と相同するものと捉えられ、山の頂に棲むユラの本性は、マンダラの中核に座す本尊（サンヴァラ尊）と同じものと見なされる。これに伴い、もともと部民との対面的祭儀に限定されていたユラ信仰の閉鎖性は、「ネーコル」（gnas skor）と呼ばれる巡礼の作法を遂行する巡礼者の到来によって、テリトリーの外へと開かれていくことになる。

　ここでいう「ネー」は"聖なるものの宿り場"、「コル」は"身体の右側をその聖なるものに向けて時計回りに周回する行為"を指す。ネーコルは、直接的には「右繞」と呼ばれるインド由来の礼拝作法をさすが、広義には目的地としてのその聖なる場所へ赴く移動過程全般をも含む。

　チベットでは、このネーに宿る「力」（シンラプ）は、身体接触や聖遺物のやりとりによって移動させることが可能と考えられている。実際の巡礼過程では、巡礼者は特定の意味づけを持つネーに対して供物を捧げたり、逆にネーの一部を欠き取ったりする行為を通じて「力」を取り込み、そうして得られた「力」を生活領域へと持ち帰ることを主眼として行動する。

　以上のような山をめぐる信仰体系の変貌は、すべての山岳において同列に進展したのではなく、ある特定の山が巡礼の聖地となっていく過程

チャクラサンヴァラマンダラ

には、王権的中心との距離や、宗派・部族の分布、さらには単純な地理的条件まで、幅広い要素が組み合わさって、土着信仰と密教儀軌の多彩なシンクレティズムの位相を生じさせることになる。

　こうした政治的・社会的作用を背景とした巡礼空間の成立とその巡礼地の具体的な内容構成に直結するのは、「聖地指南書」（ネーイグ）と呼ばれる仏教テキストである。

## 仏教伝統からのまなざし

　「聖地指南書」とは、肉眼では見分けることのできない聖地の"実相"を、瞑想や睡眠によって創り出された変性意識下にある密教行者の「清浄なる視覚」（ダクナン）を通じて文書化した、一種の巡礼マニュアルである。この種の文書では、山や湖など、対象となる特定の自然景観が先述の「マンダラ」のモチーフに合わせて語られるとともに、その地に来往した過去の聖者たちの神秘的な事

跡が綴られる。またその記述内容は民間の識字層を通じて一般社会に流布し、巡礼者としてその地を訪れる人々に一定の行動規範を提供するものとなる。

　先行する研究者は、指南書の記述内容が巡礼地の内容構成とその宗教的価値とを一義的に決定する権威を持つことを手掛かりとして、巡礼者の儀礼行動にそれがどの程度反映されているかを実地で調査してきた。

　この結果明らかになったのは、後期密教思想の特徴である「身体（内宇宙）と自然（外宇宙）の相同視」という仏教側が規定する自然へのまなざしが、特に山を中核とした生活社会の基層へと浸透していくことで、①「ユラ」信仰にまつわる土着の諸特性、具体的には動物供犠や利己的な部族主義といった要素を減退させていくこと、さらに②組織立てられた巡礼活動の発展に伴って多くの人や物が流れ込み、ホストである地元民とゲストである巡礼団との間で多様な力関係が展開すること、最後に、③こうした変化の総体は、「外道」と呼ばれるヒンドゥーやボン教徒などの非仏教徒、さらには同じチベット高原の東側に位置する漢族をはじめとする中国内陸部の諸民族との接触関係によって、巡礼空間の展開規模に「広域的巡礼」と「地域的巡礼」の偏差を生み出すこと、である。

## 広域巡礼と地域巡礼

　広域巡礼の例として挙げられるのは「ピータ巡礼」である。これは、カイラス（カン・リンボチェ）を筆頭として、ラプチ、ツァリ、カワカルポなど、ヒマラヤ北麓に連なる著名な聖山を「チャクラサンヴァラマンダラ」の身・口・意その他の分身としてひとくくりに規定したうえで、それら個々の山岳を数珠つなぎに礼拝していく「ネットワーク型」の巡礼体系である。ピータは、もともと北インドに点在する24の霊場めぐりの伝統であったが、チベットに入るとこの24霊場は聖山に比定され、当時のチベットで遍歴修行を実践していた密教行者たちはこぞって「聖地指南書」を著し、実際にこれらの聖山を遍歴して後期密教の身体論に裏付けられたヨガ行法に専従した。これらの遍歴遊行者を崇敬する一般民衆にとって、指南書に記された個々の山へ巡礼に出ることが重要な信仰表現となったため、結果としてヒマラヤ北麓に民衆巡礼の広域ネットワークが生み出されることになった。

　このチベット版ピータ巡礼の広域性の特長は、ヒマラヤを挟んで対峙していたヒンドゥー、および在地のボン教徒とのライバル関係を基盤として伸張したこと、さらにその興隆が中世期のカリスマ的行者であるミラレパ（1040－1123年）やゴツァンパ（1189－1258年）など、チベット仏教カギュ派に関係する行者に牽引され、特にその信徒が多い東部チベット・カム地方からの遠隔地巡礼を誘発したことである。今日でも、カイラス巡礼者の大半は、3000kmに

聖山アニ・マチェン主峰部

及ぶ道のりを踏破してはるばるカム地方からやってくる人々で占められている。

　一方、地域巡礼については、こうした広域巡礼圏の外延に位置する個別の聖山信仰が列挙できる。たとえば、カム地方のカギュ派信徒の居住地から北へ数百kmしか離れていないにも関わらず、彼らからはほとんど関心を払われない「アニ・マチェン」（日本では「アムネマチン」という表記が一般的）という聖山は、地域的な文脈で成立する聖山の代表格である。アニ・マチェンは、ラサを擁する中央チベットや東部カム地方とは異なる方言をもつアムド（チベット東北部）地方最大の聖山であり、アムド全域から幅広く巡礼者を集めるが、同時に、この山をユラとして信奉してきた地元部族による部族主義が色濃く残存しており、その巡礼空間は先のカイラスとの比較でいえば、「マンダラ化」が不徹底な状況となっている。

　カイラス巡礼においては、本尊（サンヴァラ）に見立てられる主峰を軸に、マンダラを構成する種々の尊格に見立てられる山々と、3つの巡礼路、4つの寺院、4つの跪拝所が配されている。巡礼者は本尊の座す中心に向けて、同心円状に配されたマンダラの回廊を歩くイメージで巡礼路を外から内へと辿り、最終的に本尊と一体化することで、実際のマンダラを観想するのと同様の霊的成就を達成できる、とされている。

　一方、アニ・マチェンの主神は、この地方に牧畜社会を築くゴロク部族が、自分たちの最初期の守護神として崇める「マジャポムラ」と呼ばれるユラのままであり、マンダラの主尊としての書き換えは起こっていない。実際の巡礼路は右繞によって辿られるが、シンメトリックなマンダラ構造を現出させる仕掛けには乏しい。コース上には母の慈愛を示す「石背負い」の儀礼や地獄めぐりになぞらえた「閻魔大王の岩くぐり」など、他の巡礼地にも共通するコンセプトが見られるものの、ピータでは常套の「ミラレパの修行窟」や「ゴツァンパの手形」といったレリックは皆無で、その代りに、この部族が敬愛してやまない英雄叙事詩の主人公「リンのケサル大王」にまつわる手形や足形のレリックが頻出する。

　ゴロク部族は元来、自主独立を尊び、他からの干渉をはねつける強盛な牧畜部族として名を馳せてきた。このため、アニ・マチェンは一方で守護力の高いユラの在所として、広く外部の巡礼者に開かれているものの、他方で部族的土着性が色濃く残存することで、マンダラ・モデルの

第1章　巡礼と聖地　39

ような整合的なスキームは定着しにくくかったと考えられる。

## 中国への併合と巡礼地の再興

以上のように、仏教伝統の外からの介入の度合いによって、チベット高原の内部には大規模な人の流れを生み出す広域的な巡礼空間と、部族的凝集を背景に持つ地域巡礼の聖地が併存して展開してきたことが指摘できる。だが、こうした独自のダイナミズムは中国への併合によって30年近い停滞を余儀なくされる。

集団化のもとで人の移動が禁止される一方、文化大革命期には、巡礼地の霊跡は迷信の典型として、ダイナマイトや重機で破壊されるなどした。また、国境の確定によって、広域巡礼のネットワークは物理的に寸断された。もともとボーダーゾーンにまたがって巡礼路を形成していたラプチやツァリは、現在では国民国家が管理する国境に阻まれ、右繞を完遂することができなくなっている。

82年、改革開放のもとで移動制限が解除されると、堰を切ったように巡礼が再開される。僧院生活に再び舞い戻った高僧を先導者として進められるその動きは、現行の中国共産党による統治下において、自然の中に宗教表象を復活させるという、上位の国家原則では一定の制約に晒されつつも、民族自治にからむ「民族政策」の解釈と実践のレベルではなし崩し的に開拓していくことが可能な宗教復興の独自領域を生み出すことになった。

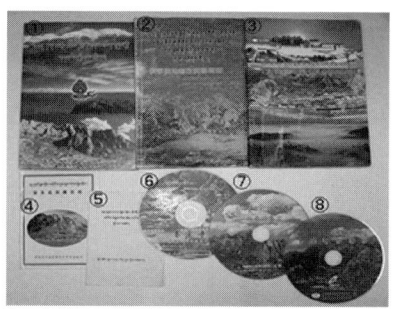

メディアに移植された指南書

復興には、情報メディアの力が積極的に取り入れられていることも特徴である。写真のように、かつては個人的知識として特定の人間に占有されていた聖地情報は、漢語訳付きの冊子として出版されたり、映像作品として販売され、非チベット人のツーリストを含む万人に利用可能なメディアに姿を変えている。巡礼者は特定の発信者によって選別された聖地情報に依拠して、目の前の霊跡の由来を理解し、その情報の範囲内での儀礼遂行へ直線的に方向づけられる。自然景観と巡礼者を橋渡ししてきた「清浄なる視覚」としての指南書の記述は、現在ではツーリズムを誘発するひとつの仕掛けとしても用いられている。

これと並んでいまひとつ指摘しておかなければならないことは、巡礼地の再生・復興に関わる第三のアクターとして、地元の行政府の介在が活発化していることである。彼らは、従来後期密教思想に基づく「自然へのまなざし」によって構築されてきたネットワーク型の広域巡礼を、「広域ツーリズム」という名の地域圏

構想によって肩代わりしようとする。

　雲南省のチベット地域では、2002年に地元政府がそれまでの県名称を「シャングリラ県」に変更し、域内の巡礼地や僧院を観光資源として統合的に結び合わせる「大シャングリラ圏」構想を打ち出した。

　先のゴロク州政府はこれに倣い、「マユ・ケサル文化回廊」と呼ばれる民族ツーリズムの整備を進めている。「マユ」とは黄河源流域を指すチベット語であり、この地域圏構想では、国家が求める「持続可能な互恵的社会発展」というスローガンにかなう内容として、「自然と共存してきた民族英雄・ケサル大王の叙事詩文化を基軸としたエコ・ツーリズムの開拓により、沿海部が重大な関心を注ぐ黄河源流域の生態保全と辺境経済の活性化を両立する」ことがうたわれている。こうしたビジョンの元で、地域の聖山であるアニ・マチェンや、ゴロク部族の発祥地であるとされるニェンボ・ユツェなどの聖山がリストアップされ、域内で見出される「ケサル大王」関連のレリックを観光資源の目玉に押し上げようとする動きが続いている。

## 資源化するまなざしと「身体」

　今日の文化観光が目指す包括的広域性と、かつてのピータ巡礼の広域性とは、同じ「自然へのまなざし」によって生み出される空間として、本質的にどこが異なるのであろうか。

　ひとつ指摘できそうなことは、前者の「まなざし」が、沿海部先進地域のマジョリティにとっての「利用価値」という基準を内包し、その基準にのっとって辺境部の自然と文化の資源性を統合的にまなざす権力性を帯びている、という点であろう。

　この種の「資源化するまなざし」は、一方で辺境地域の在来伝統を「持続可能な発展」の名のもとに鼓舞し、称揚しつつも、その裏では、そうして見出した地域の資源性をマジョリティの都合に寄り添わせる形で「公定民族文化」の鋳型へとはめ込み、平準化された表象へと成型していく力をはらんでいる。

　現状で、広域ツーリズムが個々の巡礼地を包含して形作られていく以上、そこにある「資源化するまなざし」は、チベット人との表面的協働が可能な形で、かつて白紙化された自然景観の再聖化のプロセスを補うものとなるであろう。だが、そのようなまなざしが全体として描き出す擬似的マンダラのような広域性の基礎に、どれだけ身体の内奥に由来するものが含まれうるのか、疑わしいとみることもできよう。少なくともこれまで、チベット高原の自然景観に仏教伝統が与えてきた多彩な意味づけが、山での生業活動を通してチベット人の身体に刻み込まれてきた周辺環境に対する微細な感覚と切り離された地点で成立することはなかったはずだからである。　（別所裕介）

**参考文献**
別所裕介「仏教は山に何をしたか？—アムド地方の聖山巡礼における仏教化の研究」『日本西蔵学会々報』51号、2005年

# 1-6 ミャンマーの僧院巡礼
―― 「森」へ向かう都市住民たち

## 僧院巡礼の活性化

　南・東南アジア大陸部を中心に信仰されている上座仏教では、仏・法・僧という三宝を信仰対象としている。それぞれ①仏教の開祖である釈迦牟尼仏（ゴータマ・ブッダ）、②仏が説いた教え（仏法）、③仏法にしたがい、悟りを開いた聖者たちを意味する。これらの三宝は上座仏教における聖なる存在である。それゆえに上座仏教徒の宗教実践を形づくる結節点となっている。ただし、その現れ方は地域・社会によって異なる。ミャンマー（ビルマ）においては、①パゴダ（ブッダの聖遺物や大仏などを納めた仏塔）と②僧院が、そうした聖性を具体化した存在となっている。日本においてはパゴダと僧院は同じ敷地内にあることが多い。しかしミャンマーでは、両者は空間的に分離しており、機能的にもまったく異なる。

　第一に、パゴダとは「仏宝」に出会える場所である。ミャンマーでは、パゴダは仏の象徴として、あるいは仏そのものとして信仰されている。11世紀の上座仏教伝来以来、ミャンマーには大小無数のパゴダが建てられてきた。その中でも由緒があり威徳が高いとされる大パゴダは、伝統的に在家者（在俗信徒）の巡礼の対象

ミャンマーのパゴダ

となっている。たとえば仏髪を納めたシュエダゴン・パゴダや、ゴールデンロックとして知られるチャイティーヨー・パゴダなどが有名である。

　第二に、僧院とは「僧宝」に近づける場所である。修行の途上にある出家者は、聖者としての「僧宝」そのものではない。しかし世俗社会から離れ、仏道修行に励む出家者は、「僧宝」に近づきつつある存在としての聖性を帯びる。それゆえに出家者の修行の場である僧院もまた、在家者にとって聖なる空間である。ただしパゴダと異なり、僧院が在家者の巡礼の対象となることは少ない。在家者が僧院を訪れるのは、人生儀礼や年中行事など、特定の機会に限られている。

　しかし近年、在家者の居住空間（村や都市）から離れた「森（トーヤ）」にある僧院が、ヤンゴンなどの大都

市に住む都市住民を数多く惹きつけ、巡礼対象となっているケースがみられる。それではこうした「森の僧院」への巡礼はなぜ活性化しているのか。その特徴とはどのようなものか。以下、①平凡山と②Ｔ僧院という２つの事例について紹介してみたい。

## 平凡山の聖地化

１つめは、ターマニャ（平凡山）長老（1912－2003年）というカリスマ的な出家者が止住していた平凡山が聖地化したという事例である。カレン州パアン郡の村に生まれたターマニャ長老は、長らく故郷近くの村の僧院で住職として活躍した。しかし1980年、68歳のときにパアン郡にある平凡山にこもり、小さな庵に止住しながら瞑想修行に専念する。その結果、長老は悟りを開いた「阿羅漢」になったのではという噂が広がり始める。

長老の評判は、まず周辺のカレン州で高まった。そして長老を慕う信者が平凡山へと集まり、居住域を形成するようになる。その後1990年代以降、ヤンゴンをはじめとする都市部からの巡礼者が爆発的に増加する。その背景には、第一に、宗教雑誌の興隆がある。規制緩和によって1990年代に登場した宗教雑誌には、厳しい修行の結果、悟りを開いたと噂される長老の特集記事が組まれた。そしてそうした長老の悟りに由来するティディと呼ばれる超自然的なパワーが、商売繁盛や試験合格といった様々な現世利益をもたらすことが喧伝された。その筆頭がターマニャ長老であり、長老のパワーの恩恵を受けたいと考える都市住民が増えたのである。

第二に、こうしたニーズに応える形で1990年代以降、新しく設立された観光会社が、巡礼バスツアーを運行するようになる。ヤンゴンから平凡山行きの巡礼バスは、多いときには１日に20本以上出るほどだったという。こうした巡礼者の目当ては現世利益をもたらすとされる長老のパワーであり、長老のパワーが転化されたとされる護符、ブロマイド、手形などを購入したり、持参した物品を聖別化してもらったりするという巡礼形態が一般化する。

巡礼者の増加は、平凡山に莫大な布施をもたらした。こうした資金を元手に、ターマニャ長老は居住域のインフラ整備、教育や医療といった

ターマニャ長老のブロマイド

福祉事業を展開し、1990年代末には居住域は5000戸を超える規模となった。また、こうした大事業の実現は、長老のパワーを証明するものであるとみなされ、さらに巡礼者が増える要因となった。このように平凡山は、都市住民の現世利益への願いを受け止める聖地として発展した。

## T僧院の聖地化

2つめは、律という出家者のルールを厳守することを目指し、そのために「森（郊外）」へと退避したT僧院が聖地化したという事例である。T僧院を設立したT長老（1918－2001年）は、エーヤーワディ管区ミャウンミャ町の大僧院で、長らく住職を務めていたが、都市の喧噪は出家修行に相応しくないと考え、1986年にヤンゴンから車で1時間ほどの「森」に新たにT僧院を設立する。しかし「森」は修行に専念するには向いているが、布施を得るには都合が悪い。したがって最初の数年間は、弟子を養う余裕はなかったという。しかし1990年代以降、T僧院には多くの都市住民が訪れるようになり、その布施によってT僧院はヤンゴン都市部の大僧院に匹敵する規模を実現している。

T僧院を積極的に訪れているのは、比較的若い世代（30－40代）の都市住民で、なおかつ自家用車を持っているような裕福な世帯が多い。また、仏教についての知識が豊富であり、自らも瞑想など積極的に修行に励む傾向がある。彼／彼女らの仏教につ

T僧院の托鉢風景

いての関心を支えているのは、1990年代以降に急速に興隆した各種の仏教メディアである。説法会、それをCDやVCDに記録したもの、テレビでの説法放送、平易なミャンマー語で教義を説く安価な小冊子、高僧の伝記本、宗教雑誌、各種の仏教講座や瞑想コースなどの発達は、都市住民が自ら仏教を学び実践する機会を大幅に増大させている。

こうした主体的に仏教と関わる経験は、「出家者とはどのような存在であるべきか」という問いをも先鋭化させている。そして律を遵守してこそ本物の出家者であるという認識が普及しつつある。その一方で、都市部にいる出家者の多くは、こうした「本物」志向に合致しない。つまり理想としての出家者像と、現実としての出家者の姿のギャップが、都市僧院に対する不満として蓄積されることになる。このような不満が、T僧院への傾斜を促す要因であると考えられる。つまり都市からの巡礼者は、「本物」の出家者に出会うためにT僧院へと赴く。それによって「僧宝」への信仰心を高めると同時に、

そうした出家者を模範として自らもまた修行に励もうという意欲を新たにするのである。このようにT僧院は、都市住民の「本物」志向を受け止める聖地となっている。

## 僧院巡礼の活性化が示唆するもの

1948年にイギリス植民地から独立したミャンマーは、長らく鎖国的な政策をとり、経済の低迷が続いていた。しかし1990年代以降、政府は積極的な対外開放、市場経済化を推し進めており、都市部を中心に急激な社会変動が生じている。それに伴う成功のチャンスへの期待、消費欲望の拡大、災厄や病気への不安といった社会的不確定性の蔓延は、都市住民の新たな宗教的ニーズを喚起することになった。ここで紹介した都市住民による僧院巡礼の活性化は、こうした新しい動向の1つとして捉えることができるだろう。

ただし、その巡礼形態は対照的である。平凡山への巡礼は、「他力」を求める巡礼であるといえる。そこでは出家者（ターマニャ長老）は、自ら聖性を体現した超越的な存在として表象されている。そしてその超越性ゆえに超自然的なパワーをもつと信じられ、現世利益的な願いの対象となる。それに対し、T僧院への巡礼は、「自力」の修行の途上にある。T僧院にやってくる都市住民たちは、自ら聖（悟り）に近づこうという強い意欲をもっている。彼／彼女らにとって出家者たちは、遙かな高みからパワーを与えてくれる超越的な存在ではなく、理想の仏道修行のあり方を開示するような模範的な存在として表象されている。

こうした2つの対照的な巡礼形態は、都市住民が出家者に求めるものの違いを如実に示している。一方で、社会的不確定性が蔓延する都市生活において、物質的幸福（現世利益）を欲する都市住民は、出家者に現世利益をもたらすカリスマ的パワーを求める。その一方で、同じく都市生活を送りながらも、精神的幸福（悟り）を志向する都市住民は、出家者に対してむしろ、理想の生き方へと導く模範的存在としての役割を期待する。このように近年活性化した僧院巡礼には、社会変動の中で生じた都市住民の宗教的ニーズの多様性をみてとることができる。

また、聖地の継続性という点においても両者は対照的である。平凡山への巡礼は、2003年にターマニャ長老が死去して以降、急速に衰えた。しかしT僧院への巡礼は、T長老の死後も継続している。律を遵守する出家者がいる限り、T僧院は都市住民にとっての密かな聖地であり続けるだろう。

（藏本龍介）

**参考文献**
田辺繁治編『アジアにおける宗教の再生―宗教的経験のポリティクス』京都大学学術出版会、1995年
土佐桂子『ビルマのウェイザー信仰』勁草書房、2000年

## 1-7 佐渡
――離島社会に生まれた宗教的風土

### 「流人の島」と日蓮聖蹟

　日本海に浮かぶ新潟県佐渡島は、面積は東京23区よりも広く、日本の島としては沖縄本島に次ぐ大きさを有する。そこに6万人あまりが住むが、過疎化が著しい。その分自然は豊かで、野に放鳥されたトキは今や絶滅の危機を脱しつつある。

　聖地としての佐渡というと即座にピンと来る人は少ないかもしれない。だが荒海に囲まれた過酷な孤島という地誌的なイメージに沿うように、古来多くの人々を好むと好まざるとに関わらず引きつけてきた。また本土への交通の難ゆえに、広大な島内では独自の文化的・宗教的な展開が見られた。現代佐渡の聖地・ツーリズムも、そうした歴史的に作られたイメージ＝物語に規定され、時にその物語を佐渡が自ら内面化することで形成されてきた。

　佐渡イメージの一つに「流人の島」というものがある。実際、律令制のもと配流の地になっていた佐渡には、平安時代以来さまざまな人物が流された。多くは思想信条や政治的立場の違いから時の権力者に追放された者であり、たとえば承久の乱（1221年）で敗れた順徳上皇、能の大成者・世阿弥などが有名である。彼らは単なる流人としてではなく、佐渡に中央の文化を伝播させた人々でもあった。そうした人物の一人に日蓮がいる。

　日蓮宗の開祖・日蓮は、50歳の1271年、鎌倉幕府との政争から約2年半にわたって佐渡に流された。新潟との間に広がる越佐海峡に面した、松ヶ崎という佐渡南東部の小さな集落にたどり着いた日蓮は、最初は根本寺（佐渡市新穂）、のちに妙照寺（同市野沢）に逗留することになった。流人としての生活は過酷であり、あばらやで冬の日本海から吹きすさぶ風雪をしのいだと伝えられる。だが日蓮は佐渡で『開目抄』、『観心本尊抄』という、後に代表作とされる2つの著作を記し、島内でも教えを広めた。過酷な環境下で考えを深めた佐渡の日々は、日蓮の思想的円熟期とされ、「佐前」と「佐後」によって日蓮思想の転換を表す研究者もいる。

　近代佐渡におけるツーリズムは、実は日蓮と深く関係している。もともと金銀山を抱えた佐渡は徳川幕藩体制下で天領となっており、庶民が自由に島の内外を往来することは難しく、島外観光客が来島し始める時期も他地域に比べて比較的遅い大正末から昭和初期にかけてであった。そして交通基盤の整備によって生ま

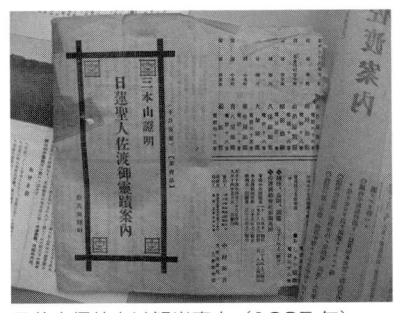

日蓮宗信徒向け観光案内（1925年）

れた近代観光において、佐渡への最初の観光客になったのが日蓮の聖蹟をめぐる人々だった。

　島内には先述の根本寺や妙照寺に加え、日蓮が雨風をしのいだケヤキの木（同市松ヶ崎）、道中で彼が咲かせた「星降りの梅」と呼ばれる梅の木（同市小倉）など、縁の地が伝承とともに多々残されている。1925年にはこれらを巡る「日蓮聖人霊蹟巡拝団」なる参拝旅行団が来島し、日蓮の足跡をたどったという。このように島内外から聖跡巡りの日蓮宗信徒が多数訪れるようになり、ホスト社会たる佐渡の中でも、人々を迎え入れる準備が始まった。

　それは佐渡で作られた古い旅行パンフレットからも窺うことができる。「日蓮聖人佐渡御霊蹟案内」と銘打たれたパンフレットは、1925年に島内複数の旅館が共同で作成したものであり、訪れるべき聖蹟やその他の名所、旅館の紹介のほか、20名以上の団体客には島内案内を行う旨が書かれている。地元の交通会社・新潟交通では聖蹟巡りの定期観光バスも運営していたようである。こうしたパンフレットは多数発行されており、往々にして「日蓮宗佐渡三本山指定旅館」等の文字が躍る。要するに佐渡の近代観光は、当初から聖地を観光資源に取り込んだものだったのだ。

## 近代観光の中の真野御陵

　昭和初期以降、それまで「後進地域」の一つでしかなかった佐渡は一気に観光地へと舵を切る。聖蹟巡りはその潮流の一つであり、より大きな契機は佐渡北西部に広がる海府海岸や尖閣湾の奇岩連なる海岸美が1934年、「名勝」指定されたことと、同時期に全国的に民謡ブームが起こり、人気絶頂にあった「おけさ」の地元として佐渡が知られたことである。海府海岸が自然景観の観光資源化であるならば、「おけさ」の本場というイメージで人を引きつけようとした点は、文化資源を活用した観光地化というべきだろう。ちょうど広がりを見せていたラジオ放送が「おけさ」を流し、都市にはない自然景観・文化景観が観光客を吸引した。景勝地を見て集合写真を撮り、旅館やホテルで民謡を聞きながら地元の食材を食べるというこの時期に生み出された大衆観光のパターンは、1970年代の隆盛期を経て現在まで継続することになる。

　しかし「おけさ」や景観もさることながら、昭和期の佐渡観光でとりわけ重視されたのは先に述べた聖蹟への参拝である。特に日蓮の聖蹟とならんで戦前期の旅行ガイドや絵はがきに必ず取り上げられるのが、順

順徳上皇を祀った真野宮

徳上皇に縁のある真野御陵（同市真野）である。順徳は上皇となった1221年、父・後鳥羽上皇とともに倒幕を企てたのち、敗れて佐渡に流された。そこで22年の月日を過ごし、帰京することなく島で客死した。佐渡への流人の中でもっとも高位の人物なので、今なお市民の間での知名度は高い。真野御陵は火葬塚なので正確には御陵ではないが、地元では古くより御陵とみなされ、現在でも宮内庁管轄となっている。

日蓮聖蹟巡りが日蓮宗信徒限定の聖地ツアーだったとすれば、真野御陵は全国民を対象としたものであり、とりわけ国家神道全盛期の戦前にあっては、御陵やその隣の順徳を祀った真野宮への参拝は他の何ものをも凌ぐ人気があったことが、当時の旅行ガイド、パンフレットから読み取ることができる。しかし戦後隆盛を極めた佐渡観光の中で、御陵は徐々にプレゼンスを失っていく。天皇制への関心の低下や他の観光施設の充実もあるだろうが、より大きな理由は、御陵の大部分が立ち入りを制限されており、ほんのわずかの参拝部分にしか足を踏み入れることができ

ないことと、ゆえに参拝といっても大規模な寺社にあるような荘厳かつ神聖な雰囲気を体験することが難しいという点が挙げられる。天皇制やその歴史への関心を強く持っている人であれば、場所の持つ記号性に惹かれて参拝することで十分に期待に応えることもできるだろうが、そうでない人にとってはアトラクションとして強みを持たない。駐車場には大型バスが何台も停められるスペースがあり、土産物屋も建ち並ぶが、往時の賑わいはない。御陵は聖地としてもツーリズムの目的地としても影が薄くなっている。

### 佐渡遍路：新たなる巡礼地

近年のツーリズムでは、著名な名所旧跡を単に見て回るような旅ではなく、人々がより直接的に身体や内面へと経験を刻み込むことのできる旅が求められつつある。その意味で現在の佐渡において観光資源として潜在力のある聖地は、四国遍路を模した佐渡遍路（佐渡八十八カ所霊場）への巡拝であろう。

佐渡における模造巡礼地の歴史は古い。18世紀に西国三十三観音霊場の小規模な「写し」が島内に複数設けられていた。創設者の多くは実際に西国霊場に行った僧侶であり、各寺院の砂を持ち帰り佐渡の寺院や堂に奉納し、西国と同じような巡礼空間を構築したものである。四国遍路の写しもまた小規模なものが複数併存したが、島を一周する巡礼地が作られたのは、諸説あるにせよ1815

年だとされている。四国への巡拝から帰った蓮華峰寺（同市小木）の僧侶が島内88カ寺に砂を納め、島を一周する巡礼路を確立した。現在佐渡にはおよそ250の仏教寺院（うち約140が真言宗）があるが、人口の割に多い寺院数が、巡礼地の成立を可能にさせたといっても良い。

　佐渡の古い言い回しに「四国西国及びはないが、せめて七日の佐渡遍路」という言葉がある。海に閉ざされ庶民が自由に巡拝旅行に行けない時代にあっては、1週間で満願に達する佐渡遍路でその欲求を代替しようというわけである。真言宗檀家の多い佐渡の人々にとって、弘法大師空海をたよって四国遍路を行うことは理想であった。だがその実現可能性は決して高くない。佐渡遍路は孤島に生まれた者の祈りを島内で穴埋めするための巡礼地だったのである。

　戦後の四国遍路のツーリズム化によって、どのような地域の人でも容易に四国に巡拝を行えるようになったのは言うまでもない。佐渡の人々も旅行会社を介して巡礼ツアーに出るようになり、佐渡は四国遍路への有数の送り出し地域となった。浮いた存在になったのが、代替としての役割を終えた佐渡遍路である。

　四国の代わりとしての地位を必要とされなくなった佐渡遍路だが、決して衰えるわけではなく、むしろ新たな聖地／ツーリズムの目的地として活性化されつつある。戦後、寺院の荒廃を受けて一部の札所が入れ替えられ、佐渡四国八十八カ所霊場という名で再開した佐渡遍路は、民間の旅行会社が巡礼地整備を主導することで巡礼ツーリズムの目的地へと変化していく。その会社は1960年代以降、何度か佐渡遍路の案内書を出版し、2泊3日で巡拝できるバスツアーを催して島外観光客を巡礼者に仕立て上げる営業を行っている。また新潟交通でも、不定期だが識者が案内するかたちのツアーを開催している。

　他方寺院側は長年佐渡遍路への積極的な関与を取ってこなかったが、近年霊場会が本格的な巡礼地整備に乗り出している。市町村合併後によって佐渡が一島一市になって以降、札所や巡礼路の改変、案内誌やグッズの作成を行い、名称も佐渡八十八カ所霊場へと変更している。「四国」を取り除いたことからは、佐渡遍路がもはや四国遍路の代替巡礼地ではなく、それ単体で巡礼者を得ようとする霊場会の意志を読むことができる。現在佐渡遍路は島内高齢者の慰安旅行や島の外からやってくる若いツーリストへと開かれつつある。そこには佐渡が「流人の島」や典型的大衆観光の地といった従来のイメージとは異なる、オルタナティブストーリーを模索していることが窺える。

（門田岳久）

**参考文献**
門田岳久「『宗教』の資源化・商品化・再日常化」『国立歴史民俗博物館研究報告』156、2010年
末木文美士『増補日蓮入門―現世を撃つ思想』筑摩書房、2010年

聖地・巡礼地マップ▶東日本

7-5 北海道神宮

5-5 青森キリストの墓

1-7 佐渡

5-2 鷲宮神社
6-3 紫雲山地蔵寺
5-1 明治神宮
4-4 牛久大仏
5-3 定林寺
6-2 御巣鷹山
4-1 成田山新勝寺
3-4 富士山
5-4 今戸神社
7-1 靖国神社
4-2 武州御岳山
3-5 鎌倉

第 2 章

伝統と聖地

## 2-1 ブッダガヤ
──仏教最大の聖地の発見と変容

**忘れられた場所から開かれた聖地へ**

仏教創始者であるブッダ（釈迦）の生涯と深く結びついた場所は、悟りの地として知られるブッダガヤに加え、生誕の地（ルンビニ）、初転法輪の地（サルナート）、涅槃の地（クシナガル）の4カ所あり、四大聖地と総称されている。なかでもブッダガヤは、ネパールと国境を接するインド・ビハール州ガヤ県の南部に位置し、仏教最大の聖地と称されている。ブッダガヤには、アショーカ王による建立を起源とする50mを超える高さの大塔やブッダが座したとされる金剛宝座、そして菩提樹が枝葉を拡げている。

大塔や菩提樹、金剛宝座の周囲では、日常的に世界各地から文化的背景の異なる様々な国や地域の巡礼者や観光客が訪れ、参詣し、祈りを捧げる様子を目にすることができる。訪れる人々の国や地域もアジア諸国を中心に実に多様である。特に乾季になると、様々な宗派による大規模かつ絢爛たる仏教儀礼が、盛大に執り行われ、大塔や菩提樹金剛宝座の周囲は祈りの場所、空間をなしている。さらに、それらを中心に半径1−2kmの範囲には、様々な国や地域の仏教寺院が各々の文化的様式に倣った建て方で建てられている。他の仏教聖地でも同様の動きはあるものの、ブッダガヤにおけるその数は類を見ない。その上、2002年に大塔をはじめとする歴史的遺跡群が世界遺産登録を受けたことで、歴史的場所としての関心もますます高まっている。

多様な関心を喚起しながら人々を惹きつけるブッダガヤの来客数は、1994年以降右肩上がりを続けている。そしてビハール州のなかで、最も外国人が訪れる地域となっている。

しかし、ブッダガヤが今日のように国内外の人々を惹きつけるようになったのは、仏教の歴史を考えればそれほど昔のことではない。13世紀頃にインドにおける仏教が衰退して以降、仏教空白の時代を迎えるな

大塔（Mahabodhi Mahavihar）

かで、北インドに点在する「仏教聖地」は荒廃の一途をたどり、長らく仏教徒から忘れられていた。完全な崩落を免れながらも側壁は崩れ落ちた状態であった。このような大塔が現在の形へと姿を整えたのは、英領政府の考古学機関によって大規模な発掘および修復が行われた19世紀のことである。

では、近年のように国内外の人々の関心を広く集め、絶え間なく個人や集団が訪れるようになるのはいつ頃のことなのだろうか。ここでは、大塔周囲で行われる仏教儀礼の展開と、大塔周辺の仏教寺院建立の状況から、その動きを捉えてみたい。

### 仏教の「聖地」としての転換点

ここで重要なのは、ブッダガヤの変化が、1956年の新生インド政府の取組みを転換点としていることにある。この年、インド政府は仏教2500年を祝う祝祭を執り行っている。この祝祭には世界各国の国や地域の人々が招待され盛大に執り行われた。祝祭は、ブッダガヤでも催され、同地域で最初の仏教儀礼となった。これを機に、ブッダガヤではブッダを偲ぶ儀礼が毎年執り行われていく。

それに加えて、次第に各国、地域の仏教教団が、大規模な仏教儀礼を組織していく。その数は、1980年代に1－2件確認でき、2009年半ば頃から、毎年10件以上を数えるまでになっている。

また、現在確認できる各国仏教寺院も、1956年の仏教2500年祝祭を

菩提樹の下で行われる儀礼

一つの契機にしている。現在、約49カ寺の仏教寺院が建立されている。その内、独立以前に建てられていた3カ寺を除き、すべての寺院が独立以降に建てられている。独立後いち早く寺院を建立したのは1956年のタイ寺で、続いて1973年の日本寺と続いていく。現在、11の異なる国や地域の寺院が建てられている。タイや日本を含む初期の寺院の建立は、仏教2500年祝祭での初代首相ネルーの寺院建立の呼びかけをきっかけにしていた。寺院の建立は1990年代以降勢いを増しており、今なおとどまることを知らない。

### 世界的「聖地」へと後押しする力

仏教儀礼や寺院建立は、1956年の新生インド政府の働きかけによって展開が促されているだけではない。そこには、それらの展開を促す他の要因が考えられる。

第一に、アジア諸国のそれぞれの地域の政治的状況や経済的な成長が挙げられる。ブッダガヤに訪れている国・地域のほとんどが、経済成長著しいアジア諸国の国々であること

がそのことを示唆している。日本を例にとれば、海外渡航が自由化される1964年以降、高度経済成長に後押しされて、日本人が訪れはじめ、寺院の建立に乗り出している。近年でいえば、1962年の中印国境問題に伴う両国の政治的関係の悪化から、遠のいていた大陸からの中国人も、両国の経済市場の開放が進むなかで顔を見せ始めている。2011年には中国人仏教教団によって大規模な仏教儀礼が行われた。

そして第二に、インド政府の観光に対する関心の高まりが挙げられる。先に見た2000年以降の仏教儀礼の増加や、1990年代以降に早まる寺院建設はインド政府の観光を強化する取組みと重なる。インド政府は独立後、観光省を設置している。しかし、しばらくはインド政府の観光に対する経済的戦略としての比重は大きなものではなかった。1982年に初めて観光政策を打ち出すものの本格的に取組みだすのは1990年代ともいわれている。観光に最も力を入れ始めたのは2000年代である。2002年に、来印者促進のために「Incredible INDIA」と称して大々的なキャンペーンを行っている。そのなかで、各地に点在する仏跡観光は、観光促進するためのパッケージの一つとなっていることが分かる。こういった中央・州政府の観光戦略が、同地域に向かう動きを後押ししていると考えられる。

さらに第三として、大塔や金剛宝座、菩提樹を管理する管理組織の取組みを挙げることができる。

管理組織の主要な取組みを通時的に捉えてみると、初期のころは、歴史的遺跡の修復や内装の整備、大塔管理敷地の境界に壁を設置する開発に重点が置かれていた。それが、次第に、大塔周囲の公園化に加え、大塔そのものを「見せる」ための取組みが確認できるようになる。さらには、近年、以前にも増して仏教信者による形として残るものの寄進（記念碑など）が相次いでおり、仏教徒の宗教的な行為を仲介するような関わりへの比重が増していることが読み取れる。とくに、大塔を「見せる」取組みや、仏教徒の宗教的な行為に介在していくような関わりは、世界遺産に登録される2002年を前後に確認できる。寺院管理組織の「見せる」取組みが、巡礼者や観光客の誘致にどれほど寄与しているかは定かではない。とはいえ、訪れる人々を意識した取組みへの変化は、見落とせない動きといえよう。

## 「聖地」の発展とローカル社会

これまでに見てきた点は、いずれもブッダガヤの社会に対して外在的な動きであった。では、同地域に長らく生活の基盤をおいてきた人々は、これらの動きをどう捉え、どのように対応してきたのであろうか。大半がヒンドゥー教徒やイスラム教徒である地元の人々は、ブッダガヤがブッダ悟りの地であり「仏教聖地」であるということを、国外社会との接触機会が増すなかで経験し、認識し

ていた。彼らは、1960年代頃まで、農業中心の生活を営んでいたが、訪れる人々を相手に現金収入が得られる土産物売りや観光ガイド、ホテル経営者など観光業へと職業をシフトさせてきた。

　一部の仏教徒のなかには、土産物売りとなった彼らを、巡礼者の参詣を妨げる迷惑者としてみなす者も少なくない。また、世界遺産を機に、零細な土産物屋を取除くことを求める者や、神聖性の維持のために非仏教徒の実践の停止を求める者もいる。

　このような外部からの冷ややかなまなざしに対し、地元の人々は、国際的関心が高まる以前から自分たちは生活し、ブッダガヤが自分たちの先祖伝来の土地でもあることを口にする。そして、仏教徒に批判的な声を挙げる者もいる一方で、「仏教聖地」へと開かれていくことが、今の生活を成り立たせているのだと仏教に感謝する者もいる。

### 場所・空間の創出

　ブッダガヤは、一言でいえば、一度は忘れられていたが、独立以降に聖地としての復活をみた場所であり空間である。このプロセスを、場所・空間の観点から見れば、「聖地」としての場所・空間の創出と読み替えることができよう。

　この動きは、インド政府をはじめ観光諸機関によるインドへの来訪を喚起する戦略に負うところがある。しかし、注視したいのは、外部機関による観光戦略に先だち、まず周辺

並ぶ地元の土産物屋

の国や地域の同地に対する関心の高まりのなかで聖地の復活は進行し、次第に観光戦略のなかに絡み取られていく様子がこの事例から見て取れる点である。

　そして、最後に述べておきたいのは、聖地としての復活が、新たな場所・空間の創出を促している点である。現在、一部の周辺都市部の人々に結婚式の会場としてブッダガヤの場所が注目されている。この背景には、ブッダガヤが国際的に開かれた場所となり、貧困州として名高いビハール州のなかでもインフラが行き届き、安全な場所としての認識がローカル社会に浸透してきたことが挙げられる。

　この事例からは、「聖地」が世界的な場所として開かれていき、さらにそのなかで作り出されてきた環境から、新しい場所・空間が創造されようとする動きを捉えることができるのである。

（前島訓子）

#### 参考文献
前島訓子「インド『仏教聖地』構築の舞台―『仏教聖地』構築と交錯する地域社会」『地域社会学会年報』第23集、2011年

## 2-2 エルサレム
――歴史の構築される町

　北西にヨーロッパ大陸、南西にアフリカ大陸、東にアジア大陸、3つが交差する地域にエルサレムは存在する。標高約800mに位置するこの町は、聖書の記述のように山々に囲まれており（詩編125編2節）、旧市街に一際目立つ黄金のドームがある。この地には世界中からユダヤ人、キリスト教徒、ムスリムをはじめとする多くの人々が訪れる。

### 町と神殿の変遷

　ヘブライ語聖書の伝えるところによれば、イスラエル王国の首都となる以前、そこはエブスと呼ばれ、エブス人が住んでいた。紀元前10世紀頃、ダビデはエブスを攻め滅ぼした後、そこをダビデの町と呼んだ。ダビデの息子ソロモンは、町の北側に神殿を立て、そこで祭儀が執り行われるようになった。毎年祝われた「三つの祭り」の際、供物を携えて人々がエルサレムを訪れるようになったのは、この時代と考えられる。ヘブライ語で、この神殿詣を「アリヤー・レレゲル」（祭りへの上り）と呼ぶ。申命記16章には、以下のような文章がある。「男子はすべて、年に3度、すなわち除酵祭、七週祭、仮庵祭に、あなたの神、主の御前、主の選ばれる場所に出ねばならない。ただし、何も持たずに主の御前に出てはならない。あなたの神、主より受けた祝福に応じて、それぞれ、献げ物を携えなさい」。ソロモンの死後、王国は南北に分裂し、バビロニア軍は南ユダ王国を紀元前586年に滅ぼした。神殿が破壊され、エルサレムの住民は支配層を中心にバビロンへと捕囚された。紀元前539年にアケメネス朝ペルシアのキュロスがバビロンを征服し、捕囚の民であったユダの人々に、エルサレムへ戻り神殿を再建する許可を出した。ユダヤ人にとって2番目の神殿が建てられ、再び人々は神へ供物を捧げるために神殿を詣でた。大勢の人々がエルサレムへ喜んで集まる光景は、以下の詩編42編などの箇所に描かれている。「わたしは魂を注ぎ出し、思い起こす　喜び歌い感謝をささげる声の中を　祭りに集う人の群れと共に進み　神の家に入り、ひれ伏したことを」。

　神殿再建から約500年後、新約聖書によれば、イエスとその追随者による活動が祭司長や律法学者の反感を買い、当時エルサレムのローマ総督であったピラトに尋問されたのち、イエスは十字架の刑に処せられた。イエスが葬られた墓からはその遺体が消えており、復活したと信じられ

るようになった。イエスをキリスト（救世主）と信じる人々の集団は次第にキリスト教としてユダヤ教から独立していく。そしてその最晩年の活動地であったエルサレムは聖地と見做され、この地を慕って多くのキリスト教徒が訪れるようになる。

ローマの支配に耐えられなくなったユダヤ人たちは紀元66年頃に反乱を起こし、紀元70年、エルサレムはローマ軍によって攻略され、神殿が再び破壊された（現在、ユダヤ人は「第一神殿時代」、「第二神殿時代」の表現で時代を区分する）。132年に再び、ユダヤ人の反乱は鎮圧され、ローマによってユダの地名がシリア・パレスチナに変更され、エルサレムはアエリア・カピトリーナと呼ばれるようになる。かつてユダヤ教の神殿があった場所にローマの神々の神殿が建てられ、ユダヤ教の中心は、エルサレムからヤブネなどへと移った。その後、ローマ帝国においてキリスト教が影響力を持ち始め、ローマ皇帝コンスタンティヌスの母で、キリスト教に熱心だったヘレナは紀元326年に聖地巡礼を行い、ベツレヘムなどに教会を建てた。また336年に、エルサレムでイエスの墓のあったと言われる場所に聖墳墓教会を建設した。エルサレムがキリスト教の巡礼地として整備されていくのは、このヘレナを通してであった。

エルサレムはムスリムの間では「バイト・アル＝マクディス」（聖なる家）あるいはクドス（聖地）と呼ばれ、西暦624年に「キブラ」（礼拝

黄金のドームと西の壁

の方向）が定められる以前、最初のキブラであった。638年に第二代カリフのウマル・イブン・ハッターブがエルサレムを攻略した。伝承によると、このカリフはエルサレムを度々訪問し、キリスト教諸会堂の壮大さと彼が神殿の丘で見た汚物や残骸の山との間のあまりの対照にショックを受けた。そしてウマルは丘を清め、かつてユダヤ教の神殿が建っていた場所に、ムスリムの礼拝堂を建設するように命じた。ウマルの攻略以降ムスリムの統治者の王朝が続き、エルサレムはイスラームの色彩を急速に濃くしていった。7世紀に「岩のドーム」モスクが建てられ（現在、「黄金のドーム」とも呼ばれる）、8世紀に「遠隔の地」モスクが建てられた。コーランの第17章では、預言者ムハンマドが「マスジド・アル・ハラーム」から「マスジド・アル・アクサー」まで夜の旅をしたことが語られる。イスラームでは、この出発点がメッカのモスクと理解され、終着点がエルサレムの「遠隔の地」モスクと理解される。エルサレム城内には、モスクやコーランを学ぶための学校「マドラサ」をはじめとする建物が建

てられた。これらの時代、統治者はユダヤ教、キリスト教に寛容だったため、巡礼者の波は絶えることがなかった。こうして中世において、3つの一神教とエルサレムの関係性は出揃った。

## エルサレムでの一神教の現在

　第一神殿時代、第二神殿時代において、人々が供物をもって神殿を詣でたことを上述した。実際、神殿崩壊以後も、ユダヤ人がエルサレムへ祭りの際に上り続けたことを、バビロニア・タルムードは伝える（Nedarim 23a）。しかし聖書に記された神の命令による、「三つの祭り」の時期に神殿を詣でる行為をユダヤ教の正式な「巡礼」と見做す場合、現代のユダヤ教では巡礼が行われていないと言える。つまり、第二神殿崩壊以降、ユダヤ人による「巡礼」は行われていないのである。個人がどのような宗教的な意図をもってエルサレムを訪れるとしても、上記の前提に従うと現代行われているものは「訪問」である。しかし、神殿崩壊からユダヤ人がまったく巡礼に関与しなくなったわけではない。たとえば、中欧・東欧系の伝統を受け継ぐユダヤ人の間では、毎週金曜日から始まる安息日の晩餐の終わりに、以下の詩編126編の箇所を何百年も歌い続けている。「都に上る歌。主がシオンの捕われ人を連れ帰られると聞いて　わたしたちは夢を見ている人のようになった。そのときには、わたしたちの口に笑いが　舌に喜びの歌

が満ちるであろう」。また現在、過去の神殿のあった場所から西側に位置する西の壁では、「三つの祭り」に上ったときの習慣の名残であるとされる、「祭司の大きな祝福」（ビルカット・ハコハニーム・ハグドラー）を唱えるユダヤ教徒がいる。ちなみにイギリス委任統治後のヨルダン統治の時代、西の壁のある領域へユダヤ教徒の入場が認められず、そこで祈ることはできなかった。1967年の六日間戦争／第三次中東戦争後、イスラエル国が旧市街を占領した際、西の壁の前にあったパレスチナ人の民家をすべて撤去し、現在壁の前は広々としたスペースとなっている。

　キリスト教は、ユダヤ教のような巡礼の法的規定をもたず、エルサレムが現代でも主要な巡礼地であり続ける。旧市街には、イエスへ判決を下したピラトの官邸から、磔刑後に埋葬された場所とされる聖墳墓教会に至る、「ヴィア・ドロローサ」（悲しみの道）がある。ユダヤ教の祭りでは、喜びに強調があったのに対し、キリスト教徒はイエスの悲しみを追体験するためにこの道を歩くのが一般的だ。訪れるグループの中には、イエスが十字架を担いだことにならって、十字架を抱えながらこの道を歩く人々もいる。真剣な表情をした人々が最後に到着する聖墳墓教会では、十字架のあったとされるくぼみやイエスの墓で熱心に祈っている姿も見受けられる。

　ムスリムにとって、エルサレムはメッカ、メディナに次ぐ第三の聖地

と見做される。しかし、メッカ、メディナが、巡礼地としての位置づけに議論の余地がないのに対し、エルサレムに関しては議論がある。中世以来、現代に至るまで多くのムスリムがメッカ巡礼の往路や復路でエルサレムを訪れる。イスラームの集団礼拝日にあたる金曜日には、二つのモスクのある「ハラム・アッシャリフ」（高貴なる聖域）に大勢の人が集まり、旧市街の道は歩行困難となる。この日に限っては、聖域へのムスリム以外の入場を認めておらず、筆者もその内側の状況を見たことがない。ときには10万人を超す人々がメッカの方向である南へ向かって祈る。

### 観光地の整備化とその問題

ここ数年のエルサレムを見ていて気づかされるのは、観光地の整備化である。ダビデの町や西の壁をはじめとするいくつかの場所は訪れるたび、より整備されており、その顕著な例として、映像を使った歴史の疑似体験を指摘できる。場所によっては3Dメガネをかけ、第一・第二神殿時代のエルサレムを三次元で体験するのである。壮大な音楽と共に、献納された燔祭を内に有する神殿から煙が立ち昇るシーンは見る者を圧倒する。また新市街にあるタイム・エレベーターでは、ディズニー・ランドのアトラクションであるスター・ツアーズさながらの動く座席によって、およそ3000年に渡るエルサレムの歴史を駆け足で体験する。このタイム・エレベーターには、世俗

ヴィア・ドロローサで十字架と共に

派・宗教派を問わず小中高生のグループや家族連れが訪れる。数カ国語に対応することもあり（アラビア語はない）、外国人観光客も見受けられる。

これらの巡礼地付近にある映像やアトラクションは、訪れる人々に歴史を構築し続ける。そうして構築される歴史は、主にユダヤ人とイスラエル人の視点に依拠しており、将来的にもエルサレムの歴史問題へ影響を持つ。とりわけ神殿に関する描写は、少数ではあるが第三神殿の建設を目指すユダヤ人もいることから、それらは楽しいアトラクションでは済まず、未来のためのモデルとなってしまう可能性もある。

（平岡光太郎）

**参考文献**
歴史学研究会編『巡礼と民衆信仰』、青木書店、1999年
立山良司『エルサレム』、新潮社、1993年
ダン・バハト『図説イェルサレムの歴史』高橋正男訳、東京書籍株式会社、1993年
Fred Skolnik (Editor in Chief), Encyclopaedia Judaica, Second Edition, Detroit: Thomson Gale, 2007.

## 2-3 メッカ
―― 聖地を擁するということ

### メッカの歴史

　イスラームの文脈で聖地と呼ばれる場所が3つある。一般的な序列に基づけばメッカ、メディナ、エルサレムである。最高位メッカとその巡礼の様子は異教徒にとって時にもっとも強いイスラームの記号となり、それゆえ異教徒の訪問を禁じるというその隔絶性に反してともすると多くの詳報が手に入る。ここでは聖地そのものよりは聖地を擁するということからみてみよう

　メッカはアラビア半島西部、サウジアラビア王国メッカ州の州都である。ただし聖地としてのメッカは都市そのものとは一致しない。聖地メッカとは、聖殿カアバを中心に預言者ムハンマドが確立した巡礼路、すなわちコーランとスンナ（ムハンマドの言行）によって特別な行状が定められる禁域を指す。

　イスラーム以前のメッカは当時ヒジャーズ地方に広がっていた多神教や偶像崇拝の巡礼地の一つであり、イスラーム以後と同様にその中心であったカアバは生と死を象徴する社であったという。イスラーム以後のメッカは、地上に堕ちたアダムとイヴが再会した場所であること、彼らが天国の天使たちの礼拝所を模した

カアバ（出典：サウジ巡礼省）

場所を造るよう神に命じられて造ったのがカアバであること（その後カアバを囲む形で聖モスクが建てられた）、アブラハム他預言者たちが礼拝を行った場所であることなど、多くの逸話によってその聖地性が構成された。そして周知のように、迫害を受けてメディナに逃れていたムハンマドが帰還し、信仰共同体を完成させた場所がメッカである。

　ヒジュラ暦（イスラームの太陰暦）の巡礼月におけるメッカ巡礼は、それが可能であるすべての信徒に課された義務である。そのためメッカの管理はウマイヤ朝からオスマン朝に至る歴代支配王朝にとって格別の責務であり、10世紀以降はムハンマド

の末裔が同地の太守に任命された。太守による管理は13世紀以降、支配王朝から半ば独立した支配圏を形成し、オスマン朝末期には英国と交わしたフサイン・マクマホン書簡に基づき同地一帯がヒジャーズ王国として独立した。そして最後のメッカ太守にして最初のヒジャーズ国王であったフサインが1925年にサウジ国王アブドゥルアズィーズに敗れて以降、メッカは同国の領土となっている。

## サウジとメッカ

アラビア半島中央のリヤドを首都とするサウジは、イスラーム学者ムハンマド・イブン・アブドゥルワッハーブと豪族サウード家の長ムハンマド・イブン・サウードとの間に結ばれた1744年の盟約をその興りとする。盟約はイブン・アブドゥルワッハーブの掲げる真性イスラームを思想的後見としてサウード家によるリヤド支配を認めるものであった。同家は二度の撤退を余儀なくされるも、1902年のリヤド奪還以降はその領土を半島全土に広げ、今日に至る統治体制が確立する(サウジの建国については1932年という見方もあるが、本稿では同国政府が1999年を国家百周年としたことを受け、1902年をヒジュラ暦で換算・逆算した建国年とする)。

サウジでは建国以来、リヤドを中心にイブン・アブドゥルワッハーブの思想(通称ワッハーブ派)が支配的だったが、ヒジャーズ地方にはワッハーブ派が基礎とする以外の学派や同派が禁じる神秘主義教団が存在し、リヤド一帯にはないコスモポリタンな環境が残っていた。そして1970年代の石油ブーム(外国にとっては石油危機)を経て近代化を迎えた時期、海外からの移住者、特にヒジャーズ地方では巡礼後に定住する人が増え、国内は必ずしもワッハーブ派一色ではなくなった。そうした背景を受けて1986年にファハド国王はすべての信徒を対象とした聖地を治める立場から、国王の称号を「陛下」から「二聖モスク(メッカの聖モスクとメディナの預言者モスク)の守護者」へと改めた。それはサウジがワッハーブ派の牙城に留まらないイスラームの盟主だという訴えと言える。また1979年には武装勢力がメッカの聖モスクを占拠する事件が起こった。新たな称号は、イスラームの盟主たる責務として聖地の治安維持を負うという表明も兼ねていた。

## メッカ巡礼における各種業務

1992年に発布された統治基本法(憲法に相当)には、国王の称号に関連した国家の役割が次のとおり明文化されている。「王国は二聖モスクに奉仕し、その修理を行い、来訪者が快適かつ容易に巡礼、小巡礼、訪問を行えるよう彼らに安全と保護を提供する」(24条)。巡礼は巡礼月のメッカ巡礼(ハッジ)、小巡礼は巡礼月以外のメッカ巡礼(ウムラ)、訪問はメディナの預言者モスクへの参詣(ズィヤーラ)を指す。いずれも信徒の強い思慕を伴うが、とりわけ重要

なのはハッジである。

巡礼に関する業務の担当は巡礼省である。しかしイスラームの盟主を称するサウジにとって巡礼は政治、経済の面における一大国事であり、実際の準備には多くの官庁が携わる。約300万人が訪れた2011年の巡礼期間を例にその業務を見てみよう。

セキュリティ面に関して。今日巡礼にあたっては事前の許可証取得が求められ、内務省と移民管理局は巡礼目的以外の聖地侵入や巡礼後の不法滞在を取締まっている（2011年巡礼期間の許可証不携帯者は9万8321人、押収された偽造許可証は554、不法入国による逮捕者は1120人）。その他犯罪として、メッカ州と食品薬品庁が偽物の貴金属品や宗教規準に則っていない屠殺肉、また衛生規準を満たさない食料の販売を取締まっている。貴金属品の取締まりは巡礼者が思い出に同品を購入するケースが例年多いことを受けての措置であり、聖地の保護に加え、巡礼者の思慕を裏切らないサービス提供に努めている様子が窺える。

サービスという点では、赤新月社（赤十字社に相当）による病人や怪我人の空輸、地元スタッフによる身体障害を持った巡礼者の補助、現地語アラビア語を解さない巡礼者の通訳が用意されている。後者のスタッフは無職の若者を中心とし、彼らにとっては経済収入を得るに留まらず、聖地において同胞の信仰実践を助ける、すなわち神に奉仕する栄誉に預かる機会となる。信徒の連帯を強める祭事らしい取組みと言えよう。

宗教的配慮として目立つのは正しい巡礼の指導である。巡礼月が近づくと現地紙の紙面の多くが巡礼作法に割かれ、国内最高の宗教権威である大ムフティー（イスラーム法最高諮問官）は、喫煙や写真撮影、樹木の伐採や持ち出しといった聖地での禁止事項を述べる。そして現地では、市井の宗教風紀を取締まる勧善懲悪委員会が以上の禁止事項を監視する役割を負う。その他巡礼者のキャンプ・サイトを訪問する説教師を二聖モスク庁が選任し、巡礼者のさまざまな質問に応えている。これらは特別な行状を求める禁域としての聖地の維持、また義務としてその方法が定められた巡礼の達成という、聖地の保護と巡礼者の安全という面における格別に重要な意味を持つ。

## 観光ブームと脱聖地依存

現在メッカでは、礼拝スペースの拡張事業が進行中である。聖地、特にメッカはこれまでもホテル増築や交通整備を重ねてきた。それらは不法滞在者の取締りも兼ねつつ、より安全で快適な巡礼の提供を目指す試

カアバを見下ろす高層ホテル（出典：SBG）

みであり、事業はメッカ州の指導の下で商工会議所やサウジ・ビンラーディン・グループ（SBG）といった現地の巨大ゼネコンが参画してきた。そのように日々環境整備がなされる聖地は、観光資源としても国内の筆頭であり続けている。外国人への査証発給を制限するサウジでは観光による収入が少なく、サウジ人の休暇も海外旅行が定番となる。それゆえ観光産業は聖地巡礼に多くを依っており、サウジ観光遺跡委員会（SCTA、観光庁に相当）によれば2009年の国内ホテル総数1140の内663がメッカ、196がメディナであり、二大聖地で全体の約75%を占めている。また2011年のWorld Travel Awards中東部門ではサウジから3つのホテルが選出されているが、その内2つはメッカである（フェアモントおよびラッフルズ）。

この状況を受けて、SCTAは2010年に約1300万人であった旅行者数の増加、特に国内観光プランの多様化を目指し、さまざまな広報活動を展開中である。その目的は観光産業による経済活性化、および若年層の深刻な失業問題を受けての雇用創出である。広報上特に強調されるのはサウジ国内の文化的多様性である。たとえば、北部イラク付近のジュウフやマダーイン・サーリフであれば古代遺跡、西部紅海沿いのヤンブウやジッダであればマリン・スポーツ、また南西部のジャーザーン、アブハー、ナジュラーンであればイエメン文化を思わせる独特な建築様式といった具合に、それぞれの特性を売り込みながらイスラームの文脈に限らない各地域の観光地としての魅力を宣伝している。これらの広報活動は在留外国人も対象にしており、彼らに向けては他国であるサウジの多様な魅力を発信し、またサウジ人にとっては聖地に限らない自国の横顔を学ばせる効果を持っている。

## サウジの再形成とメッカ

2012年3月、全20巻から成る『サウジアラビア王国百科事典』がアブドゥルアズィーズ国立図書館より刊行された。事典は王国全体の概要を述べる第1巻と索引の第19-20巻を除く17巻が国内13州の情報に割かれている。内容を一瞥すると18世紀以来の建国史や国教イスラーム、またアラブ社会の複雑さの妙味とも言える部族に関する情報は意外にも多くない。代わって地方に昔から伝わる遊びや土漠の植生、また最新のレジャーといった、少なくとも外国人による従前のサウジに対する関心からすると本筋とは思われない情報に多くの紙面が割かれている。同時

聖地ビューの一室（出典：フェアモント）

に比較的多く紙幅が与えられているのは、遺跡を中心とした穴場的な観光地についての項目である。国内の観光ブームとそこにおける脱聖地依存の性格が、事典にも見られる。

近年のサウジは、女性の社会進出の話題を中心に「社会の変化」と表してその動向が報じられる機会が国内外を問わず増えている。観光政策に関しては国外向けの性格は強くないものの（査証発給の簡略化が図られる予定は目下ないため）、国内向けとしては週末や長期休暇を過ごす観光地の情報提供が新聞・雑誌を中心に目立ち、SCTA の試みを背景として国内観光の多様化への意欲がうかがえる。

SCTA のスルターン・イブン・サルマーン会長は、サウジの豊かな文化遺産がこれまで外部にほとんど知られてこなかった点が観光政策の背景にあると指摘する。すなわち各種 PR を通して紹介されるサウジの多様性は、近年のサウジ社会の変化によって新たに創出されたものではなく、あくまで同国が元来有してきた文化遺産と位置付けられる。そのこと自体は事実であるが、それを政府機関が積極的に宣伝する風潮にわれわれはサウジ社会の変化の一端を見ることはできよう。脱聖地依存の試みと合わせて考えれば、18 世紀に起源を持ち、イスラームを文化的核とする砂漠の国サウジの肖像が、観光政策を通して形成されるさまざまなイメージの中で今再形成されていると言える。

この風潮の中でメッカはどう位置付けられるのか。イスラーム世界版ユネスコと言ってよいイスラーム教育科学文化機関（ISESCO）が「イスラーム文化首都」として 2005 年にメッカを、2012 年にメディナを選定した際の聖地の反応が印象深い。アブドゥルアズィーズ・イブン・マージド・メディナ州知事は、「メッカとメディナはイスラームの信仰により不滅の価値を有している故、その他のいかなる独自性も必要としない」と述べ、変容するサウジ社会に比した聖地の普遍的性質を訴えた。メッカは「同国が元来有してきた文化遺産」ではあるが、「これまで外部にほとんど知られてこなかった」ものではない。また先述のような巡礼者受け入れの環境整備やサービス充実化のプロセスにおいても、SCTA の観光政策とのタイ・アップは見られない。現状として聖地メッカは、サウジ再形成のプロセスにおけるアクターではないと言える。

### 聖地を擁する

メッカ巡礼を果たした者を「巡礼者」（ハージ）と呼ぶ習慣がある。一種の尊称として周囲が用い、またその人自身が自らの称号として、たとえば家の門扉に掲げることもある。しかし近年は、メッカへのアクセスが容易になるにつれ巡礼も一般的になってきたことを受けて、その呼称は徐々に用いられなくなっているように思える。

特に地方で多く見聞きするように

あるハージ宅の表札

思われたこの習慣は、時代に係わらずサウジでは一般的でないようである。サウジにとってメッカは身近な訪問先で有り続けてきたのだろう。宗教的に義務付けられ、またそれを果たすことに強い思慕を伴う巡礼が物理的に容易であることは、信徒の信仰実践の面におけるサウジの特権的要素であると言ってよい。

もちろん、その身近さによってサウジにとっての聖地の価値が切り下げられるわけではない。イスラームの盟主としてのサウジの矜持、また外部から見たサウジの存在感の中心には聖地を擁しているという事実があり、そのことはサウジにおいてもじゅうぶん自覚されている。既に述べたように、リヤドを中心とするワッハーブ派の社会からの展開を図った今日のサウジにおいては、なおさらである。

しかしそれゆえに、聖地を擁することを揶揄する言説も現れる。たとえば「聖地を有していることに驕っている」という文句は、外国人がサウジを批判する際、またサウジ人が若者を批判する際にもしばしば聞かれるものの一つである。この文句、あたかも聖地を擁する存在としてその姿勢や品行の面における資格基準が定められているかのような意味合いを孕んでいる。しかし実際は、国家としては信徒による巡礼者と聖地の安全確保、その市民としては良きムスリムという程度を暗黙の掟とする以外、明確な取り決めなど存在しない。試みに「ではどの国（民）が聖地を治めるに値するのか」と返したところで、文句を言った相手は、そういう話ではないと困惑するか、呆れた顔をするのである。とどのつまり、その文句の内容に大した意味はないわけだが、見方を変えれば、サウジを巡る毀誉褒貶相半ばする言説においても、聖地は存在感を伴って現れることが分かる。このような日常の些末な一場面にも、聖地を擁することのさまざまな重みを感じ取ることができよう。　　（高尾賢一郎）

#### 参考文献
坂本勉『イスラーム巡礼』岩波書店、2000年
水谷周『イスラーム巡礼のすべて』国書刊行会、2010年
水谷周『イスラームの原点―カアバ神殿』国書刊行会、2010年

## 2-4 伊勢神宮
—— 20年ごとに繰り返される観光再生

### お伊勢まいりの歴史

「伊勢に行きたい　伊勢路が見たい　せめて一生に一度でも」と、正調伊勢音頭の一節に歌われるように、伊勢神宮へ参ることは、わが国で長らく親しまれてきた聖地巡礼の一つである。

近世には「おかげまいり」、「抜けまいり」とも称される大量群参現象が生じ、老若男女貴賤を問わず、柄杓（ひしゃく）を腰に、国の名を書いた菅笠をかぶり、一定の服装に幟（のぼり）を立てて、伊勢神宮へと向かった。一般的に「おかげまいり」とは、約60年を周期に1705年（宝永2年）、1771年（明和8年）、1830年（文政13年）の3回を中心に指し、宝永以前の大量群参現象を「抜けまいり」として区別をする。

おかげまいりの由来については、諸説あるが「神のおかげ」ということだろう。当時の御祓降下伝承と、道中での施行などの行為が重なり、空からありがたい物が降ってくるのも、お金が乏しくても神宮に参ることができるのも、「神宮の神のおかげ」と受け止められたことによるとされる。

また、おかげまいりの主役は、貴人や家人ではなく、庶民階層であった点も見逃せない。文化年間に大流行した十返舎一九の『東海道中膝栗毛』で描かれた弥次喜多の珍道中や、当時流行したといわれる「伊勢参り、大神宮にも、ちょっと寄り」などといった川柳にも象徴されるように、当時から真摯な祈りとともに、世俗的な文化の豊かさもあわせ持っていた。

そのようなおかげまいりの姿は、外国人から見ても印象深い事柄だったようである。文政年間に訪れたフイッセルは「いかなる日本人も、その尊信の誠を捧げ、免罪符（護符）を持ち帰るために、少なくとも一生に一度は、この神聖な地を訪れなければ、死ぬこともできないという言葉は、本当のこと、認めてよいであろう」と紹介している。また、シーボルトも「神の祭祀においてもっとも有名な参詣の場所は伊勢にある。日本国中からの巡礼がそこへ向かい、すべての敬神の念あつい日本人は、できれば生涯に、一度はこの聖地を訪れる」と記している。これらの記録からは、ヨーロッパ・キリスト教文化の巡礼と、お伊勢まいりとの興味深い比較をうかがえる。

### 近年のお伊勢まいり

近世のおかげまいりと現代のお伊

勢まいりとの違いは、一つにその周期が挙げられる。約60年に1度の大量群参現象だった近世と比べると、現代は20年周期で参拝者数が増減している。もちろんこれは20年に1度、内外両宮の社殿をはじめ、鳥居や宇治橋など、すべてを建て替える神事である式年遷宮にあわせてのことである。

伊勢神宮（内宮・外宮）の参拝者数は、1895年以降の記録によると、第二次世界大戦前後の極端な減少を除いて、ほぼ20年周期で増減を繰り返している。直近の推移を見ると、1993年の第61回式年遷宮の年に、約839万人のピークを迎えると、その後減少し続け、2003年の約547万人以降、再び増加に転じている。第62回式年遷宮を控えた2011年には、約883万人と、過去最高の参拝者数を記録している。

伊勢神宮の参拝者数の推移による特徴は、三重県における観光入込客数の推移と比較することでも明らかになる。1986年以降の観光入込客数の推移を見ると、1993年の第61回式年遷宮を契機とする前後の事業、とりわけ1994年の志摩スペイン村開業と、まつり博・三重'94（世界祝祭博覧会）開催をピークに、それ以降、減少傾向となる。もっとも低くなったのは、2001年で、この年は、大阪にユニバーサルスタジオジャパンが開業している。それでもこの後、再び増加傾向に転じて、第62回式年遷宮の関連行事である第一次お木曳き行事（2006年）へ向けて年々増加率

が大きくなっていった。数字からは、県全体の観光に伊勢神宮の動向が強く影響していることを理解できる。以上の動向を背景としながら、三重県や伊勢志摩地域の伝統的な観光戦略は、20年周期で伊勢神宮の魅力を最大限に活かしながら盛り上がりを繰り返してきた。すなわち、現代のお伊勢まいりにおいて追求される「伊勢神宮らしさ」は、多様な地元観光関係者がメーカーとなって、20年を周期に作りだされてきたといえる。

## 「おかげ横丁」とまつり博

1993年の第61回式年遷宮の際には、地元企業によって内宮前門前町であるおはらい町に「おかげ横丁」が開業した。お伊勢さんの「おかげ」という感謝の気持をコンセプトにして「江戸から明治にかけての伊勢路の代表的な建築物が移築・再現され、三重の味、名産品、歴史、風習、人情まで、一度に体感」できる観光地である。近世のおかげまいりにタイムスリップしたような独特の雰囲気を味わえるスポットとして人気を博している。ここで「おかげ横丁」の表象する「伊勢神宮らしさ」とは、文字通り「おかげ」である。これは歴史的には地元の人々が参拝者に無料で物心両面の振る舞いを施したとされる「施行」の現代化であり、「おかげ横丁」の開業によってあらためて作りだされた「伊勢神宮らしさ」の一つといえる。

また、1994年には、「まつり博・三重'94（世界祝祭博覧会）」が行政主

導で開催された。式年遷宮との相乗効果を期待した大規模イベントは、108日間の開催期間中、入場者数を約351万人記録した。まつり博では「新たな"であい"を求めて」を公式テーマに掲げて、宗教色を限りなくろ過した「伊勢神宮らしさ」が行政主導で作りだされた点も興味深い。

## おもてなしと誰でもの参拝

1993年の式年遷宮が滞りなく斎了した後、伊勢神宮の参拝者数は、過去最低にまで減少する。当然、三重県の観光入込客数の減少率も高く、おかげ横丁やまつり博など、大がかりな資本投資を行ったにも関わらず歯止めの利かない状況は、メーカーに危機感を募らせた。さまざまな取組みが進められた中で、これまでとは違った「伊勢神宮らしさ」が作られていく。

伊勢なでしこのおもてなし

その一つが2003年から始まった任意団体「伊勢志摩おもてなしの会」の活動である。大和撫子の心をもった伊勢の女性という意味から「伊勢なでしこ」と名付けられたメンバーが、黄八丈のそろいの着物に身を包み、月に1度、「なでしこマップ（神宮内案内図）」を宇治橋前で配布した。その後、伊勢市駅前を経て、現在は、外宮参道で活動を継続している。宇治橋前、伊勢市駅前には、彼女たちの活動も契機となり、案内所設置が実現している。若い地元女性が、着物や浴衣で心地よく案内をするスタイルは、多くの人の注目を集めることに成功した。

また、2002年には障害者や高齢者など旅行に出かけるのに支障がある人たちへ伊勢志摩へのバリアフリー旅行を案内するとともに、観光施設のバリアフリー化を促進することを目的として、伊勢志摩バリアフリーツアーセンターが立ち上がった（2003年NPO法人化）。伊勢志摩をバリアフリー旅行の先進地区にするためにもっとも力を入れているのが「伊勢神宮への参拝サポート」である。車いす利用者にとって、参道の砂利道やご正殿前の石段などは参拝を困難に感じさせるバリアだが、景観を損なうことなく、地元ボランティアによってサポートすることで「誰でもの参拝」を目指している。

取上げた2つの取組みは、いずれも2001年度から2005年度にかけて三重県が実施した「伊勢志摩再生プロジェクト」による事業である。い

ずれも以前のハード面を中心としたいわゆる派手な観光客誘致というよりも、ボランティアや市民活動などによる迎える側の「思い」といったソフト面を重視した取組みである点に特徴を見出せる。

## 「伊勢神宮らしさ」の多様性

近年のお伊勢まいりの動向について、メーカーの作り出す「伊勢神宮らしさ」の変化を、第61回式年遷宮から第62回式年遷宮へ向けた取組みから見てきた。もちろんこれがすべてではないものの、「伊勢神宮らしさ」の表象化は、よりハード面からソフト面へと重点がシフトしていると考えられる。

たとえば、2006年から始まった伊勢商工会議所主催の「検定お伊勢さん」や、検定上級編合格者による「お伊勢さん観光案内人（有料）」、さらには伊勢市観光協会の「お伊勢さん観光ガイド（無料）」などの充実もその一つといえる。

加えて、近年のパワースポット・パワーストーンブームもお伊勢まいりに無縁ではなく、神宮境内の巨木や、宇治橋前から拝む初日の出など、有名人の発言をきっかけとした参拝者も多くなっているという。ソフト面が重視されることによって「伊勢神宮らしさ」の多様化がより一層進んでいる。

## 伊勢神宮が「そこにある」意義

メーカーが作り出し、ユーザーの追求する「伊勢神宮らしさ」がます

伊勢神宮参拝ボランティア

ます多様化する一方で、伊勢神宮では、年間1500回もの祭祀が日々粛々と繰り返されている。お伊勢まいりの魅力は、この脈々と変わることなく重ねられる「祈り」を前提として、参拝する者とそれを迎える者との多様な「思い」のダイナミズムにあるといえるのではないだろうか。すなわち、現代のお伊勢まいりは、伊勢神宮が「そこにある」ことの歴史的文化的な意義と、現代的な新たな魅力が、聖なるものの持続と変容を両義的に支えあっているのである。

（板井正斉）

### 参考文献
西垣晴次『お伊勢まいり』岩波書店、1983年
板井正斉「観光再生と伊勢神宮―ホスト側の「伊勢神宮らしさ」を考える」山中弘編『宗教とツーリズム』世界思想社、2012年
板井正斉『ささえあいの神道文化』弘文堂、2011年
フイッセル『日本風俗備考 一』東洋文庫326、平凡社、1978年
シーボルト『日本』4、雄松堂書店、1978年
『瑞垣』218、神宮司庁、2011年
『観光レクリエーション入込客数推計書』三重、2010年

## 2-5 本願寺
―親鸞の廟をめぐる近現代

### 東西本願寺の歴史

　JR京都駅前、烏丸六条に東本願寺（正式名称・真宗本廟）、堀川六条に西本願寺が、互いの巨大な伽藍を競い合うかのように並び立つ。いずれの寺院も、真宗の開祖・親鸞の木像を安置する御影堂と、本尊・阿弥陀如来を安置する阿弥陀堂の両堂を中心とする聖域であり、東は真宗大谷派、西は浄土真宗本願寺派の本山として、真宗の僧侶と檀信徒（門徒）が共に仏法に触れ学ぶために集う根本道場となっている。

　本願寺の歴史は、親鸞の没後10年を経て、その遺骨が京都鳥辺野北辺の「大谷」の地に改葬され、そこに草堂が建てられたことに始まる。この「大谷廟堂」は、親鸞の娘・覚信尼と関東の門弟たちの協力によって建立されたが、後、覚信尼の孫・覚如の時代に「本願寺」と名乗るようになり、寺院化が図られた。

　8代目住職・蓮如の時代に本願寺の教線は急速に拡大し、一大社会勢力と化す。その興隆に反発した諸勢力により本願寺は破却され、拠点を何度か移した後、大阪に石山本願寺が建立される。だが同寺もまた織田信長との抗争（石山合戦）の末、信長に明け渡された後に焼亡した。

西本願寺

　信長の死後、豊臣秀吉は本願寺を優遇、1591年、京都七条坊門堀川に十余万歩の寺地を与え、本願寺再興を果たした。これが現在の西本願寺である。他方、秀吉没後に徳川家康が、1602年、本願寺住職の後継者争いに敗れた教如に対し、烏丸六条の寺地四町四方を寄進、寺を建てさせ一宗派の本山として独立させた。これが現在の東本願寺である。

　東本願寺は、江戸時代に4度の火災に遭っており、現在の伽藍は明治期に再建されたものである。他方、西本願寺は1617年の火災以後、大きな被害を受けることなく現在に至っており、境内には桃山文化を代表する建造物や庭園が数多く残る。同寺は1994年、「古都京都の文化財」としてユネスコの世界文化遺産に登録されている。

## 門前町の近代化

　京都駅の北側に広がる東西両本願寺の門前町には、仏壇、仏具などの製造・販売店のほか、旅館やホテルが多数立地している。後者は個人（家族）経営によるものが多く、客室数も50室未満の小規模経営の施設が大半であるが、いずれにせよ日々多数の観光客を迎える京都駅前の立地条件に促されての旅館・ホテル経営であることは言うまでもない。両本願寺の門前は、本山に参拝する門徒らの歩む道である以上に、観光客が往来し滞在する空間としてある。

　門前町がこのような状態に至った近代史を確認しよう。1871年、明治政府は社寺上地令により本願寺の境内地を京都府の管轄下に置く。この上地によって、寺内という特別区域の枠がなくなった門前町は、京都の近代化計画の中に組み込まれ、門前町をめぐる環境は大きく変化していく。

　なかでも、官営鉄道の営業開始（1877年）、京都電気鉄道の営業開始（1895年）、京都市営電車の営業開始（1912年）と続いた近代交通の整備と、烏丸通りの拡張が、門前町を様変わりさせた。官営鉄道の開通と七条停車場の設置によって、七条通りと停車場の間に急速に駅前集落が発達し、東本願寺門前と連接。これにより旅行客を対象とする物売りや運輸業者らが新たに参入し始めた。

　また京都市街の南端に位置していた門前町が一転して交通ターミナルを控えた交通上の要地と化したことにより、旧来から存在した門前町の旅館業は本願寺への参拝者だけではない、一般の旅行者をも顧客とする経営方針に移行した。さらに、はじめから一般旅行客を対象とする新規参入の旅館業も台頭してきた。かくして、今日みられるような、観光客の往来・滞在する空間としての本願寺門前町が次第に形成されていった。

　だが、こうした変化によって本願寺とかつての門前町（旧境内）住民との関係が完全に断たれてしまったわけでは必ずしもない。たとえば、東本願寺が幕末の大火で焼失した諸堂宇の再建事業に、明治末年まで協力し続けてきた門前町の業者が少なからずいたし、あるいは東本願寺が明治以降も門前町の旅館の組織に関与していたことなどから考えて、本願寺と門前町に居住する商工業者との関係は、近代を通して確実に維持されてきた。現在もなお、両本願寺の出入りの業者は門前町に数多く存在しており、今日の門前町は、近代以降に増加した観光客向けの旅館・ホテルなどと、本願寺の活動と密接に結び付いた業者などとが、混在・雑居する場所となっている。

## 「墓」としての本願寺

　先述のとおり、本願寺の起源は親鸞の遺骨を葬り祀った場所、すなわち親鸞の「墓」の建立にある。このようにして墓が寺院化する先例は、藤原道長が京都木幡の北家の墓所に建立した浄妙寺や、奥州藤原氏の墓

大谷祖廟

所に藤原清衡が建立した平泉の中尊寺金剛堂などがあり、こうした伝統に属するものであると思われる。また同時代的にも、法然の知恩院、日蓮の身延山久遠寺や池上本門寺のように、宗祖の墳墓が寺院に発展することは決して異例のことではない。

だが、本願寺がもともと親鸞の「墓」であるという事実は、同寺に参拝する真宗門徒や僧侶にとっては他宗派のそれとはまた異なる重要な意味をもっている。門徒らの間では近世期から、自分や家族の死後、親鸞の墓所であり最初の本願寺となった「大谷廟堂」を再建した廟堂（西本願寺は「大谷本廟」、東本願寺は「大谷祖廟」としてそれぞれ別個に再建。現在の東西本願寺にとってはいずれも「飛び地境内」的な位置にある）にその遺骨の一部を納め、そこで親鸞と死後も縁を結ぶ、という風習があり、これが信心深い門徒らにとっては極めて大切な営みとなっているからである。「倶会一処」（くえいっしょ）といって、真宗信徒はこの世の命が尽きるとただちに浄土に生まれ、先に浄土に往生した先祖たちと共に生きるとされるが、宗祖・親鸞という仏縁上の「先祖」との死後の共同性を想像するためにも、本願寺という「墓」に自己や身内の骨が納められることは、著しく大きな意味を持つのである。

この風習は現在もなお着実に続けられており、両本願寺の熱心な門徒らは身内が亡くなると、廟堂への分骨と読経を依頼するために本願寺に参拝するのが習わしとなっている。この経験をした後の門徒らにとって、本願寺参拝という真宗信仰に基づく行為は、同時に「墓参り」という先祖祭祀の実践とも微妙に重なりあうようになっていく。

また、こうした門徒の「墓」としての本願寺の機能は、少子高齢化や家族関係の変化をうけた近年の墓の継承問題を受けて、新たな光を当てられている。すなわち、墓を持たない、あるいは持っていても子供などに継がせるのが難しい人々が、自分の遺骨を、合葬墓である本願寺の廟堂に分骨ではなくすべて納めることを希望するケースが出てきているのだ。こうした動きは、同じく本山納骨を受け付けている他の宗派でもみられるが、伝統教団の本山に参拝することの意味が変化する兆し―「墓参り」的側面の拡張―とも理解しえよう。

### 遠忌（おんき）とツーリズム

親鸞の「墓」である本願寺では、50年に1度、大々的な「先祖祭祀」の行事が営まれる。「御遠忌」（東本願寺）、「大遠忌」（西本願寺）といって、親鸞の命日に毎年行われる報恩

講という法要の、50年毎の記念拡大版のような行事だが、東西ともに多くの末寺門徒を抱える両本願寺で開催されるそれは、あわせて100万人以上という多数の参詣者を動員する巨大イベントとなっている。

この御(大)遠忌は近代以前から続く行事だが、その規模が現在のような大きさにまで膨れ上がったのは、列車などの交通手段と旅館などの宿泊施設が有機的に結び付いた近代的な集団旅行／参拝が可能となった時期以降のことである。1911年の650回忌がその起点にあたるが、ここでは史上空前の規模を誇った西本願寺の「親鸞聖人六五〇回大遠忌法要」を例に、その様相をみてみよう。

大遠忌の開催を前に西本願寺は、全国の布教区を29班に分け、それぞれに参拝奨励の事務監督を置いて参拝者の募集を開始した。また、全国からの参拝者による大混雑を避けるため、鉄道院(国有鉄道の運営等の監督にあたった内閣直属機関)と連携し、団体参詣者用の臨時乗降駅として「梅小路停車場」を建設。大遠忌の期間中、同駅は京都駅を上回る乗降者を迎えたという。さらに、参拝者の宿舎には西六条の200余の旅館や民家、慈善会財団の事務所などがあてられ、また参拝者の接待のために京都の仏教婦人会などから接待員約500名が集められた。

こうした組織的な参拝奨励と受入環境の整備が功を奏し、1911年の3月と4月の2期、それぞれ5日ずつの期間を通して、動員数は団体参拝者100万7440人、出勤僧侶3万2970人という記録的な値に上った。

東西本願寺は、他の伝統教団に先駆けていち早く近代化を成し遂げたとされるが、その例証としての全国の末寺門徒に対する組織力の強大さと、日本の近代化の具体的成果の一種である鉄道との結節によってもたらされた近代的宗教ツーリズムの成果として、上記のようなイベントの大盛況は説明されよう。これに続く1961年の700回、2011年の750回の御(大)遠忌では、多くの観光業者が参入し、バスによる集団参拝という方法が新たに導入され、やはり数多くの門徒や僧侶らが会期中に両本願寺に参拝、親鸞を偲び、称えた。

「家」の衰退によって先祖祭祀の範囲が狭まり、人々が墓参の際に思慕する対象も身近な家族や友人に限られるようになってきたとされる昨今、だが、開祖・親鸞と、共に廟堂に眠り浄土で生きるはずの先祖たちとの絆を確認するために、今日もなお多数の門徒や真宗僧侶らが両本願寺を訪れる。仏縁と血縁の混淆した「先祖」が観念されるその場所は、真宗の伝統が再生産される最大の拠点として今もあり続けている。

(碧海寿広)

**参考文献**
潮留哲真「大谷光瑞と「親鸞聖人六五〇回大遠忌法要」」柴田幹夫編『大谷光瑞とアジア―知られざるアジア主義者の軌跡』勉誠出版、2010年
渡邊秀一「東西本願寺門前町における旅館業の分布と特色―明治・大正期を中心に」『文学部論集』87号、2003年

## 2-6 永平寺
——変容する根本道場

### 歴史と由来

　永平寺とは周知の通り、福井県吉田郡永平寺町に所在する日本曹洞宗の二大本山の一つである。曹洞宗の開祖である道元禅師は当初、宇治の興聖寺を活動の拠点としていたが、比叡山などの権勢から離れるために波多野義重の招きを受けて、越前国志比荘に開創したのが吉祥山永平寺である。以来、日本曹洞宗の「根本道場」とされ、禅僧たちの安居が連綿と繰り返されており、現在でも毎年数多くの修行僧が新たに上山している。

　このような「修行道場」としての側面がある一方、永平寺は福井県を代表する観光地ともなっており、毎年50万人の参拝者が訪れている。山岳の傾斜部に這うような形で整備された七堂伽藍では、現在でもさまざまな儀礼が実際に営まれている。

永平寺の納経塔と祠堂殿

　そのため、僧侶たちが法堂や仏殿、承陽殿という法要の会場へと向かう様子や、作務をする姿、法要が始まる前に打たれる鐘の音、食事などの合図となる雲版や梆の響きを見聞することができ、今も受け継がれる「修行」を垣間見るのである。

　一般の人が永平寺に滞在するには二つの方法がある。永平寺には吉祥閣という地下一階、地上四階の宿泊施設があり、これに宿泊することを「参籠」と呼ぶ。対して永平寺の日課に従い雲水に準じた生活を2泊3日などで体験することを「参禅」と呼ぶ。この吉祥閣は「在家修行の中心道場」として「一般信者の研修と時代の進運とに適応する」ために1971年に建造されたものであり、その眼目とされたのは四階の「禅堂」である。この禅堂は雲水たちが坐禅を行う僧堂とほとんど同様の構造をもつため、吉祥閣の建築は修行僧と同じ環境での参禅を可能としたと言える。

### 「歓待者」としての永平寺

　数多くの参拝者を迎える永平寺を「歓待者（ホスト）」として捉えた時、他の観光寺院よりも修行僧と触れあう機会が多いことがその特徴としてあげられる。先にその接点として雲

水の姿や鳴らし物の音を見聞する点を指摘したが、それはほんの一例である。修行僧が参拝者や参籠者の応対をすることは各部署の「公務」となっている場合もあり、それがとりわけ顕著なのは参禅係国際部、伝道部、接茶寮、祠堂殿である。

伝道部は永平寺の境内図を壁に掛けた勧化室に参拝者を誘導し、伽藍と巡拝ルートを説明する「室内勧化」を行っている。また「諸堂案内」といって、1団体に1人の雲水が同行して1時間ほど山内をガイドすることも行っている。接茶寮は吉祥閣において参籠者の食事や入浴、法要会場までの先導といった応待を担う部署である。祠堂殿は永代供養が申し込まれた位牌を祀る施設で、参拝者たちの依頼に応じて臨時で追善仏事を営む部署でもある。以上のように永平寺では雲水が修行生活を送る空間と、参拝者が見学できる空間とが重なり合っており、しかも両者の交流が参籠、参禅、諸堂の案内、追善仏事いう形で可能となっている。このような側面は「修行僧の資源化」とも呼びうるようなものであり、永平寺を参拝・参籠する大きな魅力となっていると考えられる。

### 曹洞宗僧侶にとっての永平寺

「目指される聖地」として永平寺を捉えた時、「訪問者（ゲスト）」として念頭に浮かぶのは曹洞宗の僧侶である。永平寺は修行道場であると同時に道元禅師の「霊骨」を祀る「宗祖の墓所」でもあるため、かけがいのない場所となっており、この性格が端的に表れるのが9月23日から29日までの「御征忌」である。この期間には道元禅師の正当（祥月命日）を偲ぶ儀式を中核とし、1週間にわたってさまざまな儀式が営まれる。道元禅師の年忌に際し、その古徳を偲ぼうと日本各地の曹洞宗寺院の住職やその檀信徒が集まるため、1年の中で最も人々で溢れる時期となっている。宗祖の墓所としての性格とは別に和尚という僧階を目指す者は安居の場所とは関係なく、必ず1度は永平寺に行く必要がある。それは「瑞世」と呼ばれる儀式を行うためである。瑞世とは本山において一夜だけ住職を務める儀式であり、永平寺と總持寺の二大本山での瑞世を経なければ、制度上住職になることはできない。曹洞宗の僧侶はこの瑞世という儀式においてのみ承陽殿御真廟へ入ることが許され、祖師に拝謁して道元禅師からの法脈を再確認するのである。

### 在家者にとっての永平寺

永平寺への在家の訪問者に目を移すと、近世において信仰、経済の両面において大きな支えとなっていたのは永平寺の講組織である吉祥講である。この講社は宗門寺院が媒介となり、末派寺院の僧侶と檀信徒によって構成される全国規模の組織である。設立の契機になったのは、永平寺二世の懐奘禅師550回の「大御忌」であり、「一向宗門」のような本山詣りを永平寺に根付かせることに

設立の目的があったようである。吉祥講に参加して大遠忌に本山詣りをする目的は「其家子孫永く栄果疑ふべからず候、則是追善追福にて所謂積善の家に有餘慶の古語に叶う處なり」と口演されており、近世末期の本山参拝の目的は祖師信仰と追善追福による家の繁栄にあったといえる。

　近代に入り吉祥講は「曹洞教会吉祥講」として再編されるものの、講員への「永代読経回向」や「現世安穏ノ祈祷」が改正された規則にも継続して掲げられている。

　このような近世からの吉祥講の活動が見られる中で、1920年代になると永平寺と金津町（現あわら市）をつなぐ京福電気鉄道の永平寺線が開通する。井の上や東喜屋といった永平寺の門前町にある旅館の創業はこの時期であるといい、東喜屋の経営者の話によれば、創業した頃、男性は大工や庭師といった永平寺と関わりの深い職種につき、女性は参拝者を対象とした茶屋や旅館などをきりもりしていたという。

　宿坊としての役割を担う塔頭を山内に抱える高野山や善光寺とは異なり、永平寺では塔頭寺院が宿坊を営むことがなかった。永平寺線開通によって旅館業が盛行したことは、塔頭寺院の代替的役割を門前町の人々が担ったことを示している。つまり1920年代以降、出家者だけでなく、在家者である門前町の人々もまた旅館業などに携わることで永平寺の主要なホストとなったのである。

　戦後に入ると、吉祥講の活動に関

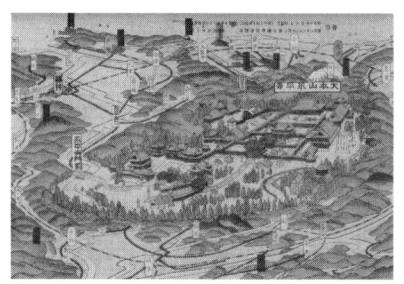

1930年代の永平寺図
（『傘松91号〔1935〕裏表紙より転載）

する報告は『傘松』にあまり見られず、対照的に一般の観光客や参禅者の増加が紙面を飾るようになる。永平寺の参禅者数は1960年代頃に個人、団体の両面で増加し、団体参禅の行程は3、4泊するもので、「会社工場の従業員の修練作業」を目的とするものであった。参拝者への講話を行う「講師」を務めた笛岡自照師は『永平寺』（1966刊）の中で、「永平寺もたしかに観光寺院であるが、然し、その観光の内容は、「禅の生きたすがた」であるという点において、古都あたりのいわば骨董的な観光寺院とは、著しくその趣きを異にする」と述べており、修行が今も営まれている点に永平寺の観光地としての特徴を見出している。1960年代の観光ブームの中で、高度経済成長を支える会社員たちの修練の場として永平寺は「目指される聖地」となっており、ここには「修行の資源化」といった様相が読み取れる。このような傾向は1970年前後に見られる参禅係の設置や、在家者の参禅道場たる吉祥閣の設立により端的に表れている。

参禅係は参禅研修のために訪れた人々の指導をする部署である。『傘松』に参禅の申込先として「本山参禅係」の名が見えるのは1973年のことであり、永平寺での参禅者数の推移をみると、1974年度では744人、1976年度では1194人、2011年では343人となっており、1970年代の参禅者の多さが分かる。一方国際部は海外からの参拝者や参禅者を応対する部署である。永平寺に国際部が設置されたのは1986年のことで、設置した理由の一つは「近年、諸外国から永平寺を訪ね、参禅・参籠する方が多いこと」であった。とはいえ海外からの永平寺への参拝者・参禅者は戦前期にもすでに見られ、アメリカ・シラキュース大学の哲学博士やモスクワの領事などが参拝している。1950年代から再び欧米からの参拝者・参禅者が見られるようになり、ニューヨークの新聞記者や、ハーバード大学の学生、イギリスのブラッカー教授は永平寺参拝の理由に、鈴木大拙の著作を読んだことをあげている。1983年には東西霊性交流会の会場ともなっており、西欧のカトリック修道士が小食巡堂や坐禅を体験している。禅の国際化のなかで永平寺は「ZEN」の道場として関心を集めていたことが推察される。

　永平寺への参拝者の様相を、近世から戦前、そして戦後という二つの時代から見てきた。吉祥講に見られる祖師信仰と現世安穏、後生善処を

吉祥閣の禅堂（『傘松334号〔1971〕』より転載）

主眼とする本山参拝は今日寺院の本山参拝団に受け継がれている。しかし、その一方で1960年代以降に増加していく観光客や参禅者に応じるかたちで、「修行の資源化」、「修行僧の資源化」による再編があった。

　以上のように永平寺には、祖師たちの残した規範を遵守しつつ綿密な行法に従って伝統的な修行生活を続け、瑞世という儀式を体験する「根本道場」としての性格がある一方、観光客への坐禅の啓蒙や布教、国際化に対応するために山内の建物・組織を柔軟に変容させる性格もまた認められるのである。この二つの性格のせめぎ合いの中で「大本山」である永平寺は絶えず、曹洞宗の「目指される聖地」として存続しているのである。
　　　　　　　　　　　　（徳野崇行）

**参考文献**
『傘松』54号、58号、243号、260号、280号、333号、367号、402号、513号、810－821号、曹洞宗大本山永平寺祖山傘松会永平寺史編纂委員会『永平寺史　下巻』大本山永平寺、1982年

## 2-7 天理市
――聖地が生んだ宗教都市

### 「世界の中心」の誕生

　奈良盆地東端の山裾を通る山の辺の道の、今ではハイキングコースの起点ともなっている場所に、天理教の聖地「ぢば」がある。天理駅を降りてすぐ、県内1位の長さを誇るとされる東西約1kmのアーケードを抜けると教団本部の境内地が広がる。月次祭（毎月26日）には多くの信者で賑わい、とりわけ春・秋の大祭（1月、10月）と教祖御誕生祭（4月18日）、正月のお節会や夏のこどもおぢばがえりでは、国内外の人々が町中を埋め尽くす。白抜きで背中に「天理教」と染め抜かれた黒いハッピを着て歩く信者の姿は日常風景になっている。宗教都市「天理」は、非日常的な異性に溢れているといえるだろう。

　天理市には山の辺の道のほかに、いにしえの時代に敷設された上ツ道（伊勢詣での参道）と中ツ道が南北に縦断している。1838年、当時41歳だった農家の主婦中山みきがここで神がかりになった。中山家は豊かな暮らしぶりだったが、みきは「貧に落ち切れ」との神の指図のままに家財をはじめ家屋敷を売り払い、自ら苦境に陥りながらも貧窮者の支援と救済にあたった。

　ようやく信者と呼びうる人々が集まるようになったのは、立教後25年が経った頃だった。最初の神殿となる「つとめ場所」が、更地のようになった中山家の敷地内に1865年に完成し、1875年には創世期に神が人間を宿し込んだとされる「ぢば」の一点が同敷地内で明らかにされる。天理教の聖地「ぢば」への巡礼は、人類の故郷に帰るという意味で「おぢばがえり」と呼ばれている。

　現在、「ぢば」には甘露台（かんろだい）と呼ばれる台が置かれ、それを取り囲む神殿と、畳総数3000枚超の東西南北4つの礼拝場が建てられている。祭典日には「せかい」（人間や動植物を含む宇宙全域）を生かしめる神の働きを象徴する「かぐらづとめ」が、「ぢば」を囲んで行われる。「ぢば」は宗教学者M.エリアーデが言うところの、聖なるものが立ち現れる宗教的世界

教会本部月次祭に参集する人々
(天理教道友社提供)

の中心なのである。唯一この「ぢば」で、他者救済のための「さづけの理」が渡されている。一生に1度のおぢばがえりを決意する海外の信者には、その拝戴が最大の目的だといっても過言ではない。

「つとめ場所」は、1914年に建て替えられて現在の北礼拝場となり、その時教祖殿（現在の祖霊殿）も建設された。1934年に南礼拝場と現教祖殿が新設され、甘露台と神殿がほぼ現在の姿になった。1984年には東西礼拝場が建造され、教祖が宣言した「四方正面鏡屋敷」が完成する。

現在、1辺約870m四方の未完の巨大建造物「おやさとやかた」が神苑全域を囲み、天理市の独特な景観を産み出している。都市・建築学者五十嵐太郎は、天理教の10年ごとの大きな祭典に合わせて天理市が計画的に造営されていることを、世界にも類がない「宗教都市ならではの長い時間感覚と強い理念」と評価する。

## 天理市と天理教

天理市は宗教団体の名前を冠する日本で唯一の自治体である。1954年に町村合併によって誕生した新たな市名に、既に全国的に名が知れていた「天理」が付けられた。教団の伸展は同市の人口を著しく膨張させた。それに伴って都市計画が進められ、教会本部黒門前を通る国道25号線に繋がる道路と市内を貫く国道169号線が完成した。

天理市は日本書紀に記されたとされる七支刀（国宝）を所蔵する石上神宮、三角縁神獣鏡が出土した黒塚古墳など数多くの史跡・旧跡にあふれ、観光資源に事欠かない。たたなづく青垣のもと、悠久の時に刻まれた歴史に触れながらハイキングを楽しめるこの町は、非常に魅力的だといえるだろう。天理市観光課の調査によれば同市への観光客は中高年層が大部分を占める。現在、天理市が発行する2種類の観光パンフレットの内容は、いずれもハイキングコース案内になっている。パンフレットでは数々の史跡とともに天理教教会本部と中山みき、天理名誉市民である同教団二代真柱中山正善が紹介されている。行政は天理教を同市の重要な観光資源とみなし、天理教や天理大学の持つ国際性などによる新たな学習型・教養型の観光地づくりを視野に入れている。このように、行政の観点からは、天理教もまた、市の重要な文化的要素の一つとして理解されていることがわかるだろう。

次に、地元産業は天理教をどのように取り込んでいるのだろうか。天理本通りと呼ばれるアーケードは、いわば教会本部の門前町として発展

神苑を取り囲む「おやさとやかた」
（天理教道友社提供）

ひのきしん姿の「ひのキティ」

してきた。かつて本通りは、スーパーや八百屋など地域住民のための商業区としても栄えたが、近年大型店舗の出店でシャッターが目立つようになった。一方、教内図書販売所・神具店などの宗教関連の店や、飲食店、奈良観光の土産物を並べた店は健在で、さらに祭典日には露天商のテントが活況を呈し、この日だけはと言わんばかりにシャッターを上げる店もある。

ここで、天理市における飲食店と宿泊業の数に注目してみよう。国勢調査（2005年）をもとに筆者が試算したところ、人口10万人あたりの店舗数は奈良市が469軒であるのに対して天理市は525軒だった。飲食を通じた語らいの場を好む信者の姿が想像される。また、本通りでは「ひのキティ」や「はっぴ～キューピー」と名付けられたご当地ものが売られている。神の加護に感謝する愛他的行為という意味の教団用語「ひのきしん」をもじった「ひのキティ」は、儀礼用の「おつとめ着」を着用し、「キューピー」は「黒いハッピ」で身を包む。閉鎖性が強いとされる新宗教の聖地でも、仲見世のような伝統宗教の門前町に通じる風景が広がっているのである。

## おちばがえりを生成する人々

おちばがえりを、A.ファン・ヘネップがいう通過儀礼やV.ターナーがいうリミナリティの過程として捉えることは容易である。信者は日常を離れて「ぢば」に「帰り」、「かぐらづとめ」の場において自らの時間と空間を聖化し、さらに「魂は存命」と信じられている「おやさま」（教祖）と対面することによって、宗教的に新たに生まれ変わった自分として日常に戻っていくからである。

おちばがえりはさまざまな機会に行われ、規模も形態もさまざまである。通常は交通機関が利用されるが、なかには先人を偲び徒歩で目指す人もいる。教団輸送部によれば、夏のこどもおちばがえりに約25万人、その他大きな行事には8万人から15万人が参集する。海外からは毎年約2000名以上を数え、教団の系列学校の留学生とともに奈良県内の小都市を国際色で彩る。

このように短期で「ぢば」を訪れる人もいるが、比較的長期で滞在する人もいる。教団勤務者、修養科と呼ばれる3カ月間の研修施設で学ぶ人々、学生などである。教団勤務者を含め、多くが一定の期間を経ると出身地に帰る。おちばがえりは老若男女を問わずさまざまなバックグラウンドを持った信者によって生成されるがゆえに非日常的なコミュニタ

スが現れやすい。「ぢば」では、長期滞在者もまた巡礼者なのである。

おぢばがえりのゲストには、宗教的探究心に促されて訪れる信者に限らず、単なる好奇心に駆られた訪問者も含まれる。そして、ホストの側にも教団関係者だけでなく、商店街で商いをしている非信者や商工組合の人々、また交通整理を担当する警察官も加わっている。さらに、臨時列車を走らせる鉄道会社もプロデューサーとして関与する。このようにさまざまなアクターが一体となり、「ぢば」という聖地の空間が形成されている。そこは、聖・俗二つの空間と人々が交叉する場でもあるのだ。

## 「ぢば」とツーリズム空間

行政や地域産業といった、いわば観光のプロデューサーが「おぢばがえり」を取り込む戦略を取っていることから、「ぢば」の聖性は有名社寺のようにツーリズム空間との親和性を持ち、観光資源として成立していることがわかる。しかし、このことはその聖性が一般の人々に受容されていることを意味しない。というのも、冒頭でも触れたハイカーが、本通りから抜け出たところで突如として現れる神殿の姿に驚きを示しつつも、それを横目に通り過ぎることが多いからである。彼らのそのような態度は、新宗教教団にたいして一般の人々が感じ取るある種の訝しさに由来するのかもしれない。その意味で「ぢば」は、必ずしも信仰を持たない人々が訪れる神社仏閣やキリスト教の聖地とは異なり、「観光のまなざし」が注がれにくい場所である。

一方、教団はそのような「まなざし」をあまり気遣っていないとみられる。一般的にツーリズムの対象となる巡礼地では、由緒や歴史が記された看板、拝観料を支払うためのゲート、巡礼を証明する朱印所などの施設を見かける。ところが、天理教教会本部神殿前の人目に付くところにあるのは「おやさと案内」の看板のみで、しかも神殿は誰もが昼夜を問わず自由に入ることができる。「おやさとやかた」には、教祖120年祭（2006年）の時に天理教の教えをスーパーワイドスクリーンで映し出す先進的な映像施設が造られたが、観光というよりも教化の色合いが強い。考古・民族学的資料を収集・展示する天理参考館も観光のアトラクションになるとはいえ、積極的に宣伝されるわけではない。聖地「ぢば」は、文化的要素をある程度取り込みつつも、そこに還元されることなく観光と距離を置き、埋め込まれた聖性の扉を日常に開いている。

（山田政信）

**参考文献**
五十嵐太郎『新宗教と巨大建築』講談社現代新書、2001年
天理市環境経済部観光課『天理市観光ビジョン』2011年

# 聖地・巡礼地マップ ▶西日本

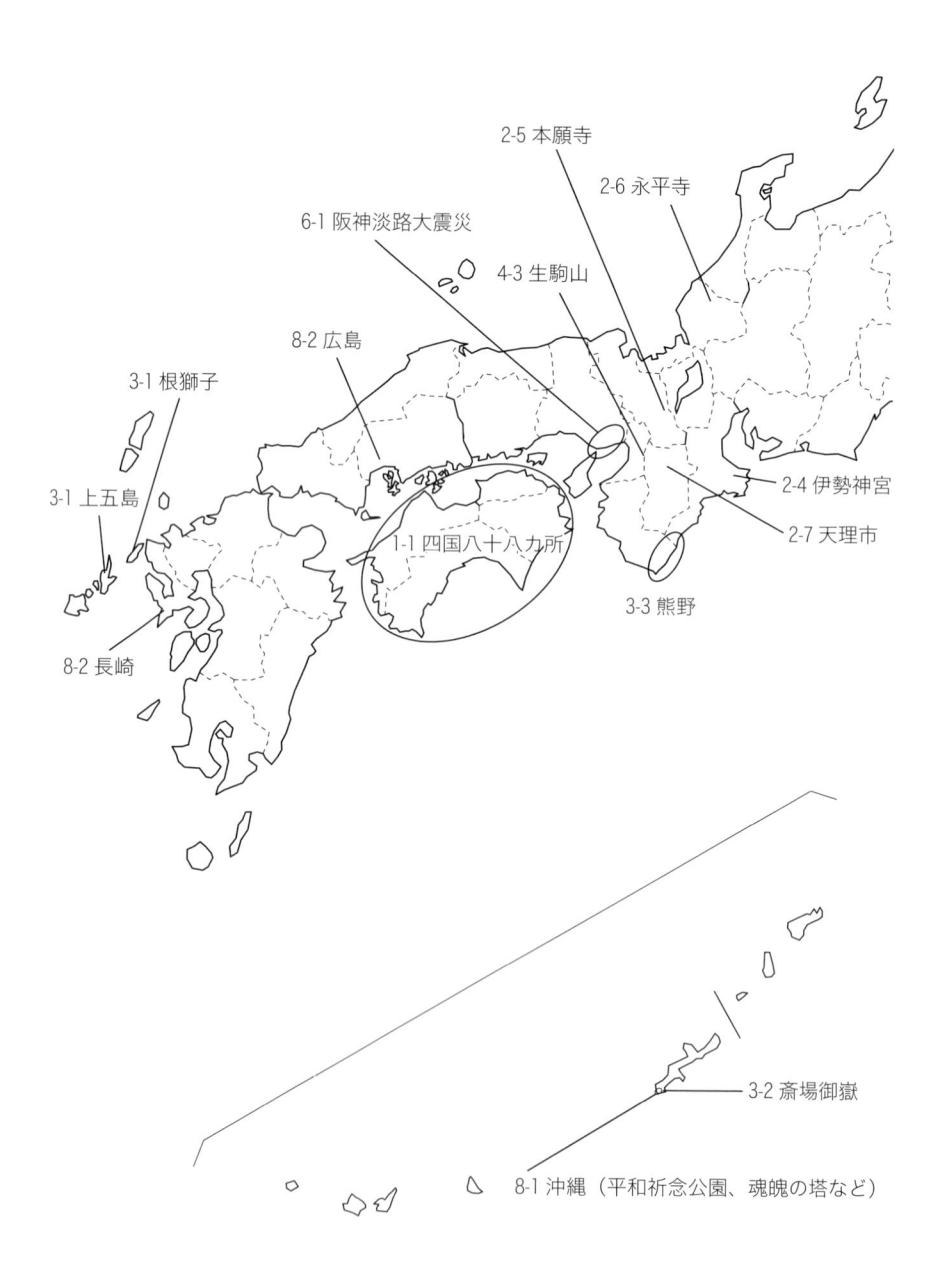

- 2-5 本願寺
- 2-6 永平寺
- 6-1 阪神淡路大震災
- 4-3 生駒山
- 8-2 広島
- 3-1 根獅子
- 2-4 伊勢神宮
- 3-1 上五島
- 2-7 天理市
- 1-1 四国八十八カ所
- 3-3 熊野
- 8-2 長崎
- 3-2 斎場御嶽
- 8-1 沖縄（平和祈念公園、魂魄の塔など）

第 3 章

世界遺産化と聖地

## 3·1 長崎の教会群とカクレキリシタン
―― 宗教とツーリズムのせめぎあい

### 世界遺産化への動き

　長崎県はキリスト教と深い縁がある。フランシスコ・ザビエルが平戸で最初にキリスト教の布教を始めて以来、多くの人々がキリスト教に帰依し、現在でもなお、県内各地には過酷な弾圧の下で潜伏して信仰を守った人々の子孫たちが暮らしている。県全体のカトリック信徒数はおよそ6万3000人で、東京、横浜に次いで3番目に多いが、信徒率では4.3%、教会数も133と、共に全国第1位となっている。2007年、キリスト教との深い結びつきを基盤にした「長崎の教会群とキリスト教関連遺産」が世界遺産推薦の国内暫定リストに登録された。キリシタン復活の舞台となった大浦天主堂や島原の乱の原城跡など、日本のキリスト教史を彩る教会や史跡を中心に、29の文化資産がその対象となった。現在、長崎県は正式申請を目指して資産の最終的な絞り込みを行っている。

　世界遺産指定の審査では、申請対象の「顕著で普遍的な価値」を明らかにする必要があるが、長崎の場合には、次の3点が挙げられている。①世界史に類を見ない長期の潜伏からの劇的な復活という歴史性、②地域住民の生活と精神の拠り所とし

黒瀬の殉教碑（生月）

ての文化的景観、③東西の建築文化が融合した個性的な宗教建造物。このうち、何と言っても①の歴史性こそが、長崎の遺産群を世界遺産にふさわしいものとする最大の特質で、教会群も文化景観も、この波乱に満ちたキリシタン史のなかに位置づけられてこそ、大きな意味を持っている。「長期の潜伏から劇的復活」というストーリーこそが世界遺産化全体を貫く枠組みとみてよいだろう。

### 「歩くながさき巡礼」

　教会群の世界遺産指定が現実味を帯びてくるに伴って、長崎県は、不振に陥っている観光産業の活性化のために教会群を観光資源として活用すべく積極的に動き始める。そのなかで開発されたのが「ながさき巡礼」という観光商品である。「長崎」をひらがな書きにすることで、宗教的巡礼との差異化を図っている。それを

具体化した『歩くながさき巡礼』という冊子では、巡礼とは「殉教した人々や信仰を守り続けた人々の生き方に、思いを馳せ」ながら、徒歩で教会堂も巡る「心の旅」だと規定し、「県内の巡礼スポット100カ所めぐり」を打ち出している。県内の教会、殉教地、墓地、博物館などを地域ごとに6つのエリアに分け、エリアごとにそれぞれコースを設けたものとなっている。たとえば、島原・天草エリアでは、雲仙殉教地コース、島原殉教地コース、有馬川殉教地コースと3つのコースが用意され、雲仙地獄殉教地の碑や原城跡などキリシタン史ゆかりの場所が配されている。さらに、冊子の各ページには、地域の代表的観光スポットや「食」が紹介されている。

「ながさき巡礼」の興味深いところは、これまでツーリズム側がなかなか手を出せなかった「巡礼」という宗教的実践を、世界遺産指定という付加価値を媒介として観光のなかに取込んでいる点である。しかも、四国遍路のような既存の巡礼路を利用するのではなく、これまで巡礼がなかったところに新たに巡礼を作り出すことによって、巡礼の観光化をはかっている。つまり、今まで観光スポットとして意識されてこなかった教会堂や殉教地を、教会と連携しつつ観光の側の方で巡礼スポットとして選定し、「心の旅」として売り出しているわけである。しかも、「歩く」というコンセプトも、四国遍路、熊野古道、サンティアゴ・デ・コンポステラの人気の高まりを明らかに意識している。

## カトリック教会とツーリズム

観光側のこうした取組みに対して、教会側はどのように対応しているのだろうか。長崎大司教区の対応は、ヨーロッパで近年目立ってきた巡礼ツーリズムを宣教に活用しようとするカトリック教会全体の動きを反映している。2007年10月、この動きに深い関わりをもつローマ教皇庁移住移動者司牧評議会によって第3回アジア巡礼所会議が長崎で行われ、教会群の世界遺産化への支援が決議された。2008年11月には、江戸時代の弾圧で殉教した「ペトロ岐部と187人殉教者」の列福式が長崎で行われ、さらに、2012年に26聖人の殉教地西坂が正式な巡礼所となった。このようにカトリックの側は巡礼の促進を念頭におきながら、「長期の潜伏から劇的復活へ」という世界遺産化のテーマに適合的な準備を進めている。

ツーリズムの文脈で注目したいのは、2007年5月に設立された「長崎巡礼センター」である。このセンターは、カトリック信徒による巡礼をサポートしつつ、各地の教会と観光セクターとを仲介する教会側の窓口である。高見三明長崎大司教は、センターの設立趣意書にこう書いている。「巡礼とは、空間的移動のみならず、時を超え、精神的領域まで踏み込んだ上質の旅を意味します。……さらなる上質な旅へとつながる

拠点となることができれば、その設立の目的の大部分が達せられたということになります」。この言葉からは、罪の赦しなどといったカトリック的信仰に収まらない広い巡礼解釈を窺うことができ、非信徒の「上質の旅」をカトリック側に取込もうとする意図さえも感じられる。

　さて、長崎巡礼センターのその後の展開は、教会とツーリズムとの関わりを考える上で特に注目に値する。というのも、観光化の進展とともに、教会の窓口というセンターの当初の役割に変化が認められるからである。2008年8月、センターはNPO法人となり、翌年、県の補助金で6名の専従スタッフを擁する組織に発展する。理事長は司祭が務めるものの、事務局長をはじめ職員に非信徒も雇用され、事務所もカトリックセンターから一般のビルに移転した。センターのNPO法人化の背景にはいろいろな事情があったと推測されるが、この法人化が教会、観光側双方にとって利益をもたらしたことは確かだろう。教会側からすれば、自治体の財政的支援の受け入れが可能になり、巡礼の活性化による宣教という戦略のために、センターの事業の維持、拡大を図ることができる。他方、自治体、観光セクターは、センターを介して「ながさき巡礼」のオーセンティシティを手に入れると共に、センターの人件費等の財政的支援の見返りとして、その活動に、観光側の意向を一定程度反映できるからである。実際、センターの目的と事業に

水の浦教会（五島市）

は、創設当初にはなかった「地域活性化に関する企画・支援事業」や「宿泊施設等の運営及び支援事業」が付加されており、巡礼センターの性格の変化を裏付けることができるのである。

　2011年7月、長崎巡礼センターは「五島巡礼」という巡礼を打ち出す。これはセンターによる初めての組織的巡礼の創出であり、先の「ながさき巡礼」とはまったく別の宗教的巡礼といえる。五島に点在する53の教会を巡る大司教区公認の巡礼で、巡礼者のために、巡礼バッジ、巡礼手帳、巡礼証明書が発行されるというものである。しかし、興味深いことに、「五島巡礼」は非カトリックのツーリストにも配慮した性格を備えている。巡礼手帳には、五島巡礼を「歴史を辿り、人の生き様、思いを知る旅」と規定し、その最終ページには、観光情報や宿泊情報の記載もある。しかも、この手帳は、五島へのフェリーを運航する九州商船や野母商船などでも販売されており、五島旅行のパッケージとしても利用できるのである。このように、「五島巡礼」は明らかに信徒だけの宗教的実

践ではなく、教会や巡礼の旅に憧れや関心を持つ一般の人々も参加でき、かつ、それに関わる観光産業にもメリットが生まれるものとなっている。その点で、この事業は、教会側と観光側の双方の利害をうまく反映した企画とみることができるだろう。教会側にとっては、①全国カトリック信徒の巡礼の促進、②過疎地域に点在する教会の維持の仕組みの確保、③宣教の機会の増加、というメリットが見こまれ、観光連盟側にとっても、①世界遺産化に伴う観光振興、②離島地域活性化、という利点を考えることができる。ただ、こうした「巡礼」を接点とした教会と観光セクターの協働の成否は、「祈りの空間」が観光に巻き込まれることに強い懸念を示す関係教会の司祭と一部信徒たちの納得にかかっているように思われる。

## カクレキリシタンの里　根獅子（ねしこ）

さて、「ながさき巡礼」に象徴される県の観光戦略は、教会堂や殉教地にキリシタン信仰の驚嘆すべき持続性を読み込んだ観光表象を作り上げてきた。しかし、このストーリーは、キリスト教の信仰が認められた後もカトリック教会に帰依することなく、カクレキリシタンのままであり続けた人々には当てはまらない。彼らは、「復活」せずに、潜伏期のままの信仰を維持してきた人々だからである。迫害に耐えて信仰を持続したという物語は、観点を変えれば、先祖代々の信仰を守ってきたカクレキリシタ

根獅子集落

ンにこそふさわしいものだともいえるだろう。ところが、カトリック的なキリシタン史に基づく資産の選定や観光戦略からすれば、こうした人々は居場所の定まらない影のような存在として扱われてきたという印象がつよい。もちろん、資産の選定作業のなかで、カクレキリシタンの調査、研究も急速に進み、外海、五島、生月（いきつき）などに残る彼らの組織や信仰実践のルーツなどが次第に明らかになってきている。ここでは、そうしたカクレキリシタン集落の一つである根獅子の活動を取上げて、教会群の世界遺産化の進展のなかで、彼らがどのように自らの存在や殉教の歴史を表現しているのかをみてみたい。

根獅子町は、平戸島中央部の西海岸沿いに位置する戸数190戸あまり、人口およそ750人の集落である。町の前方には美しい白い砂浜が広がっており、かつては漁業を中心に、林業、農業も盛んな地域だった。この集落の海岸脇に、村人を守るために殉教した6人のキリシタン（おろくにんさま）を埋葬したとされる「うしわきの森」がある。根獅子の人々が大

第3章　世界遺産化と聖地　　87

聖地うしわきの森

切にする聖地である。また、海岸には潮が引くと姿を現す昇天石と呼ばれる岩があり、いまでもこの岩を粗末に扱うことは戒められている。捕縛されたキリシタンたちはこの上で斬首され、真っ白な根獅子の浜がまっ赤に染まったという。聖地からしばらく行くと、道の脇にチチャの木と呼ばれる大きな木が目に入る。役人から逃れて身を潜めていたキリシタン親子がそこで発見され処刑された場所で、2人の血を吸って育った木の樹液はいまでも赤いといわれている。このように濃厚なキリシタン殉教の記憶に満ちている根獅子だが、カトリック教会不在の集落なのである。人々は、キリシタン弾圧の嵐が去った明治になってもカトリックに改宗せずに、辻の神様と呼ばれる辻家と7人の役職者（水役）の下に父祖以来の信仰を堅持してきた。しかし、この組織も後継者捜しが困難となり、1992年3月をもって解散に追い込まれ、ここに潜伏期から続いた信仰が姿を消したのである。

カクレキリシタンという自意識に基づく根獅子集落の活動は、教会群の世界遺産化の動きが始まる以前から存在した。それを表す格好のものとして、近隣の紐差(ひもさし)地区のカトリック教会と連携して1999年から10年ほど行われた合同殉教祭を挙げることができる。この祭は、聖母マリア被昇天祭の前夜祭として、おろくにんさまをはじめとした殉教者の祝福を目的としており、平戸の観光ビデオに紹介されるほど一時は賑わいをみせていた。祭の演出には集落の中心者たちが積極的に関与しており、根獅子の人々によって作り出された独自な観光的表象と見ることも可能であろう。ザビエルが根獅子の浜辺に降り立って布教を始めたという地元の伝承をモティーフとして、殉教祭の冒頭は、夕闇の浜に小舟で上陸した地元の人（カクレキリシタン）が、待ち受ける司祭にキリスト教信仰を象徴する松明(たいまつ)を渡すというものである。この演出が、この宗教の受容における彼らのイニシアティブを巧みに強調するものになっていることがわかるだろう。おろくにんさまに扮した地元の人々も登場し、さらには、小舟の上陸場所を昇天石とし、松明行列が向かう先を聖地「うしわきの森」としている。このように、殉教

殉教祭でのおろくにんさまと司祭

祭は、聖母というカトリックの宗教表象を利用しながら、おろくにんさまという自分たち固有の殉教の記憶を積極的に活用したイベントだったと解釈できるのである。

教会群の暫定リスト入り以降、根獅子は次々に積極的な企画を打ち出していく。2008年、聖地「うしわきの森」の発掘調査で中世期の特徴を備えた16歳前後と推定される人骨が出土したが、これを契機に、同年カクレキリシタン里サミットと題して地域の宗教伝統の固有性を内外に強く訴えるイベントを行った。さらに2010年には、根獅子を含む平戸島が「平戸島の文化的景観」として重要文化的景観に選定され、世界遺産申請の資産に根獅子も含まれるのではないかという期待が高まった。根獅子のこうした活発な活動の背景には、世界遺産指定に伴う経済的効果を見込んだ地域おこしという思惑が交錯していることも事実である。過疎化、高齢化、産業構造のグローバル化のどれをとっても、この小さな集落の将来にとっては厳しい現実があり、カクレキリシタンという自らの固有の資源を活用して、この集落の活性化を図ることができる世界遺産化の動きは、生き残りをかけた千載一遇の機会だったのである。

ただし、根獅子はカクレキリシタンという資源だけに頼って、町おこしを考えているわけではない。特に、近年では食がクローズアップされるようになってきており、集落で使われている食材や家庭料理のユニークさを積極的にアピールしようと試みている。たとえば、「平戸島の重要文化的景観・根獅子の里」というブランド・イメージを活用して棚田にオーナー制度を導入し、その会員を県内外に幅広く募り、収穫された米の販売だけでなく、酒米からは、なんと「おろくにんさま」と命名された日本酒を醸造、頒布している。いずれにしても、教会群の世界遺産化の動きのなかで加速的に展開してきた根獅子集落の町おこしへのさまざまな取組みは、集落消滅の危機にさらされている過疎地域の待ったなしの対応として十分に理解できる。そして、こうした取組みのなかで、かつて「かくれ」という蔑称で公然と触れることが憚られたカクレキリシタンという表象が集落内部で意識的に多用されることを通じて、自らの先祖に対する誇りとその末裔という自覚が深まっていることは見過ごされてはならないだろう。根獅子の人々の町おこしへの熱い情熱の背景には、根獅子という集落に対する愛情とこだわりが存在している。その根底には殉教をもたらした苛烈な弾圧のなかでキリシタンの信仰を守ってきたという彼ら自身の集合的記憶が脈打っているように感じられる。

(山中　弘)

**参考文献**
山中弘編『宗教とツーリズム』世界思想社、2012年
山中弘「長崎カトリック教会群とツーリズム」『哲学・思想論集』33号、2007年

## 3-2 斎場御嶽
―― 公共空間としての聖地へ

### 沖縄の「最高の聖地」

　斎場御嶽は沖縄本島南東部、太平洋に突き出た島尻半島の南城市久手堅集落に位置する御嶽である。御嶽とは沖縄地方において祭祀の行われる聖的な空間、すなわち聖域を総称する言葉であり、近代以前には琉球王国の公的な祭祀者である祝女制度と結びつき、集落ごとに御嶽があったとされている。嶽は岳、つまり山のことだが、多くの場合御嶽は山と言うよりも木に覆われた空間や見晴らしのよい場所であることが多い。御嶽は祖先崇拝を軸とする村落祭祀と結びつき、現在でも生活の中で生きた信仰を集めている。

　斎場御嶽も久手堅集落の御嶽なのだが、これが他の御嶽と異なるのは、琉球の創世神話を記した歴史書『中山世鑑』（1650年）などにおいて琉球開闢の地の一つと位置付けられ、琉球王国時代には琉球王が定期的に参詣していた史実である。また国家的祝女制度の頂点に立つ聞得大君の即位式「御新下り」が行われる場所であったともされる。つまり斎場御嶽は一集落の御嶽を超え、現在まで沖縄の「最高の聖地」として広く認知されている。王朝との結びつきをもっとも強く伝えるのが「東御廻り」

斎場御嶽の拝所の一つ、三庫理

という巡礼行事である。これは王が宮城のある首里を出発し、島尻半島を東回りにいくつかの御嶽に参詣しつつ、最終的に斎場御嶽に至るという巡礼であった。王家による行事自体は1637年には途絶えていたとされるが、それを模した門中（沖縄の父系出自集団）による東御廻りは現在でも行われており、主に秋の週末、門中によっては大型バスをチャーターして華やかに行われている。他の御嶽同様、かつては男は聖域に入ることができず、やむを得ず管理のために立ち入る場合は着物の袖を右上にしたというが、現在そうした慣習はなく、誰もが参詣可能な聖地とし

て開かれている。

　沖縄がいわゆる琉球処分で近代日本に取り込まれて以降、斎場御嶽には本土から多くの文化人が訪れている。染色工芸家の鎌倉芳太郎、国文学者・歌人として有名な折口信夫、そして画家で民族学者でもあった岡本太郎などが代表的だ。彼ら本土知識人が感じ取った斎場御嶽の特異性は、そのまま「ヤマト」から見た場合の沖縄宗教の固有性を代弁しており、後述するように近年の世界遺産化、観光化にも通底している。

## 斎場御嶽と戦争の記憶

　ほとんどが森に囲まれた斎場御嶽は、聖域の中に拝所(うがんじょ)と呼ばれるいくつかの祭祀場を有し、それぞれを結ぶ石畳の道がある。道は急峻と言うほどではないが、平坦でもなく高齢者には杖が必要かも知れない。拝所は切り立った巨大な岩盤と、それを屋根のように覆う鬱蒼とした木々に囲まれており、その下で現在でも様々な祈願と儀礼が行われている。また拝所の一つ三庫理(さんぐーい)を囲む巨石の隙間からは、海を挟んで久高島を望むことができる。この島は「神の島」と呼ばれ、12年に1度イザイホーという儀礼が行われることで知られている。現地に行けない者が遠くから拝むことを遙拝と言うが、三庫里は久高島を遙拝する場所でもあった。

　琉球王国の宗教祭祀上もっとも地位の高い御嶽として君臨した斎場御嶽であるが、近代以降、徐々に認知度を低下させていたのも事実である。聞得大君の御新下りも、1875年を最後に執り行われていない。とりわけ沖縄戦を中心とした太平洋戦争期は斎場御嶽の荒廃を進めたようだ。地元の郷土雑誌に目を通すと、鬱蒼としていた森も近代に入ると精糖燃料や薪炭材のための伐採や沖縄戦の砲火で荒れ地となり、参拝も下火になっていたという。

　沖縄本島南部は周知の通り沖縄戦の最後の激戦地となった。陸海空からの砲撃に晒された御嶽の参道には、現在でも砲弾が着弾したときにできた窪みが残っており、水が溜まって砲弾池と呼ばれている。戦争の記憶を強く主張する砲弾池(艦砲穴)の存在は、荘厳かつ神聖な雰囲気を醸す森の中の異物である。しかし斎場御嶽が観光化し、多くの人が訪れるようになってもそれに関心を覚える観光客はあまり多くない。「観光のまなざし」と、場所に刻み込まれた重層的な歴史との間には溝がある。現代の沖縄表象に顕著なその溝は、斎場御嶽にも見て取ることができる。

## 世界遺産と御嶽の価値

　近年、斎場御嶽の独特の空間イメージがメディアを通じて広まり、大衆観光のコースからは外れたスピリチュアルツーリズムの目的地となるなど、この「特別な御嶽」は神秘主義的な目差しの中へと再編されつつある。通常沖縄本島の観光コースといえば、那覇の中心部や中・北部の西海岸に広がるリゾートエリア、沖縄国際海洋博(1975年)の跡地にで

きた美ら海水族館などが中心で、那覇以南はひめゆりの塔や摩文仁の丘など戦跡以外に集客力のある場所が乏しかった。斎場御嶽は本島南部に、慰霊や戦史学習とは異なる人の流れを生み出した。その大きなきっかけは、端的に言うとユネスコの世界遺産登録にほかならない。

斎場御嶽は本土復帰前の1955年から、琉球政府の法律で史跡・名勝に指定され、復帰後も同様に日本政府の定める史跡として保護されてきた。保護されていたとはいえ、先述の通り荒廃状況にあったのだが、1990年代より地元行政の発掘・整備事業を経て再び着目されるようになり、2000年に斎場御嶽など本島9箇所の遺産から構成される「琉球王国のグスク及び関連遺産群」として、世界文化遺産へと登録された。

斎場御嶽が登録された直接的な評価点は、御嶽という独特の聖域で見られる信仰や儀礼が、琉球王国由来の文化的・宗教的独自性を今に伝えているということであるが、登録には学術的評価のみならず政治的意味合いもあった。まず日本政府の沖縄振興策という点である。沖縄の世界遺産群は、1992年に日本が世界遺産条約に加盟したと同時に暫定リストへと登録された。この年はNHK大河ドラマ「琉球の風」が放映され沖縄ブームのあった年だが、政府は当初より沖縄の遺産群を世界遺産化する企図を有していた。更に登録決定の2000年は九州沖縄サミットが開かれ、首里城「守礼の門」を映す2000円札が発行された年でもあった。当時の新聞には、世界遺産登録がサミットの「ご祝儀」だとする論調も見える。このように遺産化は国策と連動を見せており、とりわけ普天間基地移転問題や反米軍基地の機運が再び高まっていた2000年前後の世相を鑑みると、沖縄における文化政策の国家的推進は一種の沖縄振興策であったと見ることもできる。

他方ユネスコの側からは、御嶽は世界文化遺産の新たな形態として期待される存在だった。世界文化遺産は本来、西欧の教会や城跡等単体の建築物を保存するためのものであったが、ユネスコでは遺産概念を広げ、非西欧地域における自然と人為を媒介する遺産を「文化的景観」の名によって含めようとしていた。たとえば世界最大の棚田群と言われる、フィリピン・ルソン島の「コルディリェーラの棚田群」などが典型例である。岩石と森ばかりでこれといった建造物がないにも関わらず、人々の深い崇敬を湛える斎場御嶽は、ユネスコから見ればまさに人間の文化的営為が刻み込まれた自然であり、遺産概念を拡大させ、非西欧に世界遺産政策を広めようとしていたユネスコにとって新たな文化遺産としてふさわしい場所だったのである。

### 聖地の公共性

こうして斎場御嶽は世界遺産となった。遺産化は御嶽が「沖縄の」聖地である以前に、人類全体の共有地となったことを意味する。それを

手すりも整備された参道

反映するように、現在斎場御嶽には実に様々な人が集まる。地元集落の人、東御廻りの門中の人々、ユタとそのクライアント、その他沖縄の人々。県外からやってくる修学旅行生、個人旅行者、スピリチュアルツーリズムの人、外国からの旅行者。彼らの目的もまた多様で、祈りや信仰であったり年中行事であったり、純粋な観光や学習目的、そしてそれらが融合した複合的な目的であったりする。文化遺産化は聖地にもともと関わりを持っていた地元の人のみならず、より広い公共空間へと開放する施策だったと言ってよい。

だが実際には文化遺産への登録は観光地化と不可分であり、地元行政などは御嶽を観光資源と捉えて地域振興策の中に位置付けていくため、いきおい管理・運営体制も精緻化されていく。たとえば参道を整備し手摺りを付けるなどのバリアフリー化や、御嶽内での火気厳禁の徹底、地域のボランティア講師による案内の充実、駐車場やトイレ、資料館の整備、そして参詣の有料化など、「快適」な空間を作り出す施策が次々と行われた。これらによって多くの参拝者、観光客が恩恵を受けたが、逆に参拝をやりにくくなったのが、ユタと呼ばれる民間宗教者である。

ユタは庶民の生活上の諸事に応じる沖縄の宗教者で、斎場御嶽でもしばしばユタやクライアントの祈りを見ることがあるが、長い弾圧の歴史もあって、必ずしも歓迎されるわけではない。とりわけユタが儀礼で火を使うことは、厳格な管理を求める現在の御嶽のポリシーと対立するものであり、現在は火を使わない方向で妥協が図られている。入場料を徴収されゲートで視認される限り、ユタの側も目立った諍いは避けざるをえない。門中の東御廻りが斎場御嶽の伝統性を象徴する行事として観光面でもプラスの表象がなされているのに比して、ユタの関与に対する温度差は歴然たるものがある。

斎場御嶽は世界遺産として公共性を有する一方で、観光の局面では事実上の選別が行われていると言える。それは聖地の遺産化と観光化が表裏一体のプロセスとして進んだ結果である。そのことは宗教を文化財制度に取り込む文化政策がもたらす本質的な矛盾かもしれない。（門田岳久）

**参考文献**
門田岳久「『信仰』の価値―聖地の遺産化と審美の力学」『文化人類学』73巻2号、2008年
塩月亮子『沖縄シャーマニズムの近代―聖なる狂気のゆくえ』森話社、2012年

## 3-3 熊野
―― 霊場と観光地のはざまに揺れ動く聖地

### 背景と歴史

　熊野は、全国熊野神社の総本社で熊野三山とも称される熊野本宮大社、熊野速玉大社、熊野那智大社を中心とする、複数の社寺から成り立つ霊場である。三重県南部と和歌山県南部を含む紀伊半島南部に広がるこの地域は、「熊野詣」と呼ばれる宗教的な旅の舞台となってきた。

　奈良時代にはすでに山岳信仰の行場として成立していた熊野だが、その霊験がとりわけ注目されるのは平安中期以降の事である。907年（延喜7年）の宇多法皇による熊野への御幸を皮切りに、皇族や貴族などの権門勢家に熊野への信仰が広がり、参詣が熱を帯びた。とりわけ白河上皇から後鳥羽上皇までの4代にわたっては、実に90回以上もの熊野詣が行われている。

　さらに、10世紀に起こったとされる末法思想や浄土信仰の流行も、人々の目を熊野に向けさせる大きな契機となった。『日本書紀』において伊弉冉尊の葬地とされ、また、「根の国」の入り口としても描かれた熊野は、かねてより彼岸に近しい場所と考えられていた。こうした熊野のイメージは、やはり彼岸である浄土と熊野を結びつける素地になったと考

本宮大社から速玉大社への途上・熊野川

えられている。浄土への憧れを抱いた多くの人々は熊野に浄土を重ね、救済を願い、熊野へと旅だったのである。

　平安期には貴族が主体だった熊野詣は、その後、御師や聖の積極的な唱導活動により、その裾野を武士や庶民にも広げている。室町期には、熊野に向かう人々の群衆を蟻の行列に例えた「蟻の熊野詣」という言葉が生まれるほど、熊野は多くの人々で活況を呈していたといわれる。

### 霊場から景勝地へ

　こうした熊野の盛況にも、近世に入ると次第に影が差すようになる。江戸幕府による遊行者規制により熊野は次第に力をそがれ、明治期の神仏分離政策と修験道禁止令に至って、熊野詣に象徴された従来の熊野信仰は壊滅的な打撃を被る。全国へと展

開していた御師の組織はすでに瓦解し、三山相互のつながりも薄れ、三山は広域的な霊場の主軸から地域の氏神に近い存在へと変化していったと推測されている。

霊場としての熊野の姿が後景化する一方で、近代には、新たな熊野への意味付けが前景化してくる。景勝地としての熊野である。近代以降の熊野は、那智の滝や瀞峡に代表される自然の景観美に注目が集まり、観光名所と目されるようになった。

その伏線となったのが、熊野地域の県や地方自治体が積極的に行った観光振興策である。たとえば、1927年（昭和2年）、大阪毎日新聞社と東京日日新聞社が主催し、鉄道省の後援のもとに行われた日本新八景の選定において、地元の保勝会と県が協力し集票活動を行ったことや、1936年（昭和11年）の国立公園の選定に際しての関係者の奮闘が『南紀観光史』などに記録として残っている。熊野川へのダムの建設など幾つかの契機を経て地場産業であった木材産業が衰退すると、一層熊野地域は観光産業に注力した。こうした長年の努力は、2004年（平成16年）に一つの大きな果実として実を結ぶ。ユネスコにより熊野が、世界遺産「紀伊山地の霊場と参詣道」の一部として登録されたのである。

### 景勝地から「祈りの地」、「聖地」へ

国や地方自治体による世界遺産登録への動きは、実質的に重要な観光振興政策となっていることは、つとに指摘をされるところであるが、熊野地域に関してもそれは同様で、世界遺産への登録は、地域にとって観光振興政策の大きな目玉であった。

那智の滝

世界遺産登録による観光客へのアピール効果は大きく、登録後、地域は入れ込み観光客数を大幅に伸ばす。登録前年と登録年の観光客数を比較すると、熊野三山を擁する新宮市、那智勝浦町、本宮町（当時）だけでも70万人以上（前年比2割増）の観光客増を記録している。

先だって確認してきたように、近代における熊野の観光戦略が自然景観の美しさを全面に打ち出したものだったのに対して、現代の熊野における観光戦略を特徴付けるものは、霊場にまつわる「聖性」や「精神性」の強調である。現在、関係各県や地方自治体は、観光パンフレットなどのメディアを通して熊野を「祈りの地」や「聖地」として盛んに宣伝し、観光の現場においてもかつての信仰実践にヒントを得たイベントや観光プログラムを実施・提供している。

2点具体例をあげてみよう。那智勝浦町で毎年10月に行われる「あげいん熊野詣」は平安衣装に身を包ん

僧形のガイドによる絵解き

だ人々が行列をなし、熊野古道大門坂、那智大社、青岸渡寺、那智の滝を巡る、かつての熊野詣を再現するイベントである。このイベントは一般参加も受け付けており、毎年多くの観光客で賑わっている。

続いての例を見てみよう。「熊野比丘尼はキャンペーンガール。熊野の神々が全国へ」。これは和歌山県が発行した情報誌の見出しである。熊野では現在、観光ガイドが僧形をして熊野勧心十界曼荼羅などの熊野にまつわる曼荼羅を絵解くという観光PRが行われている。これは室町期以降、曼荼羅の絵解きを通じて諸国に熊野信仰を広めた「熊野比丘尼」の活動をモチーフにしたもので、上述の見出しはそうしたガイドの活動を紹介したものである。物珍しさも相まってかこの活動は好評を博し、現在までに他県への出張も行われている。

両事例は、かつての熊野信仰にまつわるトピックが、観光という世俗的な舞台において資源として用いられ、観光イベントへと流用されているという点で通底しており、現代の熊野で展開される観光戦略には、宗教の消費や商品化という力学を見て取ることができるだろう。

## 霊場と観光地の狭間で

熊野信仰の消費と商品化を柱とした現在の観光戦略は、観光客の入れ込み数を確認しても、おおむね成功を収めているといえるだろう。それではこうした観光戦略の成功は、熊野の伝統的な社寺や、そこに関わる人々にどのような影響を与えているのだろうか。

現在までのこうした観光化の進展は、消費や商品化の対象に留まっていた伝統的な社寺を再度賦活し、観光の舞台に大きな影響を及ぼす力を与えるとともに、観光客や観光実践を行う人々に、「単なる観光」の枠に収まらない「特別な感覚」を与えていると分析することができる。先の2つの事例を今一度振り返り、両事例に即しながら、かかる現象についての確認をしてみよう。

先程ごく簡単に紹介した「あげいん熊野詣」の事例であるが、このイベントは、実は単純な観光パレードとは言えない側面を持っている。「あげいん熊野詣」は、那智大社や青岸渡寺の全面的な協力のもとイベントが進められ、那智大社では一般の参拝者が入れない神域での参拝が、青岸渡寺では祈祷、護摩などの宗教儀礼が巧みにイベントに組み込まれているのである。こうした宗教的な儀礼は「あげいん熊野詣」に本来の熊野詣らしさを付与するものとして

関係者に認識されている。

少々分析的に言えば、熊野詣という宗教的な実践を観光資源として発掘し、イベント化したメーカー（この場合は那智勝浦町や観光協会）が、「あげいん熊野詣」の「熊野詣としての真正性」を追求し、真正な熊野信仰を担保する那智大社や青岸渡寺に「あげいん熊野詣」への真正性の付与を委託しているという構造がこのイベントに見られるのである。

こうした構造はゲストにも一定の影響を与えている。ゲストは観光イベントに参加しながらも、同時に伝統的な宗教儀礼にも参加をするという仕掛けにより、「単なる観光のイベントでは経験できなかった特別な感動」を感じることがしばしばある。

「あげいん熊野詣」が伝統宗教を賦活し、ゲストに対して伝統宗教への水路を開いているとすれば、もう一方の事例はホストに働きかける事例として捉えられる。曼荼羅の絵解きを行う地元のガイドメンバーは曼荼羅の絵解きの為に、勉強会を開催しているが、繰り返される熱心な学びの中で、彼らが何気なく暮らしてきた日常の町並みが、愛郷心とはまた別の感覚で「大切な物」であることに気付くという。あるガイドの会のメンバーは、「我々は宗教の手先ではないが、熊野には来なければ解らない特別な何かがある。訪れる人々に単なる観光では得られない深い何か伝えることが我々の仕事だ」と語った。彼の話す「何か」を、ある種の宗教性や聖性の表出と読むことは拙速に過ぎようが、この「何か」は、彼らがかつての熊野信仰について学び、場合によっては僧衣を身につけ、熊野信仰にまつわる宗教的な語彙をもって人々に熊野の魅力を語った結果、宗教と観光の狭間に見つけた特別な感覚と言えるのかもしれない。

現在の熊野では、観光振興という世俗的な動機に基づいて関係各県や自治体が積極的に宗教資源の掘り起こしを行った結果、熊野の霊場としての姿が再び前景化し、熊野信仰に関わる社寺が「聖地」としての真正性を場所に付与する存在として力を盛り返してきている。また、そうした状況は観光に関わるホストやゲストに「単なる観光」には収まらない熊野の特別さを語らせている。メーカー、ホスト、ゲストの三者は相補的に交渉しあい、霊場とも観光地ともつかない現在の「聖地熊野」を形作っているのである。

近代に入り、霊場から景勝地へとシフトした熊野は、現在、観光地でありながらも圧倒的に霊場であり、霊場でありながらも圧倒的に観光地なのである。こうしたアンビバレントさに、熊野の現在は特徴付けられている。

（天田顕徳）

**参考文献**
五来重『熊野詣』淡交新社、1967年
神田孝治「熊野の観光地化の過程とその表象」『国立歴史民俗博物館研究報告』第156集、2010年

## 3-4 富士山
―― 「信仰の山」への回帰

### 世界遺産化と富士信仰

　日本最高峰の富士山について、その存在を知らぬ者はいないし、またその雄大な姿を思い浮かべることができない者も少ないことだろう。しかし、富士山に対する信仰となると、その具体的な姿はあまり知られていない。毎年訪れる30万人以上の登山客のなかで、かつて全盛を極めた富士講についての知識を有している人はどれくらいいるのだろうか。

　ただし、こうした富士信仰をめぐる知のあり方は大きな変化の中にあるといえる。世界文化遺産化に向けて、富士を有する静岡・山梨の両県が、「富士信仰」を全面的にPRしはじめているためである。

　2012年、富士山は「武家の古都・鎌倉」とあわせて政府の推薦を受け、世界文化遺産の候補としてユネスコの審査を待つこととなった。その際、静岡県と山梨県の富士山世界文化遺産登録推進両県合同会議が打ち出したのが、「芸術の源泉」としての富士山と「信仰の対象」としての富士山という2つの点であった。

　こうした動きは、富士山という「聖地」に対する人々の意識をどのように変化させるのであろうか。

富士山山頂

### 富士山をめぐる信仰

　富士を讃え崇める心情は、万葉集に代表されるように、古来よりさまざまな作品に登場している。『常陸国風土記』には、富士山が女神として登場しており、こうした記述に富士信仰の原初形態を見いだそうとする研究も多い。

　また、噴火を繰り返す富士山は畏怖の対象でもあった。アサマ（火を噴く山の意）の神を鎮めるため垂仁天皇の治世に建立されたとされるのが富士本宮浅間神社（富士宮市）である。木花咲耶姫命を祀る浅間神社は、富士の麓から東海、関東地方に広まり、浅間信仰は人々の心を捉えていった。

　一方で、平安時代には末代上人によって富士山に山岳仏教がもたらされ「富士修験」がしだいに興隆していくこととなる。末代上人のながれ

を汲む修験者たちは、村山（現富士宮市村山）に拠点を置いたため、富士修験は村山修験の名で知られ、後代には今川義元の庇護を受けるなど、富士山信仰における中心的な役割を果たした。しかし、江戸期に入ってからの村山修験は次第に衰退の途をたどることとなる。

## 富士講の隆盛と衰退

江戸時代の初め、角行（1541－1646年）によって従来の修験道とは一線を画した独自の富士信仰の教義が打ち立てられる。角行の教えは村上光清（1682－1759年）と食行身禄（1671－1733年）へと受け継がれ、江戸期における爆発的な富士講の流行を招くこととなる。村上光清は富士講を組織化し、また、北口本宮浅間大社を復興したことで知られる。

一方、食行身禄は庶民への富士信仰の浸透という点で、村上よりも大きな影響力をもった。私財をなげうって信仰の生活に入った身禄は、江戸の人々に富士信仰を説いてまわり、63歳のとき衆生を救済するべく入定を決意する。彼は1733年（享保18年）富士山7合5勺にある烏帽子岩で断食に入った。その間、入定を果たすまでの31日間、同行した田辺十郎右衛門に教えを説き続けたとされる。このときの教えは「三十一日之御伝」として身禄派の信仰の核となった。「江戸八百八町に八百八講」と謳われるほどの江戸後期における富士講の大流行は彼の存在を抜きに考えることはできない。

富士塚（小野照崎神社）

富士講の信徒たちは、遠く望む富士の姿を模して、富士塚と呼ばれる小山を築いた。化政年間（1804－30年）に富士講が最盛期を迎えるとともに富士塚の築造数も増加し、都内のみならず埼玉、千葉、神奈川にも広まっていった。人々は富士塚に登ることで、富士登拝を疑似体験していたのであった。現在でも千駄ヶ谷の鳩森八幡神社など、都内各地で現存する富士塚を見ることができる。

もちろん講徒の活動は富士塚登拝で終わるものではなく、その最終的な目的は実際に富士登拝を果たすことにあった。当時、江戸のほとんどの富士講は富士吉田に宿坊を構える御師たちと師壇関係にあり、講徒たちは御師の先導で吉田口からの登拝を行っていた。角行と身禄が入山したのが吉田口であったために、講徒たちはそれに倣ったのである。その結果、富士吉田の街は御師街としてたいへんな賑わいをみせるようになっていった。

富士の山頂を目指す講徒たち（道者）は、庭にある小さな滝で禊ぎを済ませてから御師宅に入り、木花咲耶姫命と食行身禄像を祀った神殿の

吉田口登山道入り口

前で御師からお祓いを受け、精進料理を食したのちに就寝。翌日は早暁から強力を連れ立って富士吉田口から登山し、その後須走口に向かって下山した。幕府はその拡大する勢力を警戒し、度々富士講の禁止令を出したが、その活動は衰えることがなかった。

しかしながら、時代の変化が富士講の流行に陰をおとしはじめる。明治新政府は宗教政策の大規模な改革を実施し、基本的に富士講のような講中の活動は公には認められないものとなった。生き残りをかけて富士講の一部は実行教、丸山教、扶桑教として教派神道化を果たし、現在まで受け継がれている。しかし、江戸後期のような富士講の勢いは、この時期にかなりの部分そぎ落とされてしまった。また戦後には富士登山をレジャーとして楽しむ風潮が定着し、富士講の衰退は決定的となった。

現在、富士講として活動している集団は数えるほどしか存在していない。かつての御師宅も、資料館や旅館、もしくは普通の民家となっているところが多い。とりわけ、1964年に富士スバルラインが開通し、5合目まで車で登れるようになって以来、かつての御師街は富士山の入り口という役割を奪われ、観光客の誘致に苦戦するようになった。

## 世界遺産化の道程

しかし現在、富士講の存在が富士山の世界文化遺産化に向けて、再び注目を集めるようになってきている。

富士山を世界遺産に登録しようという運動は90年代初頭からあった。その荘厳な出で立ちと美しい景色、そして豊かな自然が世界自然遺産に名を連ねるに値すると考えられたためである。しかし、登山道にあふれるゴミとし尿の問題のため、2003年に国内候補地の選定から漏れてしまう。そこで、「富士山は単なる自然ではない」という発想の転換が行われた。つまり、世界「自然」遺産ではなく、世界「文化」遺産の候補として富士山をアピールしていこうという方針へのシフトである。

世界遺産登録のためには、満たすべきさまざまな基準が存在しているが、何よりも「顕著な普遍的価値」を証明しなければならない。そして、そうした価値の「完全性」や「真正性」も重要な要素となる。さらに「文化」遺産となると、美しい景観や地形の固有さのみではなく「史跡」としての富士山の価値を証明しなければならない。そのため、静岡・山梨の両県合同会議は、世界遺産委員会の経験者や国内の有識者を招いてシンポジウムや会議を行い、「普遍的

価値」についての検討を続けた。その結果、2009年に「信仰の対象」と「文化創造の源泉」という二点が、富士山の「普遍的価値」であるとの結論に至った。それ以降「山・道・社」一体で信仰の山をアピールしていくこととなる。登山道を「信仰の道」とする発想は、2004年に世界文化遺産登録を果たした「紀伊山地の霊場と参詣道」の熊野古道に影響を受けてのことであろう。

ユネスコに提出される推薦書の原案には以下のように記されている。

「山頂への登拝を中核としつつ、山域・山麓の霊地への巡礼を併せて行うことにより、神仏の霊力の獲得と擬死再生を求める富士山信仰の思想及び儀礼・宗教活動が確立した。富士山の文化的伝統の本質は、時代を超えて今日の富士登山の形式・精神にも確実に継承されている。」（41頁）富士登山は現代においても「近代アルピニズムとは異なる価値観で山頂を目指す登山形式」（60頁）であるというのがその主張である。ここに、富士登山に巡礼としての意味を付加していこうとする昨今の行政の動向を見て取ることができる。

### 富士信仰の未来

富士を信仰の山としてアピールするため、2011年に富士急行富士吉田駅は富士山駅と名を改められ、その入り口には大きな鳥居が配された。また、かつての御師街も「おし街さんぽ」と称したガイドツアーを組み、

富士山駅

観光客の集客と信仰の山としての認知を高める試みを行っている。

しかし、たとえば現在の富士登山ブームを牽引しているとされるカラフルな登山着を身にまとった「山ガール」たちは、白装束で六根清浄を唱えながら山頂を目指す富士講の道者たちと同じように「信仰の山」を感じ取るのだろうか。世界遺産化が進展し、富士が信仰の山であり、富士登山が巡礼であるとの認識が広まったとき、現代の人々はどのように自らの登山体験とそうした言説を重ね合わせていくのだろうか、今後注目していく価値がある問題であろう。

（村上　晶）

#### 参考文献
井野邊茂雄『富士の信仰』平文社、1983年（初版：古今書院、1928年）
平野榮次『富士信仰と富士講』岩田書院、2004年
鈴木昭英編『富士・御嶽と中部霊山』名著出版、1978年
富士山世界文化遺産登録推進両県合同会議『富士山推薦書原案』2011年
『山梨日日新聞』2006年6月26日付

## 3-5 鎌倉
—— 武家の聖地と世界遺産

### 鎌倉の歴史的背景

　周知のとおり鎌倉は、1180年に源頼朝が入り、その後1333年に幕府が滅亡するまでの期間、武家の都であり武家政治の中心地として機能していた。南部に相模湾が広がり、周囲を丘陵に囲われた鎌倉の地形は自然の要塞と言われている。

　鎌倉幕府が滅亡した後、政治の中心は再び京都に移されたが、鎌倉にはなお鎌倉府が置かれ東国統治の中心として繁栄した。鎌倉には武士の屋敷が築かれ、商工業組合の「座」が組織された。しかし戦国期になると、鎌倉は東国政治の役割を果たさなくなり、急速に衰退していくことになる。

　江戸期には、鶴岡八幡宮、東慶寺、英勝寺、光明時、円覚寺、建長寺が幕府の保護を受け復興したが、他の寺社の勢力は衰退したままであった。しかし、18世紀になると物見遊山の対象として紀行文や図絵に鎌倉が紹介されるようになり、江戸から観光客が訪れるようになった。当時の主な見学地は鶴岡八幡宮と高徳院の大仏であった。

　明治期以降、西洋文化が流入する中で海水浴場の開設や保養地、別荘地の開発が進んだ。特に1889年に

円覚寺正続院

横須賀線が開通すると、鎌倉は急速に発展した。また夏目漱石、正岡子規、島崎藤村、川端康成など、多くの文学者が鎌倉に滞在し、鎌倉を舞台にした小説を多数執筆した。これらの作品を通じて、鎌倉は保養地・別荘地として世間に広まった。

　鎌倉では1960年代から丘陵地域において大規模な宅地造成が行われた。この宅地造成によって丘陵の開発が進み、社寺周辺の丘陵も開発の対象となった。そこで開発を規制し、歴史的風土を保存することを目的として1966年に「古都における歴史的風土の保存に関する特別措置法（古都保存法）」が制定された。鎌倉では中心市街地を取り囲む丘陵地のほとんどの範囲が「古都保存法」による歴史的風土保存地域に指定されており、このエリアが聖地・鎌倉の中心域となる。歴史的風土保存地域の面

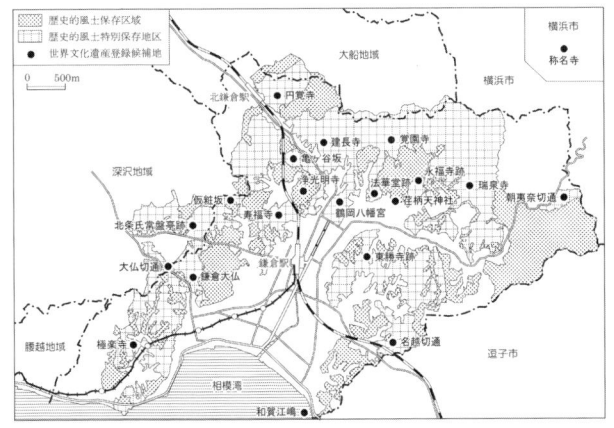

保存地域・地区と世界文化遺産登録候補地

積は市域面積の約24％を占める。さらに歴史的で文化的な景観の中核になる範囲は歴史的風土特別保存地区に指定されている。これらは円覚寺や建長寺、鶴岡八幡宮や高徳院などの有名社寺が位置する聖域であり、その周辺の緑地には豊かな自然が保存されている。

### 鎌倉の訪問目的

鎌倉を訪れる観光客は、年間約1800万人である。そのうちの83.3％は社寺参詣を目的としている。そのなかで観光客がもっとも訪れる聖地は鶴岡八幡宮で、観光客の72.0％が訪問している。次いで高徳院の大仏の37.4％である。この2社寺が突出して観光客を吸引しており、鎌倉を代表する宗教観光地と言える。さらに銭洗弁財天、長谷寺、建長寺、円覚寺、鎌倉宮に、観光客の20％前後が訪れている。

鎌倉では観光客の訪問場所のほとんどが社寺を中心とした宗教的な聖地である。かつての社寺への訪問目的は巡礼や参拝、歴史的・文化的価値の体感であった。しかし近年では、聖地の訪問目的として、境内や庭園に咲く花を観賞し、社寺を取り囲む森林などの自然観賞が多数を占めている。文化的・歴史的価値の体感を目的に社寺を訪れる観光客の割合は20.9％であるのに対し、花や自然の観賞を目的としている観光客は44.5％を占める。聖地への訪問目的の変化にはメディアによる表象の変化が影響していると考えられる。

### メディアにおける表象と社寺の対応

鎌倉はこれまで多くのメディアに紹介されてきた。特に「古都保存法」の制定により景観が保存されるようになると、文化的・歴史的価値や豊かな自然を残す場所としてメディアに紹介される頻度も増加していく。

1960－70年代までのメディアでは鎌倉における歴史的事象やそれを現在に伝える情報を提供していた。たとえば、1969年の雑誌記事に掲載された円覚寺の記事には「鎌倉唯一の遺構がこの円覚寺舎利殿である。禅宗建築の代表的な作例である」と文化的・歴史的価値を伝えている。鎌倉時代に栄えた古都のよすがを感じられることを伝え、観光客はメデ

ィアからの内容を理解して社寺を訪れていた。

　一方、1990年代以降のメディアでは社寺の文化的・歴史的価値の紹介は少なくなり、花や自然に関する情報が増加する。1990年代には首都圏の情報を多く掲載する雑誌や若年の女性を対象として雑誌が多く発刊された。東京と近接しているにもかかわらず自然が残され、社寺には鮮やかな花が咲く鎌倉の様子は若年の女性にとって魅力的な場所となった。観光客の属性もこの時代以降、女性グループが増加している傾向にある。たとえば、1997年の雑誌記事に掲載された鎌倉の社寺に関する記事には「見ごたえ感じごたえいっぱいの花の数々が鎌倉の寺院をこれでもかってくらい次から次への彩ってくれる」というように伝えている。

　鎌倉の文化的・歴史的価値への注目が希薄になってきた理由には文化財の相対的な少なさが影響している。鎌倉には社寺をはじめ多くの宗教施設が立地しているが、伊勢神宮や成田山などのように巡礼地として多くの信者を抱え、講社をもつ社寺はみられない。また、文化財に指定されている施設も少ない。たとえば、国宝建造物は円覚寺舎利殿のみであり、国宝彫刻も高徳院の阿弥陀如来坐像（鎌倉大仏）のみである。また、国指定の重要文化財に指定されている建造物は21で彫刻も35に過ぎない。社寺の多くは鎌倉時代の創建であるが、鎌倉時代の建造物はまったく残っておらず、大半が江戸時代以降に

あじさい寺・明月院

再建されたものである。

　鎌倉には8－14世紀にかけて武家によって多数の社寺が建立され、やぐらと呼ばれる中世特有の墓が各地に建てられた。現在でもその一部は残存しているが、近代以降に中世都市の遺構を覆うように新しい都市が建設されたため、中世都市の遺構はほとんど残されていない。発掘調査が行われた場所ではその区画を保存しているものの、建物の再建は行われず更地のままで保存されている。かつて幕府や武家屋敷があった場所には石碑が建てられているだけで、鎌倉時代の様子を体感することは難しい。これらの遺構は観光客のまなざしを受けにくいのである。

　鎌倉の社寺は観光客を動員するために花を植栽し、庭園を整備しているわけではない。社寺はあくまで宗教施設であり、その付随として庭園を整備している。しかし、本来は脇役であるはずの花や庭園がメディアに紹介され、社寺が花や自然を観賞できる場所として新たな価値付けがなされたことで社寺の宗教施設としての役割が薄れてきた。

花や自然観賞が注目され、宗教施設としての役割が薄れつつある状況を嫌う社寺も多い。拝観料の徴収を始めたり、境内における写真撮影や観光客の立ち入りを制限したりしている。近年では花や自然の観賞を目的とした観光客のために花の植栽や観賞のための道を舗装する社寺が現れてきた。これには「宗教の場」と「観光の場」、「巡礼者」と「観光客」を分ける役割を果たしている。

### 世界遺産への登録と今後の動向

現在、鎌倉は世界文化遺産の登録へ向けて活動中である。鎌倉がユネスコの世界文化遺産暫定リストへ登録されたのは1992年のことである。1996年からは鎌倉において学術的な調査が始まり、2004年には「武家の古都・鎌倉」という登録への方向性が明示された。世界文化遺産への登録を目指す範囲は自然の要塞といわれる丘陵部と、地域内に点在する社寺や遺構で「古都保存法」によって景観が保存されている範囲とほぼ同一である。その中の21の社寺と遺構が登録される予定である。

世界文化遺産登録に向けた社寺や市民への働きかけは2006年から始められた。この年に「鎌倉世界遺産登録推進協議会」が設立され、行政、社寺、市民が協働して世界文化遺産への登録を目指す活動が行われてきた。そして2012年1月に文化庁からユネスコへ正式に登録地として推薦された。2012年中にはユネスコの諮問機関イコモスによる現地調査が行われ、2013年にはユネスコ世界遺産委員会による登録の可否が決定される。

鎌倉が世界文化遺産暫定リストに登録されてから20年が経過している。登録までに長期間の要した理由には、中世の武家文化や武家による社寺への信仰の軌跡が現在の鎌倉からは伝わりにくく、文化財も少ない点にあった。文化的・歴史的価値が伝わりにくいことがメディアでの紹介や観光客の訪問目的の変化にも及び、花や自然の観賞という新たな価値を創り出した。しかし、世界文化遺産に登録され、「武家の古都・鎌倉」という新たな価値が付与されると、再び社寺の文化的・歴史的価値に注目が集まる可能性がある。世界遺産登録により、武家の聖地による鎌倉イメージの再構築が図られることが想起されよう。メディアにおける表象や観光客の訪問目的も影響を受け、これまで注目されてこなかった中世の遺構にも観光客が訪れるようになるかもしれない。一方で世界文化遺産という価値は社寺にとって宗教施設としての立場を脅かす可能性もある。その時には新たに「宗教の場」と「観光の場」、「巡礼者」と「観光客」を分ける対策がなされるだろう。「聖地・鎌倉」の動向が注目される。

（齋藤譲司・松井圭介）

#### 参考文献

五十嵐敬喜、佐藤弘弥編『平泉から鎌倉へ―鎌倉は世界遺産になれるのか?』公人の友社、2012年

松尾剛次『中世都市鎌倉の風景』吉川弘文館、1993年

## 3-6 ロシアの修道院
——宗教文化財をめぐる教会と博物館の対立

### 巡礼の歴史と修道院

カトリックでも、プロテスタントでもないキリスト教、東方正教会。10世紀末にキリスト教を受容したロシアは、コンスタンチノープルを頂点とする東方正教会の辺境に位置する新参者に過ぎなかった。キリスト教世界の中心部への巡礼は、古来盛んに行われたのである。ロシア語の「巡礼」(palomnichestvo) は、巡礼者たちが、パレスチナでヤシの葉 (palm) を手に移動したことに由来するといわれる。もうひとつ、「巡礼」とほぼ同義で用いられるロシア語に「放浪」(strannichestvo) という言葉がある。これは古来、巡礼者たちが乞食のような姿で、聖地を巡って遍歴を続けたことに由来する。多くの巡礼が向かったのは、森に覆われた「荒野修道院」であった。14世紀、東方から侵入したモンゴル軍の攻撃でロシアの主要都市の多くは殲滅し、社会は荒廃していた。こうした時代に、ラドネジのセルギーと呼ばれる修道僧が、モスクワから北へ90kmほど離れた森の中で、祈りと労働の生活を始めた。のちにロシア正教会でもっとも重要な修道院となるトロイツェ・セルギエフ大修道院の起こりである。ここで学んだ修道士たちもまた師に倣って、修道院を設立した。荒野修道院の開祖らは、奇跡を起こす聖人として崇敬され、修道院への巡礼は草の根的に広まったのである。

### 巡礼からツーリズムへ

19世紀末までには、鉄道や汽船などの大型輸送が可能な交通網や宿泊施設などが整備され、貴族や商人から農民まで多様な階級の人々が、盛んに巡礼に出かけるようになった。巡礼者の大半を占めた農民階級が聖者の庇護と奇跡を熱望した一方で、西欧化・近代化の波を受けた知識人は、巡礼の風景にロシア的アイデンティティを追求した。ドストエフスキーの『カラマーゾフの兄弟』に描かれたオープチナ修道院の長老と巡礼の姿は、その一例と言えよう。

しかし1917年のボリシェヴィキ革命によって巡礼はほぼ根絶される。ソ連領内に存在した修道院はすべて、1929年までに閉鎖された。第二次大戦後はごくわずかではあったが修道院が存在したし、また信者たちによって非合法に修道院が組織されることがあったものの、巡礼に出かけることは政治的に危険であったばかりでなく、学業や職業上の不利益をもたらしうるものであった。

元教会の極地博物館

　巡礼に代わって台頭したのが、ツーリズムである。長距離の移動や、旅先の地理や歴史、人々の生活を学ぶことは、労働者の健全な心身を育成する「スポーツ」としてイデオロギー的に奨励された。歴史都市の古い教会建造物や修道院の多くは、野外博物館、すなわち「博物館・自然公園」として第二次世界大戦後、急速に博物館化された。これら国立の博物館・自然公園では、優れた学術的・芸術的価値を持つものとして礼拝堂やイコンが修復・保護された一方で、これらを信仰の対象として眺めるまなざしを徹底的に排除する無神論的展示がなされた。その一方、学芸員の多くが、宗教文化財の重要性を理解し、恣意的破壊あるいは無関心による放置から文化財を守ったことも事実である。

## 再び、「巡礼」へ

　ソ連崩壊と前後して、旧ソ連圏では著しい宗教復興が起こった。新たに「正教徒」を自認するようになった人々の中には、民族的アイデンティティと結び付けて宗教を捉える人も多かったし、また病気治癒や家内安全などを求めて教会に向かう人も出てきた。彼らの多くは教会の高位聖職者や保守層によって、「非伝統的」、「未熟」とみなされがちである上、自身の信仰をそのようなものとして卑下する傾向がある。それは対極に、定期的に教会に通って聖餐を受け、聖書を読む「教会の中の（votserkovlennye）信者」と呼ばれる伝統的で理想的な信者像があるからに他ならない。

　巡礼とツーリズム、教会と博物館もまた、二極化の図式で捉えられるようになった。聖地を訪れる人々の目的は、実際のところ祈りと観光を兼ね合わせたものであることが多いにもかかわらず、正教会は、「巡礼の意味は世界のさまざまな文化や文明を見ることではなく、キリスト教の聖性に触れ、従順に真摯に祈ること」にあり、ツーリストの娯楽や休暇、旅行代理店などのホスト側の利益追求を第一義とする「ツーリズム」とは根本的に異なるという見解を示す。また宗教芸術や豊かな自然を鑑賞することが、聖地の第一義でない以上、ソ連時代に組織された国立の博物館・自然公園は不要であり、展示を維持するならば「教会博物館」として教会の管轄下に組織されるべきものという考え方が教会内では支配的である。

## 教会か、それとも博物館か？

　1993年に発令された大統領令によって、廃墟化していたものばかり

リャザン・クレムリンのツーリスト

でなく、世俗目的で使用されていた教会建造物の多くが、かつての所有者である宗教団体に返還された。博物館として利用されていた教会も例外ではなく、かなりの数が譲渡され、共同利用へと移行したが、これは極めて困難な試みであった。祈りの場でツーリストが騒いだり、相応しくない服装で歩き回ったりすること、リゾートホテルの建設などに教会は強い反発を示したし、博物館の側は、教会が文化財の価値を理解せず、適切な管理を怠っていると非難した。2000年以降には、博物館・自然公園やツーリストが「聖地」から排除されるという事例が、複数の地域で散見されるようになる。たとえば、コストロマーのイパチエフ修道院やリャザン市のクレムリンでは、主教が地方権力者と結び付き、全不動産の譲渡と博物館の閉鎖を求めて圧力をかけていると、学芸員たちが抗議の声を上げた。オネガ湖上のヴァラーム諸島では、修道院が非信者の住民から住居権を取り上げたり、ツーリストを排除するようなコントロールが行われたりして、物議を醸した。

ただし、博物館が一方的に圧迫されているわけでもない。たとえば、1967年にソヴィエト・ロシアで初めて「ツーリスト・センター」として再開発された、ウラジーミル・スズダリ博物館・自然公園では、アクショーノヴァ博物館総裁が、「我々は「博物館帝国」の境界を拡大するつもりはない、しかしこれ以上退却を許すわけにはいかない」と宣言した。当地では、史跡・文化財の保護と利用が博物館主導で行われているが、これはアクショーノヴァ自身が、50年の長きにわたって館長として博物館を統率し、ソ連時代からの政治権力と強いつながりを維持するがゆえに可能であると考えられる。実際のところ、不動産をめぐる係争は、信仰の場の確保を求める正教会と世俗的価値を尊重する博物館という組織の対立であるばかりでなく、建造物

ヴァラーム島内のお土産店

の復興と管理のための公的予算とそこから上がる利益を誰が握るのかという権力ゲームの様相をも呈しつつある。

### 宗教文化財の世界遺産登録

それでは、宗教文化財がユネスコの文化遺産指定を受けた場合、どのような影響を及ぼしうるのだろうか。2012年3月現在、ロシア連邦で登録されている15件の文化遺産の内、12件がロシア正教会の建造物を重要な対象に含む。これらの場所には、ソ連時代に国立の博物館が組織された。それぞれの場所が抱える歴史、正教会にとっての位置付け、博物館の規模、博物館長・主教の指導力などが、再開した教会と博物館の関係に大きく影響していることは、世界遺産でも同様で、管理体制に関する問題を引き起こしている。

一方、ロシアでは世界遺産登録がツーリズム・ブランドとして機能していないことも重要である。ユネスコのリストへの登録が意味するのは、対象がグローバルな基準で評価される価値を有しているということであり、それに見合うだけの十分な保護と管理に値する、という当然の問題なのである。世界遺産に登録されれば、保護と管理のための巨額の連邦予算が受けやすくなる。そしてその受け皿が、国立博物館なのである。世界遺産に指定された国立博物館がこれまで閉鎖に追い込まれなかった背景には、このことが大きく影響していた。

ただし近年、この状況にも変化の兆しが現れている。北ロシア、ソロフキ諸島の修道院では、2009年以降、博物館長を修道院長が聖職者ではなく俗人として兼務している。2010年には、モスクワのノヴォデーヴィチ修道院で、国立博物館に代わって教会が運営する博物館が誕生した。国有財産であることは変わらないので、国の予算を受けるが、管理や運営は教会が行っている。いずれの場合も、非信者が圧力をかけられる事態は発生していないが、こうしたやり方に不満を訴える声は少なくない。

このように、多くの地域でロシア正教会が、宗教文化財を所有・管理する事例が増加傾向にある。世界各地で巡礼とツーリズムの境界があいまいなものになってきていることは明らかであるし、その点でロシアの実態が大きく異なるわけではない。多くの点で不可分である「巡礼」と「ツーリズム」の間に、正教会が明確な線引きをしようとし続ける限りにおいて、さまざまなひずみは避けられない。教会は文化財保護のために、専門家を取り込むなどさまざまな努力を続けているが、ソ連崩壊後20年を経ても、教会と博物館の関係に明文化されたルールは設けられないままなのである。

（高橋沙奈美）

**参考文献**
望月哲男編著『ユーラシア地域大国の文化表象』ミネルヴァ書房、2014年
高橋沙奈美「社会主義的無神論の遺産―ポスト社会主義ロシアにおける宗教文化財と博物館」『季刊民族学』141号、2012年

金剛證寺の卒塔婆（三重県・朝熊山）

第 4 章

消費と聖地

## 4-1 成田山新勝寺
――国際化の進む庶民の聖地

### 親しまれてきたお不動さん

「成田不動」、「成田山」として人々に親しまれる成田山新勝寺は、開運招福、厄除け、交通安全等のご利益で知られ、明治神宮（東京都）、川崎大師（神奈川県）と並び、正月三が日には例年約 300 万人もの初詣客を集める著名な聖地である。江戸中期頃より、現世利益の「お不動さま」として全国的に成田不動講が盛んに結成され、講員による団体参詣（成田詣）により、門前町はにぎわった。

新勝寺が全国的に知られるようになったのは、元禄期以降に行われた開帳によるところが大きい。成田山の開帳は、1701 年以来、1857 年まで 23 回（居開帳 8 回、出開帳 11 回、巡業開帳 4 回）、近代には 14 回（居開帳 9 回、出開帳 5 回）行われた。また、歌舞伎の市川団十郎が成田不動の霊験記を演じたことも、成田山信仰が流布する契機となった。

新勝寺の名が特に江戸に浸透するとともに、宝永期以降に門前町が形成された。享保期には町屋、うどんやそば切を売る倹飩屋、菓子屋、薬屋が立ち並んだ。1831 年の「諸職人名前調書上帳」および 1843 年の「諸商人軒数書上帳」から、8 種類 27 人の職人と 31 種類 123 名の商人が成田

成田山新勝寺

村に確認できる。門前町の商職人に限られないものの、成田村の賑やかさを窺い知ることができる。

### 成田山への参拝

江戸からの聖地参詣は 2 泊 3 日で行われ、主に佐倉街道（千住－新宿－小岩－市川－船橋－佐倉－成田－寺台）が用いられた。1858 年には江戸から成田までの名所案内記である『成田参詣記』が刊行されたことからも、江戸から多くの参詣者が訪れたものと考えられる。

近代に入ると、廃仏毀釈によって参詣者は一時期減少するが、1883 年頃に東京と成田を結ぶ乗合馬車が開通した。これを端緒として、1897 年には成田鉄道が成田と佐倉間、成田と滑川間、1901 年には成田と安食間、1902 年には成田と上野間で鉄道が開通した。鉄道網の敷設によって東

京からの日帰りが可能となり、参詣者が増加した。

大正期には、参詣者の増加に伴って門前町に映画館、芸妓屋、ホテルなどが開業した。日帰り客の増加により、旅館業は衰退していった。また鉄道の敷設により、講社による団体での参拝からに個人による参拝に変化した。1933年に京成線が全通すると、社員旅行や小学校の遠足で新勝寺への参拝客は増加し、新勝寺の観光地化が進むとともに門前町は繁華街としての性格を強め、講社による聖地参詣の比重が低くなった。

第二次世界大戦中は、戦勝祈願のため鉄道を利用した参拝客がさらに増加したが、戦後は激減した。1950年代後半に入ると、戦後の復興とともに再び参詣客数は増加した。高度経済成長期以降、鉄道に代わって自家用車で訪れる参詣者が増加し、成田山に交通安全祈祷殿が設置された。

## 講社参拝の変化

1805年の「講中記」に記された414講は、江戸に322、千住宿などの在町に92講が分布した。特に江戸に講社が多いのは、江戸で開帳が行われたこと、市川団十郎家による「不動利生記」の上演により成田山の名が宣伝されたことに加えて、江戸から新勝寺まで3泊4日で参詣できる距離にあったためである。成田講は19世紀前半にかけて急増し、その分布域は嘉永期には武蔵、甲斐、安房、上総、下総、常陸、下野、上野、遠江、伊豆、信濃まで広まったという。

講社の分布域が広域化する一方で、内陣五講、内陣十六講、浅草十講などの特に新勝寺とのつながりの強い講も存在した。こうした講社が存在する深川（東京）や川越には成田山の別院が置かれ、成田へは代参で訪れた。

成田講は近代まで増加傾向にあったが、1970年代以降は減少傾向にある。成田山の講社に登録されるための条件として、先達と講元がいること、年1度の大護摩を行うこと、講員で登山すること、講員名簿を作成することが挙げられるが、現在では先達が存在しない講もある。先達が存在しない場合でも、講元が世襲である場合は講が存続する。

講社数が減少した原因に、①鉄道の開業によって個人での参拝が容易になったこと、②先達の断絶、③地域内でのまとまりの希薄化、④講元の高齢化と若年層の不足、⑤門前町の旅館に駐車場が少ないことなどが指摘される。講社数とともに講員数も減少しており、現在、講員数は平均して50人程度である。一方で、地域の有力者を中心として新たに結成される講もあり、近世から近代にかけて組織された講社とは性格が変化しつつあるといえる。

## 成田山観光の動態

成田市を訪れる観光客の多くが、新勝寺への参詣者である。成田市における観光客数は1980年から1990年まで増加したが、なかでも観光バス利用者の増加が大きかった。1985

年以前は鉄道利用者が増加傾向にあったが、以後減少し、自家用車による来街者が急増した。1995年以降、観光バス利用者は大幅に減少し、2005年には1980年のピーク時と比較して約3分の1になった。その他の交通機関による来街者も、1990年をピークに緩やかに減少傾向にある。講社の減少に伴って新勝寺への参詣者も減少していると考えられる。

観光客数を月別にみると、1月が圧倒的に多く、他の月の4倍以上である。特に、正月三が日では290万人（2007年）の初詣客が新勝寺を訪れた。4月と7月は、太鼓祭と祇園祭が新勝寺および表参道で開催されることにより、観光客数が多くなっている。

## 観光客への対応

聖地への観光客の誘致は、個々の店舗はもちろんのこと、成田市観光協会の果たす役割も大きい。観光協会は旅館組合を母体として1984年に設立された。10の専門委員会が組織されており、約420団体が加盟している。加盟団体の多くは表参道沿いの店舗経営者である。観光協会には新勝寺も加盟している。新勝寺の担当者は委員会に参加し、イベントの企画の段階から関わる。成田市で開催される観光イベントの多くが観光協会の主催であり、新勝寺や表参道が会場となる。新勝寺の参拝月である正五九（しょうごく）（1・5・9月）に観光客が集中するため、閑散期にイベントを開催する。

新勝寺と門前町の各町にとって重要な行事に祇園祭がある。祇園祭は、正式には祇園会と呼ばれ、毎年7月7－9日に新勝寺で行われる。祇園会は、1721年にはすでに行われていた。元々、新勝寺が管理する湯殿山権現社を中心とした祭礼であったが、時代の変遷と共に新勝寺の奥の院大日如来の祭礼へと変化した。

観光協会のうち、祇園祭を担当するのは祭礼委員会である。祇園祭は、土屋と囲護台を除く門前の7町が持ち回りで当番町を勤め、実行委員会を組織する。当番町の補佐や、町間の意見の集約・調整を祭礼委員会が行う。観光協会の仕事は裏方ではあるが、祇園祭を実行する上でも、町と町をつなぐ存在としても、重要な役割を担っている。

## 進む国際化

近年の聖地観光を支える一つのアクターは外国人観光客である。成田空港の利用客や航空会社のクルーが頻繁に新勝寺を訪れる。国籍ではアジア系と欧米系がおおむね半数ずつを占める。新勝寺や門前町の日本らしい景観や和食が外国人を惹きつける魅力である。外国人観光客の増加に伴い、門前町の店舗でもさまざまな変化が生じた。門前町には外国資本の飲食店も進出し、既存店でも英語表記のメニューを設置するなど、外国人に対応している。地元客を対象とした店舗でも、店頭にだるまやまねきねこなど日本らしい小物が置かれている店舗がみられる。

成田山観光の拠点となるのが、成

門前町の表通り

田観光館である。観光情報の発信と休憩所としての機能を持ち、祇園祭の山車および屋台や成田の歴史の展示スペースを併設する。年間約8万人が観光館を利用しており、英語での案内も行う。

　外国人の受け入れには、ボランティアガイドの活動が欠かせない。ボランティアガイドは、当日または事前の申し込み客に対して新勝寺の境内を中心に1－2時間のガイドを無料で行う。成田ボランティアガイドの会では約45人が活動している。ボランティアガイドは信徒会館に2人と境内に1人が常駐している。ボランティアガイドの利用者は、2人以上であればその場でボランティアガイドを申し込むことができる。特に成田空港を利用する外国人によるボランティアガイドの依頼が増加している。国籍別では、アメリカ合衆国が多く、他にはカナダ、ロシア、ノルウェー、オーストラリア、アジアでは中国、韓国、台湾、タイからの利用がある。外国人への案内は、外国人対応専門のボランティアガイドによって英語で行われる。専門のボランティアガイドは外国での居住経験者や教師経験者など、英語が堪能な人が務めている。

　以上概観してきたように、新勝寺への聖地参詣は時代とともに、その姿を変えてきた。初詣における個人参拝と講による集団参拝を基本スタイルとしつつも、参拝時期の周年化や参拝目的の多様化が図られてきた。新勝寺参詣の変化は、新勝寺との共存・共栄を図る門前町側の仕掛けに負うところも大きい。

　新勝寺のホームページでは、写経や密教座禅、水行から断食参籠修行に至るまで、各種の個人参拝者向けの体験行が紹介されている。これらの修行体験者のなかには、宗教体験を一種のツーリズム経験として期待する参加者もみられる。成田空港を利用する外国人が「和」の雰囲気を求めて、新勝寺を参詣するのも新たなツーリズムの動きとして理解することができよう。

（松井圭介・橋本暁子・齋藤譲司）

**参考文献**
原淳一郎『近世寺社参詣の研究』思文閣出版、2007年
山中弘編『宗教とツーリズム』世界思想社、2012年

# 4-2 武州御岳山
——修験の山からパワースポットへ

## 由緒と歴史

御岳山（東京都青梅市、標高929m）は関東有数の山岳修験の霊場としての歴史をもっている。山上に武蔵御嶽神社を有し、その講組織である御嶽講は関八州に広く分布、講員は数十万に及ぶ。

御嶽神社社伝によれば、創建は紀元前、崇神天皇7年にさかのぼる。736年には、行基が東国鎮護のために蔵王権現像を安置した。戦乱期は荒廃したが、1234年に「御嶽山蔵王権現」として再建され、修験の地として栄えた。木曽御嶽山、甲州御嶽山と合わせ「三御嶽」と称される。中・近世には武家からの崇敬も厚かった。特に徳川家康は朱印地として30石を寄進し、江戸幕府鎮護の御社と定めたことで、御嶽山蔵王権現は繁栄をきわめた。

明治期には神仏分離令に従って「御嶽神社」と改称するとともに、祭神も置き換えられ、山内の寺院は廃寺となった。

## 御嶽講と御師の役割

修験道とは、山を祖霊の宿る霊場としてとらえる山岳信仰と仏教が融合し、さらに浄土信仰が付加されて、中世末期頃から興隆したものとされている。御岳山を考える場合には、それに加えて、近世以降の寺社参詣の流行において、寺社側の布教活動の積極性と受入態勢の充実が大きな誘因となったことも重要である。とりわけその聖地性を広く普及させたアクターとして「御師」の存在を忘れるわけにはいかない。御師とは特定の寺社に所属して、参詣者を案内し、宿泊などの世話をする、神職と人々の中間的な存在である。

多摩・秩父周辺の山地には平安時代末期ごろから複数の修験集団があったという。修行を積んだ修験者たちはやがて里山伏や御師となり、村々で農民たちに後生安楽を説き、山岳信仰を普及させていった。

江戸期に入ると、2度の検地をきっかけに、御師は御岳山中・山麓に定住を始めた。そして、関東各地の特定の信者を檀家とし、その檀家達が御岳山に登拝する際の世話をする

武蔵御嶽神社

ことで生計を立てるようになった。当時の御嶽山蔵王権現社においては、①領主および祭祀の主祭者としての神主、②護摩祈祷の主祭者としての社僧、③布教および講中に対するケアを担う御師、という三者が共同して神社を管理運営するしくみが整っていた。

江戸中期になり、全国的に社寺参詣が一般化すると、御嶽山への登拝者も増加し大いに賑わった。御師たちの活動としては、御嶽神社を維持運営し祭礼でのさまざまな役割を果たすかたわら、年に数回の廻檀（講社へ出向いて護符を配札し、米や金銭を受ける）、および参詣者、代参者へ宿坊や休憩所を提供し御札を出すという形態が確立した。

こうした宗教ツーリズムの先駆的形態が整うことで、それまでは農業を主業としていた弱小の御師でも、御師としての活動に注力できるようになり、宿坊の数も増えていった。御師が地域社会に密着し、講を組織化し布教にも努めた結果、御嶽講はその数を増やしたのである。なかには数万に及ぶ講員を抱える御師もい

各講の参拝記念の碑が並ぶ

たという。特に神事である太々神楽奏上は大きな経済的利益をもたらすため、御師は講社に対し奉納を促した。また、江戸町民からの勧進は重要な経済基盤と考えられたため、御師は江戸にも新たな講を形成すべく布教活動を行った。江戸興行として、本尊を江戸に出張させ人々から勧進を受ける出開帳も行われた。

当初の御嶽講は農村に多く、農業神として信仰されることが多かったが、養蚕業の発達につれ商業神としての性格も併せ持つようになった。また江戸町民の参詣が増えるにつれて、現世利益を目的とした加持祈祷も多く行われた。幕末維新期にもたらされた動乱による布教活動の停滞、寄進等の減少、さらに明治以降の寺社領没収や神仏分離を背景とする御師制度撤廃は全国的に御師の死活問題となった。御岳山も少なからずその影響を受けたが、公認講社の設立によって、江戸期から続く体制を維持することができたのであった。

しかし、戦後の都市化とともに、講組織は全国的に衰退している。御嶽講は、他山の講に比して維持されている方だが、それでも縮小傾向にあることは否定できない。

## 伝統とツーリズムの共存

御岳山において、その性格を「信仰の山」から「観光の山」へと大きく変貌させるきっかけになったのは、1927年の御岳登山鉄道株式会社によるケーブルカーの敷設であった。特に高度成長期以降には、東京近郊

から御岳山に観光客が押し寄せた。そこで、講員数の少ない御師は、観光業に目を向け、一般客向けの旅館や売店を運営するようになった。さらに今日では、御岳山は単なる行楽地ではなく、関東有数の「パワースポット」として注目を集めるようになっている。その背景には以下のような要素がある。

まず、東京都心から約50km、約2時間という、好適な立地である点が挙げられる。登山口までの交通も充実しているため、東京近郊であれば日帰りでの行楽が可能である。

次に、御嶽神社境内社である「産安社」は良縁や子宝のパワースポットとされており、特に女性を中心とした若者たちを引きつけていることが指摘できる。祭神の他に三本の木が祀られており、太い幹と豊かな枝を持つ「安産杉」が安産・子孫繁栄、根元が二股に分かれた「子授け桧」が子宝、二本の杉が根元で繋がっている「夫婦杉」が縁結びと、それぞれ御利益のある御神木とされる。こういった表象は決して古いものではなく、樹木の形状を元に近年新たに付加されたのだという。

御岳山の特徴的な点として、犬を連れた参拝者が多いことが挙げられる。境内社の「大口真神社」において、ヤマトタケルの使者である「おいぬ様」(狼)が御神体とされており、それにちなんで御嶽神社ではペットの健康・安全の祈願や、御札、お守りなどの販売が行われているためである。たとえば「おいぬ様形代」に犬の名を書き、その形代で体を撫で、犬に息を吹きかけさせて納めると、犬のお浄めになるのだという。ケーブルカーに犬をそのまま乗せることができたり、犬用の水飲み場があったりと、愛犬家への配慮も行き届いている。

さらに、御岳山はハイキングコースとしての魅力も十分に備えているため、山歩きブームと結びついた集客もある。御嶽神社から20分ほど奥に進むと、苔生す岩と沢を散策できる涼やかな「ロックガーデン」(奥御岳渓谷)が広がっている。加えて、コース内には修行場である「七代の滝」、「綾広の滝」、「天狗岩」、「天狗の腰掛杉」、「神代ケヤキ」など修験にちなんだ名所がいくつもあり、登山者を飽きさせない。そして、これらはそれぞれ何らかの御利益のあるパワースポットとして、説明が付加されているのである。

## ツーリズム化のなかの御師

御岳山の「パワースポット」「聖地」としてのイメージは、マスメディアやいわゆるスピリチュアリストたち、ケーブルカーの運営主体であり御岳山をパワースポットとして売り出す

子授け桧

京王電鉄グループや観光協会、さらには一般の人々のブログや口コミによって再生産され、広まっていく。現代の宗教ツーリズムの場として御岳山を考える場合には、山のイメージに関わるアクターとして御師が引き続き重要な存在となっていることが指摘できるだろう。御岳山の御師は、明治期に御師制度が廃止されて以降も、御嶽神社の祭礼を担いながら、宿坊や旅館の運営を通して、講社のケアおよび一般客への宿の提供を行ってきた。現在も30数名の御師がいるが、近年では、宿を利用する一般客に対しても滝行などを「体験」として提供し、インターネットなどで集客を図る御師や宿坊も現れている。

近年の御岳山には、精神修養、身の清め、癒し、スピリチュアルな体験などを求めて行場を訪れる、20－30代の女性の姿が目立つ。そうしたニーズに対し、瞑想・呼吸法・断食指導、占い・悩み相談なども合わせた、さまざまなサービスが生まれている。インターネットやメディアを通してアピールされる御師の人柄や語り、あるいは宿坊設備、食事といった経営的側面において、御師がどのような付加価値を提供するかも、各宿坊の集客の要となっているのである。

さらには武蔵御嶽神社でも滝行体験を受け付けている。つまり、神社と御師の運営する宿坊、さらに宿坊同士は、元来は協力関係にあったが、今や一部では競合関係に置かれるようになっていると言える。もちろん、近世の御師も布教によって自らの檀家を新規獲得し維持することで生活の糧を得てきたと考えれば、今も当時も変わらないという見方もあるだろう。しかしながら、当時は講社台帳によって管理された檀那場内のみでの布教という制限が加えられていたのに対し、インターネットで無制限にPRできる現代は、より自由競争的であると言えよう。

御岳山に見られるような、修験の山の観光化、伝統的な宗教イメージとパワースポットやスピリチュアルといった新しい宗教イメージとの融合は、榛名山、筑波山、高尾山、大山、箱根といった他の関東の山々にもしばしば見られるものである。また、滝行や座禅といった伝統的な宗教技法がヨガやセラピーの文脈と結びつけられて切り売りされるような状況も各所に見られる。これらの状況はしばしば聖なるものの商業化、宗教の商品化などと批判的に受け止められることがあるが、一方では間違いなく伝統宗教の再活性化であり、現代社会への適用として理解することもできる。神社、御師、鉄道会社といった諸アクターの活発な競合がみられる御岳山は、こうした宗教ツーリズムの現代的変容の好例だと言えるのである。

(問芝志保)

**参考文献**
西海賢二『武州御嶽山信仰』岩田書院、2008年

## 4-3 生駒山
——大都市近郊の宗教雑居ビル

### 生駒の宗教史

生駒は大阪・奈良・京都の府県境に連なる南北35km、東西の幅10kmの山系である。大阪都心から電車あるいは阪神高速道路を利用すれば、いずれも20分程度で大阪側山麓に行き着けるほどに近い。この山系に、人々が熱心な祈りを捧げる数多の神仏が祀られている。

聖地・生駒の歴史は古い。『日本書紀』には神倭磐余彦（後の神武天皇）と長髄彦の戦いが生駒の西麓で行われたとの記述が見える。この神武の東征に助力するよう天照大神に命じられた饒速日尊が天下る際に用いた乗り物・天磐船は、いま磐船神社のご神体である。饒速日尊は、生駒の社寺中の最大手と目される石切神社の祭神となっている。また河内一ノ宮・枚岡神社は、神武が国土平定を祈願して山中の神津嶽に磐座を設けさせ、中臣（藤原）氏の祖神・天児屋根命を祀ったことを起源とする。

古代・中世における生駒の歴史も華やかである。山系の南端近くに位置する信貴山朝護孫子寺は、仏教を尊ぶ若き日の聖徳太子が排仏派の物部氏との戦いに臨んで毘沙門天に必勝を祈願し、戦勝後にこれを本尊として創建したと伝えられる。7世紀後半に活躍したとされる伝説的人物・役小角（役行者）は修験道の開祖にふさわしく山中に修行伝説を多く残し、彼が開創したとされる寺も残る。弘法大師空海の伝説も伝えられており、生駒が古代から山岳修行の聖地であったことがわかる。

上記の二人の宗教的超人は生駒の東側中腹に露出する岩峰に修行したと伝承されている。般若窟と称されるその地に石切神社と並ぶ生駒最大手の宝山寺が創建されたのは、江戸時代初期のことであった。祭祀される聖天（歓喜天）の神威絶大であるとして、庶民に熱烈に信仰された寺である。近世には、朝護孫子寺や枚岡神社榊社にも参拝客が引きも切らず訪れるようになって、境内は賑わう。野崎観音・慈眼寺も大衆的参詣地として評判になったことは、かつての流行歌『野崎小唄』から推し量られるところである。江戸時代の生駒は、庶民たちが群れなして訪れる聖地となった。「天下の台所」大阪が繁栄し、人々に生活上の余裕の生まれてきたことがその背景である。

### 鉄道網の発達と神々の繁栄

20世紀に至り、生駒はいっそう多くの参詣者を集めて繁栄する。これには、神々のお膝元へと人を運ぶ鉄

大阪市内から遠望する生駒山系

道路線の整備されたことが大きく影響している。

　生駒をトンネルで貫いて大阪と奈良を結んだ近鉄線が開通したのは、1914年のことであった。病気治しに効がある「デンボ（腫物）の神さん」として既に近在に知られていた石切神社では、駅が設置されてより参拝者が急増した。生駒に日本最初の鋼索鉄道（ケーブルカー）が敷設されたのは、生駒駅から宝山寺に向かう人々が多数にのぼったためである。朝護孫子寺への参拝者のためにも、大阪側からと奈良県側から、ケーブルカーの二路線が敷かれた（奈良側からのものは現在廃止されている）。

　そしてそれら交通至便の大手社寺近辺に、中小の寺や教会もまた設けられるようになっていった。その増加は第二次世界大戦後に顕著で、いまも信者を集める「生駒の神々」の多くがこれにあたる。

## 脚光を浴びる聖地

　神々は近世以降、庶民に支えられてきた。庶民の信仰はえてして御利益中心で、高度に体系化された教義に基づくものとは異なる。その土俗的な宗教的心性は近代化してゆく時代とは相容れないもので、ゆえに神々を支持していた庶民も、近代的な都市生活を送るなか次第に神々を忘れてゆくことになるだろう。まして神々の信者ではなかった人々に生駒が聖地と認識されるはずはなく、その目にはただの山系として映ずるばかりであるに違いない。

　この忘れられてゆくはずの聖地が、1985年に脚光を浴びる。「宗教社会学の会」の著した『生駒の神々』の刊行が、その契機となった。山系全域の宗教施設（法人格を持つものだけで400超といわれる）をすべて調査し、それらを訪れる者を年間延べにして1000万人と計上した同書は、生駒の神々が決して忘れ去られていないことを、それどころか神々が江戸期よりも増えて繁栄していることを明らかにし、非宗教的な日々を生きる人々に驚きを以って受け入れられた。また同書に触発されたテレビ局が生駒を特集した番組を何本か制作し、それがますます聖地・生駒を人々に知らしめる役割を果たした。その結果、生駒を単なる山とのみ眺めていた人々の間にも神々への関心が喚起された。近代化とパラレルである情報化が、生駒に眩いばかりの聖地のオーラをまとわせたのである。

　気候のよい週末の石切神社に向かう参道は参拝者で満ち、彼ら目当ての食堂・土産物店と並んで易占業者の店舗も目立つ。境内に至れば、お百度参りを行ってひしめく人々の姿が目に入ってくる。聖天の縁日を迎

お百度参り（石切神社）

える宝山寺境内には、深夜から参詣者が途切れない。彼らは商売繁盛を願って熱心な祈りを捧げる。ギャンブルや薬物あるいは女性（男性）関係を「断つ」ことを誓った絵馬を納める者も多い。こうした大手社寺以外にも23の修験道系寺院が散在し、そこに付設される瀧行場には年中、修行者の発する気合が響く。在日コリアン寺院（朝鮮寺）に至っては63を数え、そこでは神霊・祖霊を招き寄せての儀礼が繰り広げられていた。奇跡を経験した人々が彼らにとってのカリスマ的人物の指導を受ける場景も、随所にあった。

これら多様な宗教的営みの現場である生駒は、多くのテナントが入居する雑居ビルに似る。宗教施設（テナント）の間に横の連携はほぼない。そしてビルに出入りする客と同じく、都市住民は自身の需要に対応しうる「神」を選び、そのもとに通う。

近代的・都市的な社会は合理主義に貫徹されたものであろう。この合理主義は社会を前進させる一方で、人々のメンタル環境を悪化させてきた。組織に囲い込まれ無駄のない生活を送ることは、息苦しい日々を送ることでもある。人々は、そこからたとえ一瞬であるにせよ離れ、非日常の世界に身を置くことで生きる力を回復させてきたのだろう。生駒はその逃れの場であった。生駒と居住地との近さは日常（近代）と非日常（非近代）との往還を容易にし、軽やかにする。

## 四半世紀後の聖地

1990年代以降、日本はバブル経済の崩壊とそれに引き続いての長期的な不況に見舞われ、先行き不透明な時代に突入していった。近代化の見直しを求める声が多方面から発せられ、「こころの時代」が謳われるようになった。となれば、宗教への期待が高まる。生駒の神々に癒されることを求める都市住民たちの、これまで以上に山へと向かう光景の現出することが予想されるところである。

しかし『生駒の神々』から四半世紀を過ぎた聖地の現状は、予想に反するものであった。大手社寺への参拝者数は減少気味となり、かつて栄えたはずの霊能者主宰の教会も、ひっそりとした佇まいを見せるようになった。在日一世が支えた在日コリアン寺院のなかには、廃屋同然となったところも少なくない。修験道寺院には檀家寺院化する傾向も現れ、使用されなくなって久しい瀧行場もあちこちに確認された。人々は総じて、民俗宗教的営みからは離れつつあるのである。

信仰の次世代への継承がうまくゆ

かず信者の高齢化が顕著になってきたことが、退潮の原因であろう。また、かつて繁茂する木々が陽光を遮って昼なお暗く、いかにも聖地然としていた地のすぐ傍まで宅地開発の波が押し寄せて、聖地のオーラを消散させていった。さらに第二阪奈道路（1997年開通）敷設に伴い生駒にトンネルが掘削され、そのために水脈が断ち切られて瀧行場に流れる水が枯渇するという事態も出来した。

信仰継承の不首尾は若い世代のライフスタイルの都市化に伴う土俗的宗教離れによる。聖地のオーラは「開発」が吹き飛ばした。すなわち現今の生駒に迫る黄昏は、変わらず進行していた近代化の帰結といえる。

その一方で、四半世紀前にはなかった動向も生駒には現れている。石切神社参道の占い店舗数は1985年の13が、2011年では42（「占いの館」スタイルで営業されるケースで、その1つのブースを1店舗と数えれば49）となり、その増加は瞠目に値する。在日コリアン寺院については、衰退気味の巫俗中心の「山の寺」と、市中に開設された仏教色濃厚な「街の寺」との間にネットワークが形成されつつある。また、新しい生き方を探る若者の集まる店や施設が開かれており、そこには彼らのスピリチュアリティへの志向が垣間見える。霊能者と弟子によるグループではインターネットやデジタル機器が活用され、昔風ではない集団運営や修行の流儀が採られるようになってきた。さらに大規模霊園が数多く開発されて墓参者が増加し、生駒が慰霊の山という側面を持ち始めた。

これらの新動向もまた、近代化の所産といえる。占い需要が高まり、スピリチュアルな胎動が見られるのは、近代化に翻弄される現代人が寄る辺を求めてのことと理解することができる。在日コリアン寺院における変化は、新しい世代の巫俗離れと合理的教義への志向性の高まりに連動している。霊能者集団の運営方法も、時勢に即応していったのだろう。大規模霊園が生駒に増えるのは、近代化に押されて都市部に流入した墓地を有さない人々が、それを求めるからである。

近代化は生駒を聖地として繁栄させた。その同じ近代化が、次段階として生駒に黄昏を呼び込み、同時に新しい動きも生起させようとしている。近代化のトレンドは大都市を呑み込み終え、いま続いて生駒の山に触手を伸ばそうとしている。

とはいえ、黄昏を迎えていようとも、聖地・生駒が遂に闇に包まれることはないだろう。進攻する近代化からの一時的な逃れの場は人々に不可欠だからである。その場は、いかに開発が進もうとも、人工的な大都市とは異なる豊かな自然の残る世界こそがふさわしい。　　　（三木　英）

**参考文献**
宗教社会学の会編『生駒の神々―現代都市の民俗宗教』創元社、1985年
宗教社会学の会編『聖地再訪生駒の神々―変わりゆく大都市近郊の民俗宗教』創元社、2012年

## 4-4 牛久大仏
―― 巨大仏の出現と受容

### 大仏・巨大仏とは

一般に、立像で1丈6尺（約4.8m）、坐像でその半分（約2.4m）以上の仏像が、「大仏」と称される。これは釈迦の身長が1丈6尺とされていることに由来する。ただしこれより小さくても大仏の名で親しまれる仏像もあり、それらを含めれば全国各地の大仏の数は数百にのぼる。全長40mを超える大仏が現在全国に14体あり、それらは特に「巨大仏」と呼ばれるようになっている。

かつての大仏は、時の権力者や仏教寺院によって建立されることが多かった。日本最古の大仏とされる「飛鳥大仏」（奈良・飛鳥寺）は、『日本書紀』によれば、物部氏との戦いに勝利した蘇我馬子によって建立されたものという。著名な「奈良の大仏」（奈良・東大寺、正式名「東大寺盧舎那仏」）は、仏教の力によって国を統治しようとした聖武天皇が鎮護国家の願いを込めて造立したものとされる。また「鎌倉大仏」（神奈川・高徳院）は、僧の勧進によって建立されたものと伝えられている。

ところが、近代以降に増加した全国各地の大仏は、必ずしもそのような背景を持つものばかりではない。寺院のみならず篤信家や技師、実業家といったさまざまな主体が、参詣者・観光客集客、地域おこし、戦没者慰霊、平和祈念の象徴などのさまざまな目的で大仏像を建立した。新宗教団体の信仰対象という場合もある。そして、建築技術の進歩とともに大仏は巨大化していった。特に高度経済成長からバブル期に起こった全国的な巨大仏建設ブームは、リゾート開発と密接に関係している。不動産・観光業者がリゾート地のシンボルとして建設した大仏の場合、企業や観光地全体の収益悪化に伴って、閉鎖されたり、売買されたりするケースもあった。こうした顛末をバブルの負の遺産として嘆く向きもあるが、そうだとしても、大きな功徳を求めた願主が大きな仏像を造り人々を集めたという営為の不変性は否定されないだろう。

### 大仏巡礼・大仏ツーリズム

古くから大仏と観光は密接に関係し、観光客向けのアトラクションも仕掛けられてきた。鎌倉大仏では、大仏内部に入って構造を見学できる胎内拝観が江戸時代から行われていたし、奈良の大仏でも、大仏殿の1本の柱に開けられた穴（大仏の鼻の穴と同じ大きさ）をくぐると健康になると信じられている。

先述のように、高度成長期には当初から観光客集客を目的とした大仏・巨大仏が多く造立された。観光地のシンボルとなると同時に、大仏自体のアトラクション性も、展望台設置、音響や光の効果を用いた胎内拝観など、進化を遂げている。

　近年の特徴として注目したいのは、他の観光の「ついで」ではなく大仏そのものに目的を置いて、まるで巡礼の札所のように全国の大仏を訪れる愛好家の存在である。『晴れた日は巨大仏を見に』（宮田珠己、白水社、2004年）、『大仏をめぐろう』（坂原弘康、イースト・プレス、2010年）といった書籍や、巨大仏を紹介するインターネットサイトも登場した。

　こうした傾向は近年の「仏像ブーム」に接続するものではあるが、しかし大仏ツーリズムはとりわけ、信仰やスピリチュアリティだけを動機の中心としないという特色を持つ。愛好家たちは必ず、実際に現地に足を運んだうえで、写真や文章によってその魅力を語る。彼ら彼女らの語る大仏の魅力とは、美しさや迫力、建築様式、建立の背景、信仰のあり方のみならず、ときにはキッチュな意匠、周囲の景観とのミスマッチ、困難な道程、周辺のグルメ情報など、大仏をとりまく環境全体に及ぶ。こうした情報は写真とともに人々に共有され、新たな来訪者を導いている。その点で、現代の宗教ツーリズムという領域に大仏の新たな楽しみ方が生まれていると言えよう。

## 牛久大仏

　茨城県牛久市の通称「牛久大仏」（正式名「牛久阿弥陀大佛」）は、120mという仏像として日本一の高さを誇り、また青銅製立像世界一としてギネスブックに登録された巨大仏である。1983年着工当時、地域住民は、突然持ち上がった大仏建設の話に戸惑ったという。しかし最終的には「大仏様ができることは悪いことではない」との認識で大仏を受け入れるに至り、1994年に無事開園を果たしたのであった。

　牛久大仏を建立・運営するのは、浄土真宗東本願寺派本山の東本願寺（東京都台東区）である。実は牛久大仏は、東本願寺が運営する、敷地面積約36.4万㎡に及ぶ広大な民営霊園（2万8000基分）の敷地内にある。「大仏に見守られた霊園」というのが霊園の「売り」の一つとなっているのである。このように、大仏が特定の墓地や納骨堂の守護者、言わば「墓守」として鎮座する例は全国にも複数ある。

　大仏・霊園建設に牛久の地が選ば

牛久大仏に奉納された願生文

れた理由は2つあるという。1つは、茨城県は『教行信証』が著された「親鸞ゆかりの地」であること。もう1つは、本山のある都心から1時間程度でのアクセスが可能であり、また牛久市域は成田空港とつくば学園都市の中間に位置するため、檀信徒のみならず、海外も視野に入れた教化・発信の拠点としての機能を果たしうる地と考えられたことであった。

## 牛久大仏と人々

今日観察される牛久大仏への訪問者を類型化することで、現代的な大仏をとりまく社会、地域社会を検討してみたい。なお、この訪問者の類型は、実際は重複しうる。

［訪問者① 観光客］訪問者の大半は観光客である。本尊が巨大ということを除けば、観光客の打ち鳴らす鐘の音が響き、願生文やお守りの販売も行われている庭園内の風景は、伝統的な観光寺とほぼ変わらない。

牛久大仏の大きさのみならず、自然豊かな農業地域を車で走っていると突如として大仏の頭が出現する、アウトレット・ショッピングモールから大仏像全貌が見えてしまう、といった光景の面白さが、大仏ツーリストを惹きつけている。牛久大仏の名を全国に広めたのは、映画『下妻物語』（中島哲也監督、2004年）である。牛久市に程近い下妻市を舞台にしたこの映画では、ヒロインがバイクで疾走するオープニングと、ヒロインが決闘を繰り広げるクライマックスという重要な2つのシーンで、背景に牛久大仏の姿が映し出される。「時代遅れのヤンキーがいる」、「衣服をスーパーで買う」といった、ある種の郷愁を喚起させる舞台設定の中核として巨大仏が象徴化されているととらえることもできよう。

しかしながら、牛久大仏運営側の意図は観光のみならず浄土真宗の教えに触れてもらうことにもあり、牛久大仏には、絵馬やお札、グッズ販売といった観光寺的要素と、運営側の意図する教化的要素との融合が看取される。まず敷地全体が「浄土」の再現をコンセプトとしている。庭園に「本願荘厳の庭」、池に「群生海」、流水に「願力回向の流れ」、「悲願の涌泉」など、仏教的な響きを持つ名称がつけられている。また、大仏胎内に入ると、音、光、香りで空間が演出され、1階から5階の各フロア（「光の世界」、「知恩報徳の世界」、「蓮華蔵世界」、「霊鷲山の間」）において、写経、法話、胎内仏奉納などの仏教的実践が体験できるスペースが設けられている。ある意味では、一般的な観光寺よりも「宗教的」度合いが高いとも言えるのである。

［訪問者② 巡拝客］敷地内には親鸞の本廟があり、浄土真宗門徒が巡礼に訪れる。特に毎年11月、親鸞の命日前後には報恩講法要が行われ、東本願寺の檀信徒が大型バスで巡礼する。東南・南アジアなど仏教国出身の熱心な巡礼者の姿もある。

［訪問者③ 墓参客］この霊園では、墓所契約者の約半数が霊園から30km以上離れたところの居住者だ

という。墓参ついでに大仏見物や行楽を楽しむ人の姿もある。

[訪問者④　地域住民]年間行事には多数の地域住民が参集する。盆（8月15日）の「万燈会（まんとうえ）」には、境内は人、屋台、灯籠で埋め尽くされる。雅楽の音色と共に僧侶が散華を撒きながらゆっくりと行進する「万燈行列」、大仏のライトアップなどのイベントの他、東本願寺による法要、法話も営まれる。読経は庭園内に大音量で響きわたり、合掌が要求されると、会場も静まって皆が合掌をする。イベントのフィナーレは盛大な打上花火である。

万燈会は、縁日や花火大会としての要素もあるが、人々が実践的に法要に参加することから、仏教的な祭とも言える。運営者は、敷居の高い仏教に拘らず、とはいえ軽いノリだけのイベントでもなく、無宗教者でも心静かに合掌する一瞬になればとの主旨で、法要を中心とした催事を目指しているのだという。

大晦日午後11時から翌元日の午前2時までは歳末勤行が行われる。法要、ライトアップ、法話の後、「南・無・阿・弥・陀・仏！」のカウントダウンで、年明けと同時に花火が盛大に打ち上がる。正月期間は若者や家族連れが初詣に訪れる。他にも「はなまつり」や「季節のお花摘み」など、地域住民が足を運ぶ行事が開催されている。また、定期的に大仏胎内で法話や勤行が実施されており、地域住民への教化・布教の場としての利用が図られている。

ライトアップされた牛久大仏

### 大仏の定着

以上見てきたように、今日の大仏はいくつもの顔を持って人々を集めていることが理解されよう。

人々が関心を寄せ、足を運んで驚嘆し、そして信仰の対象としたという点では、古い大仏も現代的大仏も同じである。大仏・巨大仏は建立当初、突如現れた異物だったかもしれない。しかし時を経て、大仏は新しい聖地となって全国からのツーリストを集めつつ、シンボル性が強調されて町のランドマークともなり、そしてイベントなどを通じた人々との関わりによって地域に定着することもできるのである。　　　（問芝志保）

#### 参考文献
荒海美子、牛久きちい、大谷淑子『牛久大仏　忽然の貌―世界一の阿弥陀像完成までの1765日を記録』光村印刷、2007年

## 4-5 台湾の媽祖進香
### ——消費が高める廟への信頼

### 大甲鎮瀾宮の媽祖進香とは

　進香とは廟などへの参拝のことを指すが、人だけでなく神像が神輿などで別の廟を訪れることも進香と呼ばれる。台湾では廟を建てる際、分霊元として別の廟から神像や香炉の火を貰い受けて来る例が多く見られる。分霊先の神は霊力を回復するため、定期的に分霊元の廟に対して進香を行う必要があるとされ、台湾各地で分霊先の廟から分祀元の廟への進香が多く行われている。こうした進香は人が実家を訪れることに擬して「神の里帰り」などとも称される。

　同じ神同士の間で分霊元の廟に対して行われる進香に限らず、他の廟や土地に神像が訪問する進香もあり、台湾では神による進香が規模の大小を問わず、一年を通じさまざまな形で催されている。

　これらの進香のなかでも、台湾で最大規模のものとされるのが、台中市大甲区鎮瀾宮から嘉義県新港郷の奉天宮に対して現在行われている媽祖進香である。毎年のべ10万人以上が「進香団」として大甲から新港へと向かう媽祖の神輿に同道するとされ、特に大甲と新港では神輿の出発と到着の様子を見ようと、毎年多くの観光客も訪れる。

大甲を出発する神輿を囲む群衆

　媽祖は福建省を中心とした中国沿海部からの移民を中心に、海運や旅行中の無事を守るとして、その信仰が広まったとされる神で、台湾各地に媽祖を祀る廟が建てられており、現在はさまざまな願いに応えてくれる神として期待が寄せられている。

　新港へ向かう人々のなかには、大甲鎮瀾宮による進香団のほか、大小さまざまな廟や任意の集団、個人が含まれている。こうした集団や個人での参加者は鎮瀾宮の進香団と併走したり、近い日程で新港へ向かう。進香団にはそれほど厳密な規定はなく、自転車を用いた進香団や犬を連れての参加者など、人々は思い思いの形で進香団を組む。神輿が通る沿道には観客や進香団に無料で振る舞われる料理や飲み物を準備した人々が多く集まり、新港はもちろん、神輿が通過する各地でも大甲媽祖を迎

える人で溢れる。さらに、台湾の旧暦である農暦3月は媽祖の誕生月に当たるため、大甲と新港以外にも多くの媽祖廟で進香が大小さまざまな規模で行われ、その様子は「三月瘋媽祖（三月は媽祖のためにおかしくなる）」と言われ、台湾の風物詩として連日ニュースや新聞に取上げられる。

### 進香先変更をめぐる争い

このように、現在も台湾を代表する進香の一つとされる大甲鎮瀾宮の媽祖進香だが、かつては雲林県北港鎮にある朝天宮に対して行われていた。北港朝天宮は、同じく台湾を代表する媽祖廟の一つであり、北港への媽祖進香は日本統治時代には既にその名が知られていた。大甲鎮瀾宮も北港へ進香を行う廟の一つとして名を連ねてきた。

しかし1987年7月の戒厳令解除が、長らく続いて来た大甲と北港の進香関係に大きな変化をもたらすこととなった。中国大陸との関係が変化するなか、大甲鎮瀾宮が台湾で媽祖廟が作られる前の「祖廟」とされる福建省の湄洲媽祖廟への進香団を派遣したのである。

その後の両岸関係の推移から、移動が依然として容易でなかったことや、湄洲媽祖廟が文化大革命後の影響により台湾側で期待するほどの隆盛が見られなかったこともあり、その後中国大陸への進香団が継続的に派遣されることはなかった。しかし、中国大陸での媽祖廟の未発達は台湾における「開台媽祖」、すなわち台湾で最初の媽祖廟をどことするかの争いへと発展した。その結果、大小さまざまな廟が「開台媽祖」であることを現在に到るまで主張している。

開台媽祖争いを風刺する漫画

一方、大甲鎮瀾宮から湄洲媽祖廟への進香団には別の意図もあった。中国大陸渡航時に、大甲鎮瀾宮は湄洲媽祖廟から新たに神像を迎えた。これにより、湄洲媽祖廟が「祖廟」であるのに対して、台湾内の媽祖廟はいずれも平等なものであるとして、従来分祀元として「北港進香」としていた呼称を、近隣の廟を巡る際に用いる「遶境進香」へと改称した。これに反発した北港との関係が悪化するなか、新たな進香先として手を挙げたのが新港奉天宮だった。

新港では、かつて笨港（ほんこう）と呼ばれていた地域が北港と新港に分かれたことを踏まえて、新港奉天宮は北港朝天宮よりも古い媽祖廟であると以前から主張しており、北港と意見が対立していた。こうした北港との関係もあり、新港では宿泊施設の提供を申し出るなど、積極的に大甲の進香団を受け入れようとした。大甲の側でもこの申し出を受け入れた結果、進香先を新港奉天宮へと変更して現

在に至っている。

## 大甲鎮瀾宮の試み

いち早く中国大陸への進香団を派遣したことなどからもうかがえるように、大甲鎮瀾宮は台湾に数多い媽祖廟のなかでも、豊かな経済力を背景に、台中市政府などとも連携しながら新たな試みを行うことでも知られる。

近年力を入れているものでは、インターネットを通じた進香をはじめとする「媽祖信仰」の文化発信が挙げられる。2007年には地元台中の逢甲大学や複数企業と連携し、「天上聖母遶境進香即時衛星定位服務」というネットサービスを始めた。これはGPS機能を利用して、進香中の神輿の現在位置を確認でき、移動経路の軌跡もリアルタイムで記録している。また、神輿に搭載されたカメラにより「媽祖の視線から見える映像」をインターネット経由でライブ中継している。さらに、これまで実施した数年間の中継映像や記録は整理編集した上で公開するなど、進香をはじめとした廟による活動情報の充実に努めており、大甲・新港双方の観光資源として活用するための試みともしている。

2011年からは、上記と同様の機能を備えたスマートフォンで利用できるアプリケーションの無料提供を開始した。近隣のコンビニエンスストアなどの確認を行える機能を付けるなど、進香団として参加する人々が外出先で利用する際に便利な機能が付け加えられている。

一方、大甲鎮瀾宮を進香先として受け入れたことで、新港奉天宮の知名度もこれまで以上に高まることとなった。新港でも近年、さまざまな試みを行っている。

まず注目されるのが、「台湾初」となる一連の試みである。神像とともに媽祖廟などを辿りながら台湾を徒歩で一周する「黙娘徒歩環島」、ニューヨークの中華街へ媽祖像が出向く「開台媽祖紐約出巡」、さらには台湾最高の山である玉山に媽祖像が「登山」を行うなど、いずれも台湾初であることが強調されている。こうした行為は、その宗教的意義もさることながら、その新奇性がメディアなどを通じて喧伝されることで、より多くの人々に新港奉天宮の存在が注目される結果となっている。

上記のようなさまざまな活動や大甲を含む各地からの進香の様子はニュースや新聞記事として取上げられるほか、テレビCMの放映やドキュメンタリー番組からの取材も受け入れるなど、廟の側からも積極的にメディア露出を行っている。

新港奉天宮

## 進香が高める信頼とその変化

　以上のような、北港から新港への進香先変更や、大甲、新港両廟で近年行っている新たな試みは、進香という宗教行事を廟同士の政治的関係や経済活動を優先して商業化したものとして、かつての進香先であった北港をはじめとして批判的に見られることも少なくない。しかし、廟がこうした行動をとる背景として、台湾社会における廟と人々のあり方を無視することはできない。

　台湾における廟では、日本における神社とは異なり、出身地や所属によって繋がりが生まれることは少ない。人々は、自分が期待する権能や利益に応じて廟を選択するものであり、その選択の基準は自身がその廟に何を求めるか、という個人的な事情によるところが大きい。こうした選択の結果、多くの参拝客を集める廟は、おのずとより幅広い人々の欲求に応える廟と認識され、廟側が説明しているような権能を大きく超えた、幅広い要求に応える廟となっていく。廟に集まる人々の多寡が、廟に期待できる力の高さを反映したものとされる。人々にとって重要なのは、各自の期待に応えてくれる廟であり、参拝客の多寡がそれを判断するもっとも重要な基準となる。さまざまな「台湾初」を試みる新港の動きは、それ自体はいわゆる「宗教的」な意義を持ち得ない行為だとしても、人々の耳目を集めることで、廟への信頼が高まることに繋がるのが台湾の廟のあり方と言えよう。

　なかでも、目に見える形で多くの人が集まる進香とは、廟への人々の期待の高さを如実に反映したものである。歴史的な正当性よりも、進香が盛況を続けることこそが、廟への信頼を強固なものにしてきた。

　こうした状況を踏まえれば、単なる新技術の試用にも見えるスマートフォンのアプリケーションも、別の観点から注目できる。進香に参加する人々の要望は、それぞれに異なる。移動する神輿に GPS で容易に接触できることで、進香団などの形で長期に進香に加わることが困難だった人々にも、個人単位で進香に関わる機会を提供する。アプリケーションを通して、媽祖進香という巨大な行事を、自分に対して最適化された接触の機会として組み替えることを可能にし、さらに多くの人々が進香を通して廟を信頼する機会を提供するのである。

　進香へ向かう人々の多さと多様さが神への期待を補強し、さらなる「瘋媽祖」へ人々を駆り立てる。台湾の媽祖進香は、廟と人々のいずれの側にとっても、新たな行動を起こすための契機となっている。人々のさまざまな期待と、それをすくい取ろうとする廟のせめぎ合いのなかで、進香という行為はその姿を変化させていく。

（鈴木洋平）

**参考文献**
渡邊欣雄『漢民族の宗教』第一書房、1991年

## 4-6 グラストンベリー
―― キリスト教の聖地からスピリチュアリティの聖地へ

### 聖地とされてきた背景

「魔法の島アヴァロン」として知られるグラストンベリーは、イングランド南西部サマーセット州の、人口約1万人の町である。

この一帯からは、6000年前の木道や紀元前3―2世紀の集落跡が出土しており、当時から断続的ながら人が暮らしていたとされている。1世紀頃のローマ帝国への併合と、その後のケルト系ブリトン人の部族王国の乱立を経て、7世紀末には大陸からやってきたアングロ＝サクソン人の支配下に入った。その頃には既に、アイルランドやウェールズからケルト化されたキリスト教が伝来していたらしい。後にローマからカトリックが伝来し、カトリックの修道院が建設されても、この町はケルトとカトリックの交流地点であり続けた。

12世紀、修道院の敷地内から、ケルト伝説の英雄アーサー王のものとされる骨が見つかり、グラストンベリーこそがアーサー王が復活の時を待っているアヴァロン島だという伝説が広まる。この一帯は海抜が低いため、冬には町の周囲の低地に海水が浸水し、町の外れの丘が湖に浮かぶ島のように見えていた。その神秘的な風景がアヴァロン島伝説の信憑

グラストンベリー・トール

性に一層の拍車をかけたと考えられている。また、13世紀半ばまでには、キリストの大おじのアリマテアのヨセフが、キリストが最後の晩餐で用いた聖杯とともにグラストンベリーを訪れ、イングランドで最初の教会をつくったという伝説が広まる。

この2つの伝説は、歴史的事実ではなく、12世紀の大火事で経済的苦境に陥った修道院による創出だとされている。しかし、そのおかげで、グラストンベリー修道院の威信が高まり、繁栄がもたらされたのは事実である。14世紀までにはイングランドで2番目に裕福な修道院となり、町も巡礼地として栄えていた。

16世紀前半のイングランド王ヘンリー8世による宗教改革の際に、修道院は解散させられ、町は急速に衰退したのだが、その後もオカルトや神秘主義に関心をもつ人たちは、

グラストンベリーに関心を寄せ続けた。特に20世紀初めには、アーサー王やアリマテアのヨセフ、聖杯の伝説にひかれた芸術家や知識人が集まり、小規模な文化サロンが形成されていたようである。しかし、表面的には、農業を主な産業とし、定期市の日には近隣の町村の住人が買い物に集まってくる田舎町だった。

## ヒッピーとトラベラーの到来

そんなのどかな町の様子が一変したのは、1967年の夏のことである。アメリカで始まった対抗文化運動から生まれたヒッピーが、グラストンベリーの伝説にひかれて、やってきたのだ。その後数年間にわたって、多くのヒッピーがこの小さな田舎町に押し寄せてきた。これには、1970年から近郊の村で始まった、野外ロック・フェスティヴァル（後のグラストンベリー・フェスティヴァル）の影響も大きかった。

彼らは20世紀初めに集まった人々による伝説の再解釈にも影響を受けながら、キリスト教の枠組みにとどまらない新しい視点でグラストンベリーを捉えていた。たとえば、英国（あるいは世界）で最も聖なる場所、レイラインが交差するエネルギーの高い場所、宇宙人と交信できる地点などと考えたのである。

グラストンベリーには、以前から風変わりな考え方をする人たちがいたので、地元の人々はこのような考え方自体を否定することはそれほどなかったようである。しかし、空き地に許可なく野宿し、仕事もせずに夜中まで歌って踊って騒ぎ続けるという行動には腹を立て、汚らしい格好のヒッピーは商店やパブから締め出された。しかし、ヒッピーの大半は、じきにこのような生活に飽きていき、1975年頃までには帰宅したため、問題はとりあえず終息した。

ところが、1980年頃からトラベラー、つまりバスなどの乗り物で生活するホームレスがやってきて、さらに大きな問題を引き起こした。彼らは、上流・中流階級の出身者が主体だったヒッピーとは異なり、サッチャー改革のあおりを受けて生まれた、貧しい人々だった。住人のなかには同情する声もあったが、彼らが集まっていた農場で衛生面での問題が発生したこともあり、最後には法的手段に訴えて、追い出した。

## スピリチュアル産業

トラベラーが町を騒がせていた頃、スピリチュアルな事柄に関心をもつ、中流階級出身で高学歴の人々も移住してくるようになった。そのなかには、かつてヒッピーとして町を訪れ

魔女グッズ専門店の店内

第4章 消費と聖地

ていた者も少なくなかった。
当時この地域では、主要産業が衰退し、経済が悪化していた。新住人のなかには、政府の起業支援政策を利用しながら、空き店舗が目立ち始めていた町の中心部に、いわゆるニューエイジの商品や書籍を扱う店を開いたり、代替療法のセンターや宿泊施設を始めたりする者も出てきた。また、町の伝説や地形、先人の解釈を基にして、グラストンベリーを新たな視点で解釈し、それを書物として出版したり、催し物やワークショップを企画したりした新住人もいた。このような活動が、スピリチュアルな事柄に関心のある人々を、英国やヨーロッパ、北米からひきつけ、町は活気を取り戻し始めた。

現在町の中心部には、ヒーリング・センターや、タロットやパワーストーンを売る店が軒を連ねている。魔女グッズ専門店では、薬草やまじないなど、イギリスの古い知識に精通した魔女に出会えることもある。年8回のケルト暦の祝祭の時期には、様々な催し物が開かれているが、近年注目されているのは、8月初めの女神の大祝祭である。これは女神運動、つまりフェミニズムと、ヨーロッパの古い信仰の復興運動であるネオペイガニズムの融合から生まれた宗教的な実践にかかわる人々が運営している。彼らは独自の視点でアーサー王伝説を解釈し、現実の世界「グラストンベリー」と重なり合っているとされる、神秘の世界「アヴァロン」を女神の聖地とみなしているため、毎夏の大祝祭はアヴァロンへの巡礼と位置付けられている。参加者は、町の宿泊施設に泊まり、店でかなりの買い物をすることから、スピリチュアル産業に従事する人にとって、この時期はかきいれどきとなっている。

## 地元民の姿勢

現在の訪問者の大半は、新住人と同じく、スピリチュアリティに関心をもつ「スピリチュアル観光客」である。つまり、ホストもゲストも、外から来た人々であり、地元民は恩恵を受けていないようにみえる。しかし、宿泊施設に食料を卸したり、所有物件を店舗として貸したりして、間接的に利益を得ている者もいる。また、自分の故郷が有名になったこと、町に活気があることを喜ぶ声が聞かれる。一方で、中心部が観光客向けの店で占められていて、日常の買い物が不便だという不満もある。

1990年代、スピリチュアル産業の発展について、議員の意見は分かれていた。「美しいイングランドの田舎町」として観光化を推進する動き

女神の大祝祭の行進

もあったが、同様の特徴をもつ町は少なくなく、鉄道が通っていないなど、地の利が悪いグラストンベリーでは成功しなかった。そのため2000年代に入ってからは、スピリチュアル産業を容認するようになり、そのような催し物で町長が挨拶することも珍しくなくなってきている。しかし、スピリチュアリティと称される事柄を胡散臭く思う人もいるし、かつてのヒッピーやトラベラーの悪夢から外部の人々の積極的な受け入れには気が進まない人もいるので、行政がスピリチュアル産業を盛り上げて、町おこしにつなげようとする姿勢はあまりみられない。

### 新住人の功績

1967年以降の地元民と外部の人々との関係の変化から新住人の果たした役割を考えてみよう。ヒッピーやトラベラーと地元民の間には、いわゆるホスト／ゲスト関係は成立していなかった。彼らはゲストではなく、地元民の生活を脅かす厄介な他者にすぎなかった。その後、移住してきたスピリチュアリティに関心をもつ新住人は、同じ志向をもつスピリチュアルな観光客を町に呼び込む役割を果たしたため、新住人も観光客も、外部の人ではあるが、町の経済を活性化する存在として地元民に受け入れられた。観光客は新住人からサービスを受けたため、直接のホスト／ゲスト関係はこの両者の間に生じたが、スピリチュアル産業に携わる新住人を通して、間接的にホストとなる地元民もいた。

つまり、スピリチュアリティに関心がある人のうち、住人として町で暮らし始めた人々が、観光客と地元民の緩衝役になったと考えられる。

### スピリチュアリティの聖地

中世、アリマテアのヨセフが国全体を象徴する聖人へと祀り上げられたことで、グラストンベリーは、イングランド随一のキリスト教の聖地になったといわれている。制度的なキリスト教が衰退し、いわゆるスピリチュアリティへの関心が欧米各地で高まるなかで、教会制度ができる前のキリスト教と結びつくアリマテアのヨセフの伝説や、ヨーロッパ土着の信仰とされるペイガニズムと関係が深いケルト文化と結びつくアーサー王の伝説を有するグラストンベリーは、現代の人々をひきつけていると考えられる。現在のグラストンベリーは、イングランドのキリスト教の聖地から、欧米全体のスピリチュアリティの聖地へと変貌を遂げたといえよう。 （河西瑛里子）

**参考文献**
グラストンベリーの催し物の動画：www.youtube.com/user/ErikoKawanishi
青山吉信『グラストンベリ修道院　歴史と伝説』山川出版社、1992年
Adrian J. Ivakhiv, *Claiming Sacred Ground: Pilgrims and Politics at Glastonbury and Sedona*, Bloomington: Indiana University Press, 2001.
Ruth Prince and David Riches, *The New Age in Glastonbury: The Construction of Religious Movements*, New York: Berghan Books, 2000.

## 4-7 マーヤープル
――聖者の世界進出と聖地のグローバル化

### 聖者の世界進出

　欧米諸国を中心に、今日「ハレ・クリシュナ運動」として知られる活動を展開した聖者 A.C. バクティヴェーダーンタ・スワーミー・プラブパーダ（1896—1977）は「クリシュナ意識国際協会」（イスコン /ISKCON : International Society for Krishna Consciousness）を創設した。その世界本部があるのがインド東部の西ベンガル州マーヤープルである。かつて1960年代から70年代にかけて、インドから何人もの聖者が海を渡り、世界進出を果たしたが、バクティヴェーダーンタもその一人である。

　彼の出自や教義は明確にインドの特定の宗派的伝統に基づいていた。よって、海外展開された運動はインドに還流し、その宗派的伝統の原点ともいえる聖地マーヤープルへの大規模な投資へと結果した。これにより、ローカルな聖地はグローバル化し、今日国内外からの巡礼者や観光客が訪れるようになっている。

### 近代インドと新たな聖地の出現

　聖地マーヤープルはインド東部の西ベンガル州にあり、州都であるコルカタからは、北に120kmほどに位置する。ガンジス川支流の畔にあり、農村地帯ののどかな雰囲気のなか、船着き場から延びる一本道の道路沿いにイスコンをはじめとする関連宗派の数多くの施設が建ち並ぶ。

　聖地としてのマーヤープルの第一義的な重要性は、ここが中世の聖者チャイタニヤ（1485－1533年）の生誕地であることに基づく。その当時、インドでは広く一般民衆へヒンドゥー教を教化するバクティ（信愛）運動が興隆し、チャイタニヤはベンガルにおけるその唱導者であった。クリシュナ神を至高の神として帰依し、民衆の言葉を用い、楽器を用いて賛歌を朗誦するなどして、町や村を巡り、情熱的に布教した。

　チャイタニヤの没後、その運動は停滞し堕落したとされるが、イギリスによる植民地支配期の19世紀後半に復興運動が生じた。英語教育を受けたエリート層のなかから、ヒンドゥー教を西欧思想に比肩するものとして再解釈しようとする復興運動が生じ、チャイタニヤの思想もその対象となったのである。

　マーヤープルがチャイタニヤの生誕地であるとされるようになったのも、実はこの復興運動においてである。それまでは、チャイタニヤの生誕地は現在のマーヤープルと川を挟んだ向かい側にあるナヴァドヴィ

ーパ（ノボディプ）であると考えられており、そちらの方にチャイタニヤ関連の寺院などが集積していた。

これに対して、マーヤープルを再発見し、生誕地として主張したのは、県の副長官を務め、英語やサンスクリットに通じ著述家でもあったケダールナート・ダッタ（1838—1914年）という人物であった。彼はチャイタニヤの時代の純粋な教えを復興しようとしたが、その運動におけるエポック・メーキングなメッセージとして、生誕地再発見の主張を行った。

ダッタの没後、彼の事業は、彼の息子であり高弟でもあったバクティシッダーンタ・サラスヴァティー・タークル（1874—1937年）によって引き継がれた。彼は1918年に教団本部として、マーヤープルに聖チャイタニヤ僧院を設立した。

現在でも生誕地論争は決着していないものの、教団設立により、農村地帯に忽然と現れた聖地には、チャイタニヤやその弟子たちに因むモニュメントや寺院が建設されて、神や聖人の聖なる空間が構築された。また、道路、郵便局、ゲストハウス、病院、コルカタとの直通バス運行など、各種インフラの整備が進んだ。

だがこの時点までのマーヤープルは極めてローカルな聖地にすぎない。今日の状況に至るには、イスコンの登場を待たなければならない。

### 海外布教とイスコン

イスコンの創設者であるバクティヴェーダーンタは、前出のバクティシッダーンタの直弟子である。彼はまだ20代半ばの1922年に師と出会った。当時はガンディーが主導するナショナリズム運動によって政治意識が最高潮に達していた。にもかかわらず、バクティシッダーンタは、政治ごとや誰が統治者かということはあくまで一時的な事象であり、重要なことはクリシュナを意識化（帰依）することであり、それこそが永遠のリアリティであると説いた。政治という眼前の事象を超越する揺るぎない信念に彼は感銘を受けたとされる。また、彼が英語による高い教育を受けていることをみて、師は彼に海外布教をするようにと勧めた。

だが、当時のバクティヴェーダーンタはすでに結婚生活を営んでおり、すぐに宗教者の道へと進むことはできなかった。それでも彼は1932年には正式に師のもとに入門し、聖典の英訳や注釈を著し、英語のジャーナルを発行するなどの活動を行い、1950年には家族と別離し、1959年に現世放棄の宗教者となった。

そして、彼が師に与えられた海外布教という使命を果たすべく活動を開始したのは1965年、すでに69歳を迎えていた。彼は支援者の商船会社の社主から食事付

バクティヴェーダーンタ師

きの無料乗船券をもらい、単身ニューヨークへと旅立った。

当時の米国では対抗文化が大きな盛り上がりを見せていた。既存の価値観や秩序、その背景にある西洋的な合理主義や物質主義に対抗する潮流が、とりわけ中流の若者たちの間に生じていた。彼の教えは、たちまちそのような若者たちの支持を得るところとなり、翌1966年にはイスコンが創設されて、1977年に亡くなるまでに米国や英国をはじめとして100カ所以上のセンターを世界中に設立した。

彼が西欧の若者に説いた教えは、ある意味とてもシンプルなものであった。それは「私（の本質）は身体にはなく、その精神にある」(I am not my body, I am spirit-soul) という言説に集約されている。身体は生や死、感覚的満足と結びつきつくものであり苦痛の元である。物質主義に囚われている西欧社会のあり方も同様である。よって物質主義から脱却して、本来の自己である精神に立ち返り、神を常に意識し、精神を浄化することで自己実現を図ろうと呼びかけたのであった。

彼の教義は既存の価値観に疑問を持つ若者たちに対して、人間存在に関する新たな知識や生活上の具体的な指針を与えた。また、音楽やダンス的な所作を含む礼拝方法も若者たちに情緒的な満足感をもたらした。

## 聖地の開発とグローバル化

海外での布教に成功したバクティヴェーダーンタの大きな関心のひとつは、彼の運動をインドに逆輸入することであった。その本拠地として注力したのが、チャイタニヤの生誕地であり、師の廟が所在するマーヤープルであった。世界中の信者が集う理想郷の建設を目指し、1971年の土地取得以降、施設整備が推進され、それは彼の没後も継続された。

イスコンの施設のなかで、現在最も目を引くものは、18年の歳月をかけて1995年に完成した「花の廟」と呼ばれるバクティヴェーダーンタ自身の霊廟である。高さ50m近いこの廟はその白亜のドームが河畔からも遠望でき、マーヤープルにおけるイスコンの存在を誇示する。

このほかにも、広い祭壇を持った寺院、チャイタニヤの伝記を綴った壮大なレリーフ展示、4つのゲストハウス、噴水、鹿や象のいる庭園、各国での布教の様子を説明した展示施設、レストラン、寺院からのお下がりを食べる大食堂、宿泊施設、書籍販売所、みやげ物販売所、写真スタジオ、駐車場、トラベルデスクなどの施設が運営され、まるでテーマパークのような様相を呈している。

バクティヴェーダーンタ師の聖廟

外国人の信者を目にすることもイスコンに特色を与えている。

　宗派の歴史を考えると、イスコンの施設よりもバクティヴェーダーンタの師が設立した聖チャイタニヤ僧院の方が重要であろうが、ほとんどの来訪者はこちらには見向きもしないのが現状である。実のところ、イスコンの他にも数々の分派がマーヤープルに寺院などを建設しているが、ひとりイスコンのみが来訪者を引きつけているのである。

　休日には、「Tourist Bus」と大書された何十台というバスが、家族連れや友人・職場グループの人々をイスコンに運んでくるのである。イスコンという「見どころ」が出現したために、マーヤープルは観光地化という新たな状況を生み出した。そして、海外支部とリンクするマーヤープル本部には、外国からも信者や観光客が訪れるようになった。

### 観光地化する聖地

　今日、イスコンを中核としてマーヤープルはひとつの観光目的地として明確に位置づけられている。西ベンガル州政府の観光局発行のパンフには、「マーヤープルはイスコンの本部所在地であり」「その寺院は絵のような美しさ」と紹介している。英語ガイドブックの定番、ロンリープラネットでもナヴァドヴィーパをクリシュナ巡礼地として紹介するとともに、マーヤープルをやはりイスコンのセンターとして紹介している。

　イスコンも現在では、自ら観光部

イスコンの施設

門（Mayapur Tourism）を立ち上げて、オンラインでの宿泊予約、自前車両による送迎サービス、コルカタなどからの各種パッケージツアーなどを運営する。そのウェブサイトでは、インド国内のみならず、英国やフランスからのツアー客の来訪の様子をアピールしている。

　中世の聖者チャイタニヤに由来する聖地マーヤープルは、近代のナショナリズム運動の渦中で再発見され、聖地として成立した。そして、当初のローカルな聖地は、聖者の世界進出と教団のグローバル展開、その還流によって、国内外から人々が訪れる聖地としてグローバル化を果たすとともに、観光地としての性格も帯びるようになった。対抗文化の時代にもてはやされた新宗教にかつての勢いはない。しかしその母国への還流は、新たな聖地巡礼ツーリズムを生み出したのである。　　（中谷哲弥）

#### 参考文献
Angela Burr, *I Am Not My Body: A Study of the International Hare Krishna Sect*, New Delhi: Vikas Publishing House, 1984.

# 聖地・巡礼地マップ▶ヨーロッパ、中東

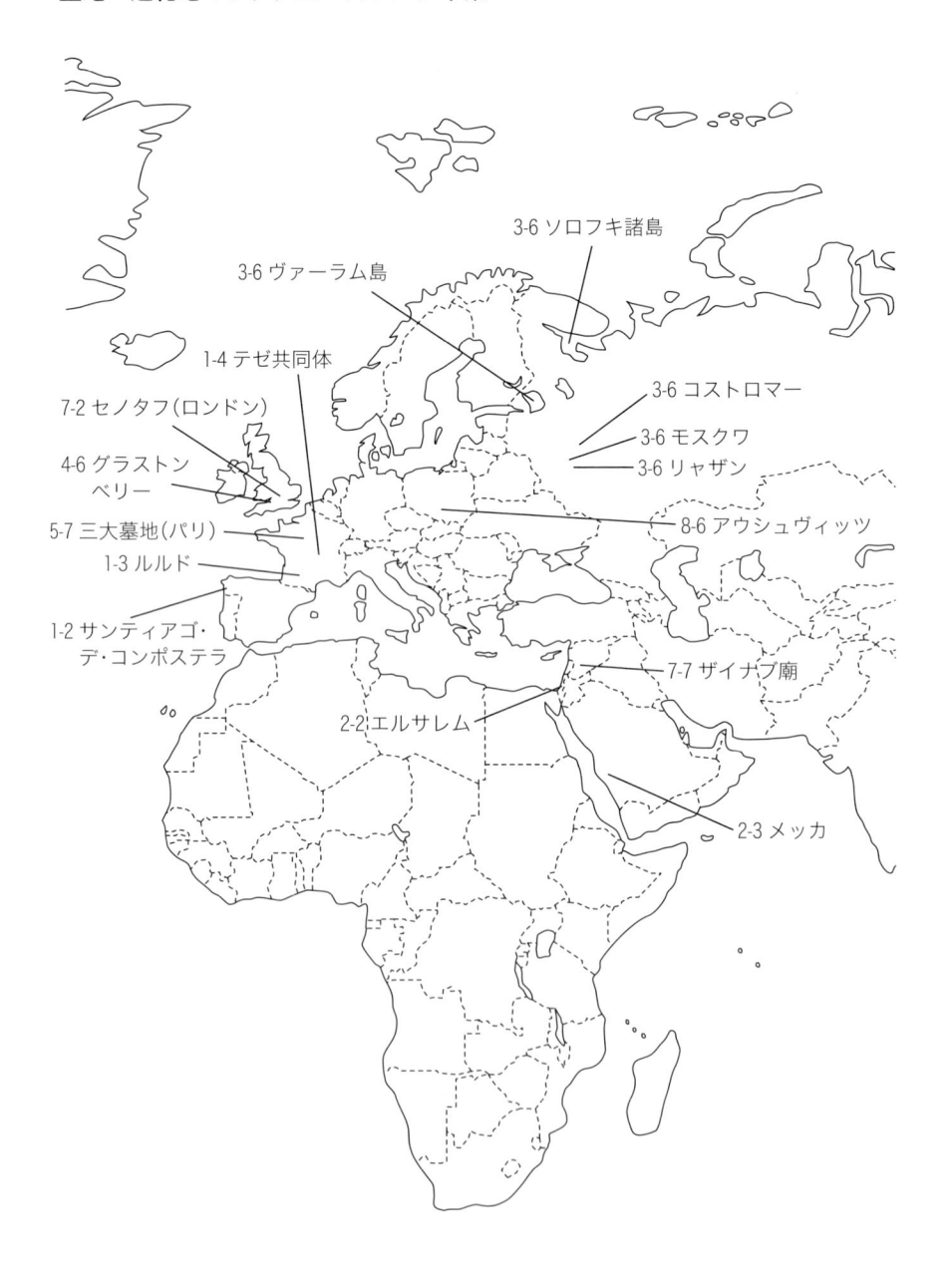

- 3-6 ソロフキ諸島
- 3-6 ヴァーラム島
- 1-4 テゼ共同体
- 3-6 コストロマー
- 7-2 セノタフ(ロンドン)
- 3-6 モスクワ
- 4-6 グラストンベリー
- 3-6 リャザン
- 5-7 三大墓地(パリ)
- 8-6 アウシュヴィッツ
- 1-3 ルルド
- 1-2 サンティアゴ・デ・コンポステラ
- 7-7 ザイナブ廟
- 2-2 エルサレム
- 2-3 メッカ

第 5 章

メディアと聖地

## 5-1 明治神宮・清正井(きよまさのいど)
—— パワースポットのつくられ方

### 明治神宮と清正井

　元旦の特番において、日本一初詣参詣者の多い明治神宮の風景が伝えられるのは新年の風物詩ともいえる。もちろん初詣に参詣する日本人であっても神道や、まして祭神に対する信仰を持つ人はごくごく僅かであろう。そうした風景を、日本人の曖昧な宗教性としてみる向きもあるが、近年、参詣という伝統的な宗教意識とは異なる動機から明治神宮を訪れる人が急増している。その大きな要因になったのが、2000年代後半のパワースポット・ブームの代名詞ともいえる「清正井」である。

　明治神宮は、明治天皇と昭憲皇太后（1914年・大正3年崩御）を祭神として1920年（大正9年）11月に創建された神社である。明治天皇が京都伏見桃山陵に葬られた後、東京にも神宮をと願う東京市民の願いにより造営が決定し、1万6000人の全国青年団の勤労奉仕と各都道府県、市町村に割り当てられ集められた寄付金もあって建立された。その当時の建物は第二次世界大戦の空襲でほぼ灰燼に帰し、現在の社殿は1958年（昭和33年）に再建されたものである。約70万㎡の敷地は、全国から献木され、将来的に自然林となるよう計画

明治神宮社殿

されて植樹されたおよそ10万本の木々に囲まれ、東京都心のオアシスとなっている。

　清正井は神宮の御苑にある湧水の井戸である。その名は、「築城の名人」、「土木の神様」と呼ばれた戦国時代の武人・加藤清正が掘ったとされることに由来する。明治神宮がある地は江戸時代、清正の子・忠広の屋敷があり、加藤家改易後、井伊家下屋敷となり、明治に至って政府に献上された。清正井は珍しい横井戸（普通は縦井戸）で、その構造や水源は長らく不明のままであった。明治神宮のウェブサイトには清正井の由来に関する詳細な記述があり、この地に残るさまざまな清正伝説を挙げ、「昔から特殊な技巧で水が湧出するのだと考えられ、…そのような特殊な井戸を作れるのは「土木の神様」といわれた清正しかいないとする伝

清正井

説が生まれたのでしょう」としている。このように、清正井は明治神宮の信仰や礼拝とは特に関わりはなく、神宮の建てられた地にあった単なる湧水の井戸である。しかしパワースポットブームを契機にそこを訪れる人々は、明治神宮そのものではなく清正井に「何か」を感じ取ろうとするようになった。

## パワースポットブームと清正井

清正井がパワースポットとして一躍有名になった発端は 2009 年 12 月 24 日、「手相芸人」島田秀平がテレビのバラエティ番組で紹介したことである。島田自身が清正井を訪れたところ、「…一気に心が安らいでいくのがわかりました。それから月に何回か通うようになったんです。そうしたらお仕事がたくさん入ってくるようになって」、知人にも紹介するようになると、清正井を携帯電話の待受け画面にした人の仕事が増えた、というのである。それ以降、清正井を携帯電話で撮影し待受け画面にするだけで仕事運だけでなく恋愛運向上や厄落としになるとされ、翌日から清正井には長蛇の列ができた。テレビや雑誌、新聞などでその後繰り返し取上げられ、一時はたどり着くだけで 5 時間待ち、整理券が配布されるようになってもそれすら午前中には払底するほどのブームになった。神社側はこうしたブームや、神宮そのものには見向きもしない参拝者には困惑を感じてもいた。

## パワースポットを訪れる人々

清正井がその象徴となったパワースポットブームとは、どのようなものだったのだろうか。雑誌記事をもとにした分析によると、雑誌記事上に「パワースポット」の語が初めて見られるのは 1991 年であり、当時は超能力などのオカルトブームの文脈で登場している。2005 年に 10 件となった頃から記事が増え始め 06 年 23 件、07 年 42 件、08 年 61 件、09 年 64 件、そして 2010 年に一気に激増し 318 件に達する。しかし一転して 2011 年には 169 件とほぼ半減し、ブームは徐々に冷めつつあるようだ。

掲載誌をみると、20 代以上をターゲットとした女性誌が中心であり、特集タイトルには恋愛運向上、婚活、美容、仕事の疲れを癒す、といった文言がみられる。いずれもカラー写真がふんだんに使用され、寺社の授与品や地元の食の紹介、正しい参拝方法の解説がともに載せられているのが一般的である。広告には温泉旅館やパワーストーンの通信販売が見られる。「全国 47 都道府県」、「すぐ行ける！東京 23 区内」など、首都圏

を中心に、各地からのアクセスの良さが強調されることも多い。2011年、12年の記事では、東京スカイツリーや大河ドラマにゆかりのあるスポットや、スカイツリーそのものがパワースポットとして紹介されている記事もある。

清正井を象徴とするパワースポットブームは、メディアが主に女性を顧客として主導し、折からのスピリチュアリティ・ブームと、「山ガール」などの消費の流行に乗った「安近短」な観光の新しいラベルのひとつといえるのではないだろうか。

## パワースポットになる「場所」

パワースポットとされる場所は、従来「聖地」とされてきたところと重なる部分が多い。伊勢神宮は2010年、式年遷宮の年以外では異例の多数の参拝者が集まっているし、出雲大社や高野山なども従来から巡礼地であり、宗教ツーリズムの対象であった場所である。それが、特定のご利益があるパワースポット（出雲大社と縁結びなど）として再提示されることでメディア露出を増やし、多くの観光客を集めるのである。これによって、町の神社が一躍全国からの参拝者を集めるようになる例もあり、実際、神社側がそのようにプロデュースするという戦略も見られる。そして、そこでは正しい参拝作法の解説通りに参拝することで、「神様に正しくお願いを聞いてもらう」ことができるのだとされる。

一方で、清正井のように宗教的意味づけを持たない場所がパワースポットになる場合もある。たとえば、メディアで紹介されるパワースポットには神社や修験霊場のほかに、滝や岬、洞窟などの特定の宗教と結びついていない特異な自然景観も含まれている。主に水やマグマ、大地の精気といった「大自然のパワー」を謳う場所が多い。清正井がパワースポットとされる場合も明治神宮という宗教的権威がそれを支えるのではなく、創建以前から湧き続ける泉であるということが強調される。その「パワー」の説明として用いられる由来は同じ場所でも記事ごとの説明が異なっていたり、整合性がなかったり、分杭峠の「ゼロ磁場」などのように疑似科学が用いられていたりする。正しい参拝方法や儀礼はもちろんなく、待受け画面にするもよし、樹に抱き着いたり深呼吸するだけでパワーがチャージされたり、悪い気が取除かれるというのである。

つまり、そこがなぜ訪れるべき聖地なのか、その場所とどうコミュニケーションするかということについては、ゲスト側、あるいはある場所をパワースポットとして演出するプロデューサーであるメディアにとっては必ずしも重要ではないのである。しかしホスト側にとってはそうではないこともあり、たとえば清正井や伊勢神宮などをパワースポットとして訪れる人々に対し、神社や神社本庁は苦言を呈してもいる。そこに、場所をめぐる言説の競合がおこるのである。

明治神宮側が清正井のブームに対して困惑するのは、ホストである神社側がゲストである参拝者に対して提示する「あるべき姿」と実際とが大きくかけ離れているからである。神社とは別の権威（芸能人やテレビ霊能者）が場所に対する異なる表象を主張し始め、それがメディアを通じて一般化するからである。単なる山や滝がパワースポットとなるのならこうした競合は葛藤を生むことはないが、清正井の場合は明治神宮という宗教的権威の懐で突如として異なる表象がメディア主導で起こったために注目されたといえるだろう。

### 「マイパワースポット」

　こうした「異なる表象」が生み出される背景には、パワースポットが「自分に合う場所」があるとされることにもよる。

　メディアの特集ではご利益や地域ごとにたくさんのパワースポットが紹介され、さながら聖地カタログのようである。そしてそれらに付随するコラムや解説では、「自分が落ち着くことができて、前向きになれるお気に入りのマイパワースポットを見つけてください」といった文言が目につく。大勢の人が殺到する話題の場所や、何千年も前から崇められてきた場所とされるパワースポットでも、合わなければ体調に異変をきたしたり、パワーが強すぎて「酔ってしまう」こともあるのだという。

　そこが歴史や格式のある神社だから訪れるのではなく、自分がパワースポットに何を求めているかによってカタログの中から訪れる場所が選ばれ、自分の欲求を満たすのに適した方法でその場とコミュニケーションし、それによって自分がどう感じたかがその地に対する評価になるのである。極端な話、自分にパワーを与えてくれると感じられる場所であれば、近所にある小さな社も雑木林もパワースポットになるのである。

　こうしたスピリチュアルな消費者のニーズに合わせて既存の消費の流行と相互乗り入れする形でパワースポット・ブームは生まれ、多様なニーズに応じて多様な場所がパワースポットとしてプロデュースされ、メディアを通じ流行してきた。しかしそこでは、単純に宗教の消費化／商業化が行われているのではない。もはや既存の宗教的権威が主張する場所の意味づけが訪問者にそのままに受け止められるわけではなく、訪問者は自らの個人的なニーズや欲求に合わせて、メディアを通じて広まるある場所をめぐるさまざまな語りのなかから好みにあったものを選択することが一般化したのがパワースポット・ブームの本質なのであり、社会全体の流動化や多様化が宗教的に反映されたものとして理解することができるのである。

（岡本亮輔・川﨑のぞみ）

**参考文献**
国際宗教研究所編『現代宗教 2011 ―現代文化の中の宗教伝統』秋山書店、2011 年

## 5.2 鷲宮神社
――世界に発信されるアニメの聖地

### 由緒と歴史

鷲宮神社は、埼玉県北東部に位置する久喜市鷲宮に鎮座し、出雲族の創建に係わった関東最古の大社を謳う神社である（2010年3月合併、旧所在地は北葛飾郡鷲宮町）。主祭神は天穂日命、武夷鳥命、大己貴命であり、日本武尊が東征の際の戦勝祈願を鷲宮神社で行ったとされ、関東における酉の市の元祖とも目される。

社号については、その由来を「土師宮」としている。これは『日本書紀』の武蔵国造土師連の遠祖より勧請を受けたことに遡るとされ、「土師宮」が転訛して「鷲宮」になったという説である。当社には関東一円に残る神楽の源流と言われる「土師一流催馬楽神楽」が伝わっており、それが説を裏付ける一つとされる。

また、武士からの信仰も厚く、特に1252年（建長4年）に宗尊親王の下向が無事行われたことを祝って大神宮、八幡宮以下の大社に神馬、御幣を送ることになった際には、京都の18社と関東の鶴岡八幡宮、伊豆山権現、箱根権現、三嶋大社と並んで鷲宮神社が挙げられた。

近世においても、徳川家康が領地内の寺社へ向けて一斉に寄進を行った際には、武蔵国惣社大国玉神社に次ぐ社領を与えられている。これは武蔵国一宮である大宮氷川神社を凌ぐものであり、鷲宮神社に対する崇敬の念を伺えるだろう。

### アニメ放映を契機に「聖地化」

こうした歴史を持ちながらも、鷲宮神社は観光の文脈では取り沙汰されることのない神社であった。その状況が一変したのは、2007年4月から9月まで放映されたアニメ「らき☆すた」における舞台の一部として注目されて以後のことである。

「らき☆すた」は、美水かがみによる4コマ漫画作品であり、2003年より雑誌連載（連載中）、ドラマCD化やゲーム化を経て、2007年にアニメ化されたメディアミックス作品である。その内容は、4人の女子高生（漫画原作では既に卒業）を中心とする淡々とした生活を描いたものであり、特に大きな事件が起こるわけでもなく「ゆるい」日常が展開する。なお、前述の4人は友人関係にあり、アニメや漫画が好きな泉こなた、博識でお嬢様な高良みゆき、突っ込み気質の柊かがみ、柊かがみと双子で天然キャラの柊つかさである。柊姉妹は鷲宮神社をモデルにした「鷹宮神社」の神主の娘であり、そこで巫女を務めている。

アニメのオープニングで用いられた鳥居前

　アニメの舞台を訪れることはファンの間で「聖地巡礼」と称され、「らき☆すた」放映以前から行われていた。そのためアニメ放映開始直後より、鷲宮神社が舞台の一部となっていることに気付いたファンが徐々に訪れるようになるのだが、アニメ雑誌『月刊ニュータイプ』付録の「「らき☆すた」的遠足のしおり」で紹介されると、ファンが大挙して押し寄せるようになった。

## ホストとゲストの協力関係

　ファンが神社を訪れて行うことは、主に作中に描かれた背景と同様の構図を写真に納めたり、アニメなどのキャラクタが描かれた絵馬を奉納することである。しかし、近隣住民は鷲宮神社がアニメの舞台になったことを知らないので、何故、それまで閑静であった神社に若者が突然訪問するようになったのかが分からない。神社を訪れるゲストの側からすれば、アニメの舞台になった「異郷」を訪ねる観光であるかも知れないが、ホストたる近隣住民から見れば、それはとりもなおさず、「異郷」から訪問者が来るということである。

　先述したように、神社周辺は観光とは無縁の地域であった。それゆえに、「異郷」からの訪問者を受け入れる素地はなかっただろう。それを端的に示すものとして、久喜市民がインターネット上で「オタクの人が鷲宮神社に集まっていて治安が心配」と発言したことからマスコミが取材を行い、新聞やインターネットのニュースで否定的なニュアンスを含みながら報道されたことが挙げられる。この件を端緒に、鷲宮神社の状況がアニメファン以外の人々にも知れ渡ることになった。

　こうした状況を受け、鷲宮町商工会（市町村合併後は「鷲宮商工会」に改称）は神社への来訪者にヒアリングを開始する。ホスト側からゲストへの歩み寄りが行われているわけだが、他の観光地と異なり、この地域においてはホストよりもゲストの方が「見所」を知悉しているという逆転現象がある。つまり、ゲストがアニメを動機として当地域を訪問しているにもかかわらず、ホストがそうした地域の「魅力」を提供できないという状況であった。そのため、ヒアリングを通じて出会ったゲストをボランティアスタッフとしながら、以後のイベントやグッズが展開されていく。

　初めに開かれた大きなイベントは、2007年12月2日の「「らき☆すた」のブランチ＆公式参拝 in 鷲宮」である。商工会がアニメの版元である角川書店と交渉を行い、主催したもので、これは鷲宮神社の駐車場を会場

とし、原作者や声優陣が正式参拝を行うイベントであった。手狭な会場ながら、3500人が参加して盛況を博した。

## 伝統への接続、そして世界へ

かねてからの報道や、先のイベントによって知名度を増したことが如実に示されるのは、鷲宮神社への初詣参拝者数の増加である。アニメ放映以前の2007年には9万人だった初詣参拝者数が2008年には30万人になり、2009年には42万人、2010年には45万人、2011年および2012年は47万人と、2010年以降は県内2位の参拝者数を誇り、放映前に比して5倍以上の人が訪れるようになった。アニメを代表とするコンテンツは飽きられるのが早く、関係者間では「すぐに人が来なくなる」とも言われていたが、この数字を見る限りでは好調である。これは、商工会が主導となって断続的にイベントを開催したことと、地域に「らき☆すた」の舞台になった町であるという意識を植え付けたことが功を奏したと言えるだろう。

地域を巻き込んだイベントとして

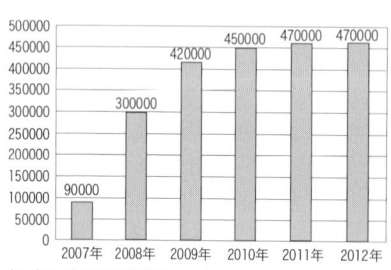

らき☆すた神輿

は、飲食店を巡るスタンプラリーや「らき☆すた」の桐絵馬型携帯ストラップの販売が挙げられる。また、2008年4月付で「らき☆すた」登場人物の柊一家を特別住民登録し、その際に頒布された住民票には柊姉妹が土師一流催馬楽神楽を舞う姿が描かれている。そして、同年9月の土師祭では「らき☆すた」のキャラクタが描かれた神輿が登場し、担ぎ手をファンから公募した。応募が殺到した「らき☆すた神輿」は、鷲宮神社に奉納されている千貫神輿と共に祭りの会場を渡御する。ファンが神輿の担ぎ手となり、同時に地域文化の担い手として参画した催しであったと言えよう。

アニメ放映開始から数年の年月を掛け、「らき☆すた」はグッズやイベントを介して、地域の名産である桐や、鷲宮神社の伝統である神楽と神輿と接続されている。また町内には、グッズなどの収益金を使用した街路灯が設置され、「らき☆すた」のポスターやのぼりが至る所で目に付くようになっていった。こうして「らき☆すた」のイメージが鷲宮神社を始めとする地域伝統と強く結び付いて

初詣参拝者数推移（単位：人）

|  |  |
|---|---|
| 2007年 | 90000 |
| 2008年 | 300000 |
| 2009年 | 420000 |
| 2010年 | 450000 |
| 2011年 | 470000 |
| 2012年 | 470000 |

絵馬掛け所と拝殿

いく。作品世界と地域社会が繋がっていったのである。そのことにより、地域のアイデンティティに「らき☆すた」の物語が付与された。

とかく、アニメなどの文化に係わることは負のアイデンティティとして目されるが、先述の「らき☆すた神輿」は2010年6月に上海万博にて渡御しており、町から万博に出展する文化を輩出したとして、誇らしげに語られる向きも多い。また、アニメを機とした地域おこしの成功例、先行事例として種々のメディアに取り上げられている。こうした経緯により、「らき☆すた」の魅力のみならず、外部的な権威からオーソライズされながら、他者に誇るべき地域のアイデンティティが構築されていったと言えよう。

町に「らき☆すた」の物語が前景化していくにつれ、そこを訪れるアニメファンは、「自分がこの町に受け入れられているのだ」という感覚を強く感じるようになっていった。そこでは、「異郷」を垣間見る観光者から、「自分の帰るべき場所」を見つけた巡礼者に至る展開が示唆されているように思われる。

## 「らき☆すた」から鷲宮ファンへ

「らき☆すた」に係る地域の展開は以上であるが、2009年以降毎年開催している「萌えフェス in 鷲宮」や、2010年以降行われている「オタ婚活」など、特定のコンテンツにこだわらないイベントも種々催され、アニメキャラクタがペイントとされた「痛車(いたしゃ)」オーナーや、出会いを求める「オタク」を惹きつけている。

また、神社の絵馬掛け所には、年末の同人誌展示即売会「コミックマーケット」に参加してから秋葉原電気街を巡り、ここ鷲宮神社で年越しをしていると書かれた絵馬も多く存在している。

今や、いわゆる「オタク」を受け入れる地域としての鷲宮、またその地域の中心地としての鷲宮神社に、「オタク」から「聖地」視される「コミックマーケット」や秋葉原電気街と同様のまなざしが向けられているのである。

(今井信治)

**参考文献**
鷲宮町企画財政課『鷲宮町史ふるさとガイド』鷲宮町企画財政課、1990年
北海道大学観光学高等研究センター文化資源マネジメント研究チーム『メディアコンテンツとツーリズム――鷲宮町の経験から考える文化創造型交流の可能性』北海道大学観光学高等研究センター、2009年
山村高淑『アニメ・マンガで地域振興―まちのファンを生むコンテンツツーリズム開発法』東京法令出版、2011年

## 5-3 秩父三十四カ所　定林寺
――アニメが描く「秘密基地」という聖地

### 秩父三十四カ所の歴史と定林寺

　秩父鉄道秩父駅の北に位置する曹洞宗寺院、実正山定林寺は、秩父三十四カ所巡礼の17番目の札所である。元は現在の秩父神社の役人であった林家の菩提寺で、発祥は室町期に遡る。秩父巡礼が成立したとされる15世紀当時には地方の一観音巡礼場であり、西国・坂東の観音巡礼を模して札所は三十三カ所であった。当時の史料では定林寺が第一番として記されており、近隣地域の住民が参拝者の中心であった初期には発願寺として勢力を誇った。16世紀、地方の巡礼地から脱却するため札所を1つ増やして「秩父三十四カ所」とし、西国・坂東と合わせて「百観音霊場」としたことで、秩父三十四カ所は三大観音巡礼の一つとなった。

　庶民の生活と治安が向上した江戸時代に入ると、気軽な行楽を兼ねて江戸町民に大人気を博するようになる。大寺院や幕府の後押しのない秩父巡礼場では、寺社の修理費用を稼ぐために秩父各寺や江戸市中の大寺社で本尊を公開する「開帳」が頻繁に行われ、その度に多くの参詣者と喜捨を集めた。浅草寺や湯島天神での開帳には将軍や大名も参詣し、これらによる収入で秩父巡礼場は潤い、

定林寺本堂

知名度も向上した。このように江戸期に秩父巡礼は最盛期を迎えるが、江戸からの参拝者の利便のために定林寺は一番札所の座を江戸からの街道沿いの四萬部寺に譲ることになった。その後17世紀に現在の場所に遷り、現在まで地元住民の尽力により保たれ、今は秩父市の郊外の路地の奥でひっそりと佇んでいる。

### 「あの花」放映後アニメの聖地に

　その定林寺がにわかに全国の若者の注目を集めたのは、2011年4月から6月に、秩父地域を舞台にしたアニメ「あの日見た花の名前を僕達はまだ知らない。」(通称「あの花」) が放映されてからである。「あの花」は同期間のアニメのなかで最高の視聴率を獲得する大人気を博し、放映直後からノスタルジックな映像のなかに丁寧に描かれた秩父の町並みを探して、多くの視聴者が訪れている。

ここで、「あの花」のあらすじを簡単に説明しておこう。主人公となるのは、幼い頃「超平和バスターズ」としてともに遊んだ男女6人の幼馴染たちである。しかしある夏の日、ささいな行き違いがあった直後、ヒロインが秩父の山中の川で事故死してしまう。10年後、高校1年生になっていた元リーダー格の少年のもとに、死んだはずの少女が現れたことから、物語が始まる。志望校の受験に失敗して引きこもり状態であった少年に、少女は「お願いを叶えて」というが、その願いが何であるかはわからないという。少年は困惑しつつも彼女の願いを探り、叶えようとするようになる。そのなかで疎遠になっていたかつての仲間たちは、それぞれの想いを胸に再び集まり始める。

　明確に地名こそ言及されていないものの、アニメでは彼らの学校、秩父駅前、秩父大橋から街中の交差点まで実在の風景がふんだんに使われている。秩父が舞台に選ばれたのは、「東京に近いようで数時間かかるという微妙な距離に都会への憧れを込め、山に囲まれた風景に若者が抱く閉塞感を重ねている」のだと監督・長井龍雪はいう。武甲山を背にした小さな盆地に多くの寺社が点在する閉鎖性と土地が持つ歴史は、この物語において演出の重要な役割を占めるノスタルジーを喚起する上で、大きな部分を負っているといえよう。なかでも主要舞台の一つが高校生になった幼なじみたちが集まるように

キャラクターが描かれた「痛絵馬」

なる場所で、それが定林寺なのである。アニメではいたるところで定林寺の本堂、境内などが描き出され、ベンチや看板の類まで丁寧に再現されている。主人公たちは幼少時に秩父の山中に「秘密基地」を持っていたが、秩父市街からやや奥まった定林寺は10年後の彼らの秘密基地としての雰囲気を醸し出している。

　アニメの放映に伴い、ファンがその舞台を訪れるようになり、アニメに描かれた場所を写真や動画で撮影し、実際の映像をインターネット上にアップしたファンサイトが増えた。そして必ず舞台探訪の焦点の一つとなるのが定林寺であり、ファンが描いた「痛絵馬」と呼ばれる絵馬がたくさん奉納されている。絵馬にはアニメのキャラクターの絵やアニメの中のエピソードに絡めた願い事などが記されており、定林寺の古い境内に貼られたたくさんのアニメ関連のポスターやみやげ物とともに、特異な景観を生んでいる。定林寺もオリジナルのみやげ物づくりに積極的に関わっており、「あの花」キャラクター絵馬も売られている。

　こうしたアニメを中心とする映像

メディア作品の舞台となった実在の場所を訪れる舞台探訪は、1990年代から始まっていた。それが「聖地巡礼」という言葉で呼称され、痛絵馬奉納や、作品のエピソードに関連する日にちにファンが大挙して参拝するという現象は、2000年代半ば以降、顕著になっている。

## ブームへの観光産業の対応

こうした「アニメ聖地巡礼」ブームを背景に、秩父では街を挙げた観光誘致も行われた。なかでも、池袋と秩父を結ぶ西武鉄道は積極的にPR活動を展開した。西武秩父駅にたくさんのポスターが貼り出されたほか、限定の記念乗車券、ラッピング電車、スタンプラリー型のイベント等の企画が実施された。秩父市と観光協会、秩父市商店連盟連合会は、秩父アニメツーリズム実行委員会を立ち上げ、市内のメインストリートの街灯や商店街にアニメの宣伝とタイアップした市のPRポスターを貼ったり、「あの花巡礼マップ」を作成・配布したり、アニメと同じ構図で風景を撮影できる場所をアニメのキャラクター入りで示す掲示を設けるなどした。

また、アニメのなかで一つの重要なイベントとなる地元の祭りで火薬を載せた龍を模したロケットを打ち上げる椋(むく)神社の「龍勢祭り」も、2011年は「あの花」とタイアップし、主要キャラクターの声優による口上で「超平和バスターズ」名義の龍勢が打ち上げられた。この他、アニメに関

実行委員会制作のポスター

連して地元や東京で開催される公式イベントや、ファン有志がインターネット上で呼びかけて行われる企画などには各地からのファンが訪れ、地元に大きな経済効果をもたらしている。

伝統的な秩父巡礼は、秩父という一地域に限られた小規模の気軽な旅であり行楽性が強く、開帳というアトラクションと江戸との交通の便の良さが、その興隆に大きく寄与してきた。現在の秩父における「アニメ聖地巡礼」においても、首都圏からのアクセスが良く、イベントやアニメと同じ風景というアトラクションを持ち、痛絵馬や写真撮影というパターン化された巡礼の仕方を持っていることがわかる。

## 聖地はどのように作られるか

「アニメ聖地巡礼」において「聖地」とされる場所には、日常世界の二面性が描かれている。寺社仏閣や学校といったその地方特有の風景は帰属する場所として、もう一つは駅前の

ファストフード店や殺風景な国道沿いなどの郊外の風景はどこにでもある場所として対比される。郊外的な風景はあまりに当たり前でありふれたものとして現在の凡庸な状況を映し、一方で、神社や学校の地方特有の風景はそれに対置して、再発見されるべき「かけがえのない時間」の象徴として描き出されるのである。こうした日常世界の風景はいずれも、若い視聴者にとっては大都会や近未来とは違って、皮膚感覚で共感できる身近な環境である。しかし後者は仲間がいて、日がな一日遊んでいた楽しかった「あの頃」という、誰にでもある美化された過去が投影される。このノスタルジーを喚起させる装置として、日常的な景観の中に埋没していた歴史ある景観が捉え返されるのである。

「アニメ聖地巡礼」においては、ある地域にまつわる歴史や文化が、こうしたノスタルジーや閉鎖的ユートピアを感じさせる小道具を提供できる総体として舞台装置に起用され、たまたま舞台となったその場所を熱心なファンが自発的に訪れることで「聖地」となる。ファンは厳密な意味でのその舞台の風景や歴史・文化を見に行くのではなく、登場人物が生活を演じる書割を見、物語や登場人物の心情が投影された―それは多分に自分のノスタルジーを重ね合わせた―場所で作品世界を擬似体験し、その中で「日常のなかで忘れられがちなもの」の再発見を期待する。そうしたファンの振舞い(アニメと同じ構図での写真撮影、痛絵馬の奉納など)がパターン化され、インターネットで発信されるようになると、さらに「巡礼者」を惹きつけるようになる。こうして「巡礼」が作られるのである。

これまでと異なる場所の楽しみ方をする人が大勢訪れたり、不可解な絵馬が急増するとなると、それまでの観光客・参拝客や、寺社側との緊張や困惑がもたらされることもある。しかしその経済効果・地域活性化効果は、観光客誘致を狙う各地の自治体には大きな魅力である。それを当て込んでホスト側が協力して積極的にその地へ赴く動機付けを提供したり、地域おこしを前面に出す例もあり、より広い層にもアクセスが容易になる。しかし一方で、自分で風景のなかに物語を「発見」したいファンからは用意されたアニメ巡礼への反発もみられる。とはいえ、こうしたアニメとファンとホストによる、舞台をめぐるやりとりの結果として、かつての寺社仏閣などの場所は伝統的な価値とは別の価値を持ち、その場所に対する新たな意味が付与されるようになり、時には新たな伝統さえ創出されるのである。

(川﨑のぞみ)

**参考文献**
佐藤久光『秩父札所と巡礼の歴史』岩田書院、2009年
大塚英志『定本 物語消費論』角川書店、2001年
増淵敏之『物語を旅するひとびと―コンテンツ・ツーリズムとは何か』彩流社、2010年

## 5-4 今戸神社
──恋愛の聖地の表象戦略

### 由緒と背景

今戸神社は浅草寺の北東約 1km に位置し、周囲を多くの寺社で囲まれている。現在では埋め立てられているが、かつては神社のすぐそばを山谷堀が流れていた。山谷堀は江戸時代には隅田川から船に乗って吉原遊郭へ繰り出す客で賑わった水路で、今戸界隈は広重『今戸夕照』、国芳『当盛今戸の夜げしき』ほか多くの浮世絵にも描かれた。

由緒によれば、今戸神社は元々は「今戸八幡宮」と称していた。1063年に源頼義・義家親子が蝦夷征伐に際して京都の石清水八幡宮を勧請し、鎌倉の鶴岡八幡宮と共に創建されたという。たびたび兵火に巻き込まれるが、1636年に徳川家光に下された官材で再建される。しかしその後も、関東大震災で灰燼に帰し、東京大空襲でも被害を受けている。1937年に近隣にあった白山神社と合社され、その時に今戸神社と改称されている。この時に應神天皇に加えて、伊弉諾尊・伊弉冉尊が祀られるようになった。

このように今戸神社は古くからの観光地であった浅草に位置してきたが、近隣の浅草寺や待乳山聖天などとは異なり、長い間地元の人々に

鳥居脇の掲示

よって崇敬される地域に根づいた神社であった。今戸神社が急速に知名度を獲得するようになるのは主に2000年代に入ってからのことである。この時期にはさまざまな寺社が「パワースポット」として注目されたが、今戸神社の場合も、そうした潮流の中で多くのメディアで「恋愛の聖地」「婚活の聖地」としてとりあげられた。はとバスが毎年正月に日帰りツアーを運営しているが、2012年の「東京下町八福神参り（江戸前寿司食べ放題）」の案内では、「みどころ」という項目で今戸神社だけが「縁結びのパワースポット」として名指しでとりあげられている。

### 今戸神社の表象戦略

現在では、平日でも10—30代の女性を中心とする多くの参拝客の姿が見られ、社殿前に参拝客の行列ができる時も少なくない。数年前からは初詣に4—5時間待ちの行列ができ

洋風のベンチが置かれた境内

るようになっている。境内には通常の寺社にはなかなか見られないデザインのベンチやジョウロなどが置かれており、アジサイなどさまざまな草花も植えられている。こうした工夫にもうかがえるように、今戸神社が地域を越えてアピールする聖地として成立するには、「パワースポット」という外部からのラベルづけを受け入れるだけでなく、以下で見るようなさまざまなイメージを動員した積極的な表象戦略があったと考えられる。

「下町八社福参り」、「浅草名所七福神」への加入はもっとも伝統的な戦略である。一社だけで単独に訪問者を集めようとするのではなく、地域の他の寺社とネットワークを形成するのである。下町八社福参りは水天宮や小野照崎神社など中央区と台東区の八社から構成される。浅草名所七福神は浅草神社や鷲（おおとり）神社などより近接した九社寺によって構成されている。

「招き猫発祥の地」、「今戸焼発祥の地」の自称はより地域に根づいた表象戦略である。招き猫は次のようなエピソードに基づく。江戸末期、浅草に住む老婆が貧しさゆえに愛猫を手放したところ、夢枕にその猫が立って「自分の姿を人形にしたら必ずや福徳を授かる」と告げた。それにしたがって浅草寺参道で片手を挙げた猫を売り出したところ大好評になったという。招き猫発祥については豪徳寺説など諸説あるが、今戸神社公式サイトには「招き猫発祥の地」と書かれ、境内には「今戸焼発祥之地」の碑が建てられている。授与品として今戸焼で作られたつがいの招き猫も制作されて爆発的ヒットとなり、予約もできない状態となっている。また社務所の一角には大量の招き猫グッズが置かれた場所が設けられているが、神職夫人が夢で見た光景を再現したものであるという。アニメ『夏目友人帳』のヒット祈願が行われた際のキャラクターも置かれ、それを目当てにアニメ聖地巡礼の人々も訪れる。

「沖田総司終焉之地」の自称もやはり地域の歴史性に基づいている。永倉新八『同志連名記』に御典医・松本良順が薩長軍の江戸入りに際して今戸八幡に肺を病んだ沖田を収容して治療したが同地で没したとあるという。小説やゲームで美剣士として描かれる沖田は新撰組の中でも人気のキャラクターである。従来からの歴史好きだけでなく、「歴女」と呼ばれる女性訪問者も数多く、外国から沖田目当てに訪れる人もいる。境内に置かれたベンチも、そもそもは沖田を慕って来た女性が石碑の前にたたずんでいるのは疲れるのではない

第5章　メディアと聖地　155

真円形の絵馬

かという配慮から生まれた。

さらに現代的な戦略としては、神社空間の女性化、積極的なメディア発信、テレビ霊能者との結びつきが挙げられる。2000年代パワースポット・ブームの中で今戸神社は恋愛の聖地、婚活の聖地として縁結びを前面に出してゆくわけだが、すでに述べた鉢植えや猫型ジョウロの他にも、授与品や絵馬なども女性参拝者をターゲットにしたデザインのものが多い。「縁」と「円」をかけた真円形の絵馬は名物となっている。また単に婚活に効くと謳うだけでなく、実際に宗教活動の一環として神社主催の「縁結び会」も定期的に開催されているが、登録者が数千人を越える人気となっている。

## 多様なメディアの活用

今戸神社がメディアでとりあげられる場合には宮司夫人と神職の姉妹が前面に出ることがほとんどである。ブログや書籍を通じた神社側からの発信も豊富で、宮司夫人、神職姉妹それぞれの計3つのブログが更新され、宮司夫人による著書も2冊刊行されている。さらに神職姉を「ナビゲータ」としたパワースポット・ガイド『今戸神社神職市野智絵が薦める幸せを呼ぶパワースポット』（双葉社、2011年）も出版されている。同書

巻頭の富士浅間大社の部分では、私服の彼女が御神木に耳をあてる写真が掲載されていることにも表れているように、既存の神社の立場とは大きく異なる観点に立つものである。同書でとりあげられるパワースポットも神社に限られず、分杭峠、湧水、吊り橋といった場所も多く含まれており、それぞれに彼女のイラストで「ヒーリング」、「縁結び」、「パワーフード」といった「効能」が記されている。

伝統的な寺社では否定的にとらえられるテレビ霊能者も今戸神社では積極的にとりこまれている。ブログでは「手相芸人」を称する島田秀平や2000年代スピリチュアル・ブームの立役者である江原啓之の来社の様子がたびたび告知されている。江原の著作や動画サイトでは今戸神社がとり上げられ、江原がメイン・パーソナリティを務めたテレビ番組『オーラの泉』にも登場した。宮司夫人のブログでは、「江原啓之さんの功績は偉大です」というタイトルの記事で節分に江原が登場した際の写真がアップされ、江原や島田によって「神社の参拝の仕方や見えない世界のお話」が一般的に受けいれられ、それによって「日本全体が浄められる大変意義深い」ことだとされている。

## ツーリズム化と宗教性の変容

今戸神社の一連の表象戦略は、顧客としての参拝者のニーズを読みながら神社側がさまざまなサービスを

開発・提供しているという点を強調すれば、「宗教の消費」、「聖なるものの商品化」と理解することができるだろう。今戸神社と同じような試みはパワースポット・ブームの中で注目されたものに限らず、従来から見出せたが、こうした傾向は批判的にとらえられることも少なくない。しかし、消費論・商品化論とは異なる角度から考えてみると、これらは単なる商業主義ではなく、神社をめぐる新しいコミュニケーションの発生として理解することもできる。

　一部の有名寺社を除けば、神社とは基本的には「地域に埋め込まれた場所」である。特段に入信する、帰依するといった自覚のないままに、生まれ落ちるような仕方で地元の人々が氏子になるのが神社の特徴であり、神社は地域の中に「自明の場所」として存在してきた。これに対して、今戸神社のとる表象戦略はいずれも地域外から人々を集めようとする「脱埋め込み」の戦略として理解することができる。

　脱埋め込みの表象戦略として今戸神社のあり方をとらえ返した場合、とりわけ重要なのは「縁結び」だろう。すでに触れたように、今戸神社は定期的に縁結び会を主催しているが、その参加者のほとんどは地域外の人々である。そして、もちろんすべてではないが、そうしたきっかけで出会い結婚に至った場合には、今戸神社にお礼参りに訪れ、さらには結婚式を同社で行うケースも見られる。縁結び会に参加しなくとも、良縁の願掛けをして叶った人の再訪は頻繁に見られ、宮司夫人のブログでは毎日と言っても良いほどにそうした人々が紹介されている。こうした点で、縁結びという表象は一時的な参拝客を集めるだけに留まらず、神社と訪問者の間により濃密なコミュニケーションを生み出していると言えるのではないだろうか。また、かつては宮司夫人自身が社務所で授与品を頒布しており、現在でも神職姉妹と共に頻繁に境内で参拝客とコミュニケーションをとっていることもあり、一般的な神社には見られないホストとゲストの顔の見える関係性が築かれている。すでに触れたように宮司夫人の著作やブログ、神職姉のガイドブックでは、一般的な神道の教えからは距離をとるようなメッセージやアドバイスが数多く見られるが、これらも上のようなホスト・ゲストの接触の中から生み出されたものだと言えるだろう。その意味では、脱埋め込みによるゲストの増加と新たなコミュニケーションの発生は、神社側のより宗教的な部分においても変容をもたらしていると考えられるのである。
　　　　　　　　　　　　（岡本亮輔）

**参考文献**
岡本亮輔「場所の再表象―宗教ツーリズム論からみたパワースポット」『哲学・思想論集』37号、2012年

## 5-5 青森キリストの墓
——奇想が織りなす宗教ツーリズム

### その後のイエス・キリスト

　キリストはゴルゴダの丘での処刑を逃れ生き延びていた——世界史的人物の常で、イエス・キリストについても正史とは別に、生存説、複数人説など多くの異説が語られてきた。インドのカシミール地方でもイエスの墓が発見されているし、神秘思想の巨人R.シュタイナーもイエスの複数性について語った。南仏にイエスの墓を求めた『レンヌ=ル=シャトーの謎——イエスの血脈と聖杯』(1982年)やイエスの結婚とその末裔をめぐるミステリー小説『ダ・ヴィンチ・コード』(2003年)が大ベストセラーになったのも記憶に新しい。そして、青森県三戸郡新郷村(旧戸来村)にある「キリストの墓」もそうした伝奇が作り出した宗教ツーリズムの場所だといえる。

　戸来村にキリストの墓が「発見」されたのは1935年のことである。茨城県磯原町(現北茨城市)の皇祖皇大神宮という神社の管長・竹内巨麿が自家に伝わる古文書『竹内文書』の中に「イスキリス・クリスマス。福の神。八戸太郎天空神。五色人へ遣わし文」と始まる「キリストの遺言」を発見した。竹内が文書を頼りに現地調査を進めたところ、当時の戸来

キリストの墓

村村長・佐々木伝次郎の案内で小高い丘の上に2つの土まんじゅうを発見し、向かって右側のイエスの墓を「十来塚」、左側のイスキリのものを「十代墓」と呼ぶことになったのであった。

　「キリストの遺言」にもとづく伝説によれば、イエスは21歳で日本に渡り、現在の能登半島の宝達港に上陸して、富山県にあった皇祖皇大神宮において神主・武雄心親王の弟子となり、11年間修行を重ねたという。その後33歳の時にユダヤに戻り、洗礼者ヨハネをはじめ人々に神国日本の尊さを伝道したが、ユダヤ教の長老たちの反発を買ってローマ兵に囚われ、磔刑に処されることになってしまう。

　しかし、伝説によれば、十字架で果てたのは身代わりとなった弟イス

キリであり、イエスはイスキリの遺骸の一部を抱いて数人の弟子たちと共にシベリアへと逃れたという。4年間の遍歴の後、イエス一行はアラスカから船に乗り、松ヶ崎（八戸市八太郎）から上陸し、戸来（とらい）村に住居を定めたという。イエスは名を「十来太郎大天空（たろうだいてんくう）」と改め、ミユ子という20歳の女性を娶り、3人の娘を育て、106歳で没したとされる。生前のイエスは日本各地を遍歴行脚して言語・風俗・人情などを視察すると共に、庶民救済に尽力したと伝えられる。

## 場所化されるキリスト伝説

竹内巨麿による「発見」の後も、考古学ジャーナリスト、古代文明研究家、言語学者などさまざまなアクターによって青森キリスト伝説は肉づけされる。とりわけ戸来村の習俗とユダヤ文化が結びつけられることで伝説に実証的な根拠が与えられてゆく。

そもそも戸来という村名が「ヘブライ」の転訛だとされる。そして、生まれた子供を初めて外に出す際に子どもの額に墨で十字を書くこと、足がしびれた時に指で額に十字を3度書くこと、子供のチャンチャンコの襟に厄除けとしてダビデの紋章を縫いつけることなどが戸来とユダヤを結ぶ証拠として挙げられたのであった。また、現在も墓の所有者である沢口家はイエスの長女が嫁いだ家だとされているが、同家の家紋が星形と似た桔梗であることもダビデの六芒星との影響関係を示すものだとされている。

さらに岩手県北から青森県南に伝わる盆踊り唄の歌詞「ナニャドヤラー　ナニャドナサレノ　ナニャドヤラー」については、岩手県出身の神学博士・川守田英二が言語学的研究の結果、「御前に聖名を讃えん　御前に毛人を掃蕩して　御前に聖名をほめ讃えん」というヘブライ語詩歌として解釈できるとする説を提出した。

社会福祉家・政治家で考古学ジャーナリストでもあった山根キクが戸来村での調査にもとづいて著した『光は東方より』（1937年）や『キリストは日本で死んでいる』（1958年）においては、戸来村では成人男性を「アヤ」、成人女性を「アバ」と呼ぶのはそれぞれ「アダム」と「エバ」の転訛と考えられること、赤ん坊のゆりかごに「エジコ」と呼ばれるワラで編んだ丸カゴを使う習俗がユダヤ人の用いる「ヨーラン」に酷似すること、さらに牛馬が一つ屋根の下に暮らすスタイルもイエスの馬屋での誕生を連想させることなどが考察されている。そして1939年には国際文化協会と日大芸術学部によって山根の著作に基づいたニュース映画も製作され、国内外で上映されている。また、予防医学の権威とされた医学博士・木村正一など当時一流の科学者も竹内文書の研究を行っていたのであった。

青森キリスト伝説をめぐるこれら一連の営みは一般的な歴史理解から

すれば荒唐無稽な奇想の産物だとと らえられるかもしれない。実際、竹 内巨麿自身が、竹内文書に天皇家の 祖先や伊勢神宮のタブーに関わる記 述があったことから不敬罪で起訴さ れ、関係文書は証拠物件として押収 されるなどしたのであった。しかし、 同時期にたとえば牧師・中田重治が 『聖書より見たる日本』などで、日本 人は古代ユダヤ人の血をひく民族で あり、ヨハネの黙示録には日本民族 が世界を担う使命が預言されている とする「日ユ同祖論」に基づく主張 を行ったことに見られるように、当 時の欧米の帝国主義が席巻する国際 情勢の下、キリスト教を核とする西 洋文明の優勢が自明視される中で、 後発の近代国家としての日本の宿命 をキリスト教的に裏づけようとする 試みがあったのは確かであり、青森 キリスト伝説もそうした時代の空気 の中で作られていったことは忘れて はならないだろう。

## 伝奇がつくる宗教ツーリズム

戦後になると、佐藤愛子『赤鼻の キリスト』(1972年)、斎藤栄『イエ ス・キリストの謎』(1974年) などの 小説作品にみられるように、青森キ リスト伝説はより一層伝奇として扱 われ、主にオカルトの文脈でとりあ げられるようになる。そして、キリ ストの墓は、「B級観光地」「珍スポッ ト」といった形で訪れられる場所 になったといえる。

現在、墓を含む敷地は「キリスト の里」として観光化が図られており、

キリストの里伝承館

キリストの墓の翌日に竹内が発見し た「大石神ピラミッド」と共に、新 郷村の「神秘とロマンの里」という 観光戦略の中心に位置づけられてい る。墓の周囲一帯は「キリストの里 公園」として整備されており、「キリ ストの里伝承館」も建設されている。 伝承館では「キリストの遺言」の複 写、ユダヤ由来とされる村の習俗の 展示や映像を見ることができる。

そして、とりわけ多くのツーリス トを集めるのが「キリスト祭」であ る。2013年には50回を数えるこの 祭りは村の観光協会を中心に運営さ れており、毎年6月に行われる。来 賓には村長や土地提供者で墓主とさ れる沢口家の子孫をはじめ、地元選 出の国会議員や県知事も列席する。 過去には駐日イスラエル大使も出席 しており、エルサレム市から友好の 証として寄贈された石もある。

キリスト祭は「キリスト慰霊祭」 として行われており、神主による祝 詞奏上、玉串奉奠、そして地元に伝 わる田中獅子舞とナニャドヤラの奉 納舞を中心に構成されている。慰霊 祭と冠しているにもかかわらず必ず

「本日は誠におめでとうございます」と締めくくられる来賓祝辞、十字架の前の花立と賽銭、キリストの名を含んだ神主による祝詞、クライマックスでは十字架を囲んでの盆踊り——こうした奇異な組み合わせはキリスト祭を珍スポットでの奇祭として受け止めさせるには十分なものがあるだろう。

　キリスト祭の日には通常のものに加えて特設駐車場が作られ、臨時シャトルバスも運行するほどのツーリストが、県内だけでなく全国各地から集まってくる。外国からの参加者も珍しくない。こうしたツーリストたちの多くはキリスト伝説を真剣に受け止めているわけでも、キリスト教信仰をもっているわけでもない。これらのツーリストの多くは、ネットのB級観光地を集めたサイトなどで情報収集し、辺境で行われている奇妙なイベントを見ようと訪れた人々であるといえる。また、祭りを主催・運営する地元のホストの人々においても、伝説や慰霊祭が必ずしも真正なものとして受け止められているわけではない。祝辞や挨拶では

ナニャドヤラ奉納

キリスト祭の祝詞奏上

祭りが村の観光戦略であることが繰り返し明言され、中にはコスプレをして参加するツーリストもいるが、そうしたあり方もそれほど奇妙には思われないような雰囲気がキリスト祭を包んでいるといえる。

　その一方で、キリスト祭は民俗芸能である獅子舞やナニャドヤラを披露する重要な場であり、これらは入念な準備の上、非常に熱心に行われている。そして、伝承館での展示にもみられるが、先述の竹内、山根、川守田、木村といった青森の地に世界最大宗教の開祖であるイエスの足跡を探し、郷土に際立った特徴を与えようとした人々への顕彰と追悼の念が至るところに見出せる。その意味で、キリストの墓は単なる観光客誘致のためのフェイクではなく、地域アイデンティティと直結するツーリズム・アトラクションといえるのではないだろうか。　　　（岡本亮輔）

**参考文献**
岡本亮輔「フェイクが生み出す真正性—青森県新郷村「キリストの墓」の伝奇観光」『哲学・思想論集』39号、2014年

## 5-6 ハワイの神社
―― 移民とツーリストのはざまで

### ハワイの神社の草創・隆盛期

多くの観光客にとってそれは不思議な風景と感じられるようだが、南国ハワイにはいくつかの神社が存在している。19世紀後半からハワイへ渡っていった多数の日系移民たちにとって、これらの神社は日本の文化を維持・継承する重要な場であった。第二次世界大戦を経て現在ではわずか7社となってしまったものの、最盛期には60社を数えたハワイの神社の歴史について、まずは概観してみよう。

現時点で確認できているもっとも古い神社は、1898年11月3日（明治節）に勧請されたハワイ島ヒロの大和神社（現在のヒロ大神宮）とカウアイ島のラワイ大神宮（第二次世界大戦中に廃社）である。その後も日系移民の居住地には次々と神社の建立がなされ、確認されているものだけでも60もの数におよんだ。各神社の布教所や分社を含めると、さらに多くの施設があったと考えられている。移民たちの出身地は日本各地にわたるため、それぞれの地域まつわる神が祀られることも多かった。

これらの神社では、定例の祭礼や日系移民たちの結婚式のほか、演芸や余興が頻繁に催された。天長節に

ヒロ大神宮

は各神社で奉祝行事が執り行われたほか、日本海軍のホノルル入港の祝賀行事を開催し、日本の軍人たちも参拝するなどしており、神社は移民たちが日常的に集う施設としての役割にとどまらず、「日本」と結びついた場としても存在していた。日米開戦直前の1941年の初詣には、ホノルル市内のハワイ出雲大社は約3万5000人もの参拝者で賑わったという。

### ハワイの神社の戦中・戦後

1941年12月7日朝（現地時間）、オアフ島のパールハーバーを日本海軍が奇襲した。日米の開戦後、ハワイは軍による戒厳令下に置かれることとなる。

戦中、日系の仏教寺院や神社は活動の休止を余儀なくされ、宗教者たちはアメリカ本土に抑留された。日

系宗教のなかでも、とりわけ神社と神道の儀礼・慣習はアメリカ当局の警戒の対象となり、各地の神社は閉鎖・解散させられてしまう。さらには社殿や境内地の多くが没収されたり、競売にかけられたりしたことにより、戦後の神社復興は困難を極めることとなる。

大戦終結後、抑留されていた宗教者たちがハワイに帰還しても、こうした状況下ですぐに神社の再建を目指すことはできなかった。しかも、大戦後のハワイ社会では、神社は「国家神道」やファシズムと結びつけられ批判の的となっていた。こうした理由から、神社の活動の本格的再開までには、10年ほどの時を待たねばならなかった。

戦前60社を数えた神社も、戦後に復興を果たしたのはわずか7社のみである［ヒロ大神宮（ハワイ島）、ハワイ大神宮、ハワイ出雲大社、ハワイ石鎚神社、ハワイ金刀比羅神社・ハワイ太宰府天満宮（以上、オアフ島）、マラエア恵比須金刀比羅神社、マウイ神社（マウイ島）］。

なんとか活動を再開したこれらの神社も、戦前のような賑わいを取戻したわけではない。神社を訪れるのは、日系1世や2世が中心であり、若い世代の「神社離れ」が進んできた。

## ハワイ出雲大社

衰退の一途をたどるかに見えるハワイの神社の中で、異色の存在がハワイ出雲大社である。

1906年に創設された同社は、教派神道の一派である出雲大社教に属し、正式名称は「出雲大社教ハワイ分院」という。創建者であり初代宮司の宮王勝良（広島県出身）は、ハワイの地に島根県出雲市の本社を模した神社を建設した。場所はホノルル市のダウンタウンからほど近く、州や市の庁舎からも徒歩圏内の位置である。ハワイ諸島各地に布教所や教会所も立てられて、大戦前の信者は1万を越えていたとされる。

しかし戦争が始まると、あとを継いでいた息子の宮王重丸二代宮司は抑留され、境内地もホノルル市に接収されてしまう。戦後、帰還して財産返還の訴訟を起こしたものの法廷闘争は長引き、1961年になってようやく勝訴して決着をみた。その後、市域の再開発計画のため1968年に近隣の現在地に移転し、現在に至る。

他の神社と同様に日系人の世代交代にともなう崇敬者の減少には抗えず、現状では月次祭などの行事に訪れるのは高齢の日系人たちが中心である。しかし、その好立地もあって現地での知名度は高く、大戦後も日

ハワイ出雲大社

第5章　メディアと聖地　163

系移民社会を代表する神社として一定の役割を果たしてきたと評価できることもたしかである。

　初詣のほか、もともと「縁結びの神様」として知られる同社は日系人の結婚式の需要が高く、またお宮参りや七五三といった子どもの人生儀礼場としても知られてきた。また、1976年には鎮座70年祭と併せてアメリカ建国200年奉祝祭を催行した。地元出身の高見山も登場した日本相撲協会による土俵入りの奉納には、多数の見物客が集まったという。

　さらに特筆すべきは、ハワイ出雲大社が地元の日系人のみならず、ハワイ滞在中の日本人の駐在員やその家族、留学生や一般観光客をも集めている点である。初詣に訪れる人は例年1万人を超えるという。

　オアフ島には、他にも4カ所に神社が存在しているが、ハワイ出雲大社ほど観光客に知られている神社はない。実際に訪れてみると、日本人観光客が頻繁にやってきて参拝する姿を目にすることができる。

### メディアに「発見」された神社

　こうした傾向は、2000年代後半に強まってきた。

　もっとも影響力が大きかったのは、テレビ東京のバラエティ番組「モヤモヤさまぁ〜ず2」であろう。日本人にはあまり知られていない「ハワイの出雲大社」という存在が、「意外性のある面白いネタ」として取上げられたのである。さらに番組出演者の人気お笑いコンビ・さまぁ〜ずと、

ハワイ出雲大社を訪れる観光客

1990年から着任している天野大也3代宮司との軽妙な掛け合いが人気を博し、その後もたびたび同番組で取上げられるようになる。それとともに、「実際にハワイ出雲大社へ訪れたい」、「宮司さんに会ってみたい」という観光客が急増し、観光ガイドブックやインターネット上での情報量も大きく増加することとなった。

　交通アクセスの便利な同社は、元来、他の神社に比べて観光ガイドブックに取上げられる機会は多かった。2000年代半ばにはある旅行会社が、ハワイで結婚式を挙げたカップルを対象に、彼らの子どもの七五三をハワイ出雲大社で行おうという企画も試みられている。

　観光客への訴求力が高い観光資源として、そもそも旅行会社や旅行雑誌などが注目する存在であったところに、テレビというマスメディアの影響が大きく関与したことにより、ハワイ出雲大社の現在があるということを指摘しておきたい。

### 「パワースポット」化する神社

　ところで、日本における近年のハ

ワイ出雲大社への関心の高まりは、その意外性や面白みだけにある訳ではない。注目すべきは、ハワイの神社の「パワースポット」化の問題である。女性向けの観光ガイドブックや女性誌で、「パワースポット」としてハワイの神社が紹介されることが増えているのだ。

以前よりハワイは、フラ、ハワイアン音楽、ロミロミなどの先住民文化を中心に、「癒し」や「スピリチュアル」を求める日本人観光客の人気の訪問先であった。ただし、従来こうした文脈においては、ハワイの日系の仏教寺院や神社などは関心の範囲外であり、取上げられることはほとんどなかったと言ってよい。しかし、近年ではハワイの神社が、「パワースポット」という新たな意味を付与されてクローズアップされつつあるのだ。

そうしたガイドブックや雑誌では、「癒し」、「元気になれる」といったキーワードとともに、ハワイの先住民の聖地（ヘイアウ）や、壮大な自然の渓谷や海岸などと同列に、神社もラインナップされている。ハワイ金刀比羅神社・ハワイ太宰府天満宮といった、従来はそれほど注目されて来なかった神社への参拝も促されている。こうしたガイドブックの中には、各神社が日本の「パワースポット」の出張所であるかのような扱いで紹介されることすらある。また、頒布されているハワイらしいデザインをした「お守り」などが、幸運を

ハワイの神社のお守り

もたらしてくれて、なおかつ「かわいい」お土産の一種として位置づけられていることも顕著な傾向であるといえる。

とはいえ、大きな流れとしてはハワイの神社の崇敬者の減少が進んでいることに変わりはない。現時点で一時的に観光客が増加しようとも、世代交代にともなって日系移民社会自体の希薄化が進んでいく中で、そのローカルな基盤が揺らいでいることは間違いない。現代日本のメディアや観光産業は、ハワイの神社を商品価値のある「聖地」として発見し、それを消費している。しかし、そこで創出されたイメージと現実の神社が抱える困難とのあいだの乖離は著しい。歴史・社会的背景から切り離された現在のハワイにおける神社の「聖地」化には、さまざまな問題が内包されている。　　　　（高橋典史）

**参考文献**
井上順孝『海を渡った日本宗教―移民社会の内と外』弘文堂、1985年
前田孝和『ハワイの神社史』大明堂、1999年

## 5-7 パリの三大墓地
―― ツーリズム化される死者の場所

### 西洋における墓地の歴史

墓地と観光というと奇異な印象を受けるかもしれない。日本では、お盆やお彼岸、命日に墓参りすることは広く見られる慣習の一つとなっているが、それ以外の機会に墓地を訪れることはそれほどないだろう。さらには散策のためにあえて墓地を訪れるとなると、なおさら一般的ではないように思われる。

一方で、西洋のキリスト教文化圏では、早くから墓地は憩いの場所として機能してきた。P. アリエスによれば、18世紀後半頃のフランスでは、墓地が社会全体の縮図として理解され、墓地において過去の偉人を顕彰し、自然豊かな庭園で造形美術を展示すべきだという「墓地参詣（cimetière visite）」の観念が誕生した。そして1800年代序盤、それまでの狭小で雑然とし、美観も衛生面も損なわれていたパリ市内の墓地を郊外に移転させたのが当時のセーヌ県知事N. フロショである。愛する故人を思い出し、称えられるべき国民的偉人を訪ねる場所としての墓地という構想の下、パリ東部のペール・ラシェーズ墓地、北西部のモンマルトル墓地、すでに使用されていた墓地を整備拡張した南部のモンパルナス墓地が造成された。当時はパリ市郊外にあったこれら三大墓地も、現在は市域拡大にともないパリ市内に含まれている。芸術性の高い墓碑、彫刻、時には家族用礼拝堂まで備えた家のような墓が密集した、さながら「死者の小都市」といった三大墓地の景観はその後の墓地デザインのモデルとなり、19世紀中にイタリア、スペインなどヨーロッパ大陸に広がっていった。

アメリカとイギリスにおいては、死者や墓地礼拝文化が比較的弱かったことと、都市化や商業主義へのアンチテーゼから、自然や平等、愛国、非商業性を前面に出した「田園墓地（rural cemetery）」が1830年以降急速に普及した。田園墓地においては、華麗な彫刻や装飾は避けられ、広大な芝生にプレート状の小型の墓標が整然と立ち並ぶ様子ものが主である。豊かで美しい自然のなかで、天国での幸福と安らぎを想像し、日々の辛苦を忘れ、穏やかな余生について思いをめぐらせることのできる場所として田園墓地はデザインされたのである。

### 墓地ツーリズムの展開

このように欧米においては、歴史的経緯に違いはあるが、早くから墓

地は自分たちの近親者が埋葬されているわけでなくても訪れることができる場所であり、さらには散策をしながら歴史的人物や芸術家、著名人の墓を訪ねる巡礼的な側面があった。そして先に挙げたパリの三大墓地は、こうした「墓地ツーリズム」と呼べるような観光形態の先駆であり典型であるといえる。

　モンパルナス墓地、ペール・ラシェーズ墓地、モンマルトル墓地はパリ観光のガイドブックでは名所として数えられており、日々、多くのツーリストが訪れる場所となっている。古くからの国際的な文化都市としてのパリの性格を反映して、国籍を問わず多くの著名人が埋葬されている。それぞれ少しだけ例を挙げておけば、モンパルナス墓地にはCh. ボードレール、J.P. サルトル、R. カイヨワ、S. ゲンズブールなどが、ペール・ラシェーズ墓地にはY. モンタン、E. ピアフ、A. コント、F. ショパン、M. カラスなどが、そしてモンマルトル墓地にはF. トリュフォー、H. ハイネ、M. ユトリロ、スタンダールなどの墓がある。墓石も、現代日本にみられるデザイン墓のように、故人の生前の業績や性格を反映した凝った意匠のものが多く、見どころのひとつとなっている。多くのガイドブックには墓地の地図が掲載され、どこに誰の墓があるのかがマークされている。また、いずれの墓地も広大な敷地をもつため、美術館のように効率的に回れるモデル・ルートを示しているものもある。

　いずれの墓地でもパリ市観光局によるガイド付きツアーが提供されているが、その他にも、モンパルナス墓地の場合、数カ所

墓地検索パネル

ある入口に墓地検索パネルが設置され、膨大な数の墓のなかから目当ての人物のものをアルファベット順で検索できるようになっている。ペール・ラシェーズ墓地の場合、パリ市公式のものではないが入口で各国語の墓地マップが販売されている。墓地マップは単に埋葬者の名前を翻訳しただけではなく、たとえば日本語版のマップには、万博の際に佐賀藩の派遣団として随行し、パリで最初に客死したとされる野中元右衛門の墓が記されている。

　埋葬者の生前のパーソナリティととりわけ強く共鳴する「巡礼者」を集め、墓地ツーリズムにおける独特の実践を生み出したものとして、ペール・ラシェーズ墓地のオスカー・ワイルド（1854－1900年）の墓が挙げられる。アイルランド出身のワイルドは小説『ドリアン・グレイの肖像』、童話『幸福な王子』、詩劇『サロメ』などで世界的に知られる作家である。ワイルドの耽美的・退廃的な作風に惹かれてワイルドの墓には世界中から多くの女性が訪れる。ワ

オスカー・ワイルドの墓

イルドの墓は巨大な天使像が象られた独特のものであるが、訪問の際には女性がキスマークを残していくことが習慣になっており、近年、口紅の油分による痛みの補修作業も行われた。またワイルドは男色によって投獄されたこともあるため、同地は同性愛者の聖地として語られることもある。

同じくペール・ラシェーズ墓地にあるジム・モリソン（1943－1970年）の墓も個性的な巡礼者を集める場所となっている。「ジ・エンド」、「ハートに火をつけて」などの曲で知られるロックバンド・ドアーズのボーカルであったモリソンは反抗的・挑発的な人物像で知られ、ドラッグ服用、過剰飲酒、逮捕歴、そして27歳でのパリでの変死という典型的なロックスターの悲劇を生きた人物であった。その強烈な個性を慕って墓を訪れる人々はモリソンの墓石にシャンパンをかける、派手な色遣いの落書きやサインを残すといったことを行うことが多く、一時は周囲の墓への配慮

から警備員が付けられたり、別の墓地への移転が検討されるなどしたのであった。このように、パリの三大墓地においては、著名人のカリスマや個性を軸にした墓地ツーリズムが見られ、そこでは、埋葬者は「世俗的な聖人」としてとらえられているといえるだろう。

## 日本における墓地ツーリズム

それでは日本には墓地ツーリズムは存在しないのだろうか。1923年（大正12年）に開園した日本初の霊園・多磨霊園（東京都府中市）はドイツの田園墓地を模して建設された。戦後、多磨霊園がひな形となり、広大な土地に植樹帯や花壇、噴水、彫像などの修景施設を設置することが推奨され、日本でも美しさに配慮した霊園が増加してゆく。そして、こうした一連の墓地整備と関連して、昭和初期頃から「掃苔（道）」が一部の層に存在した。掃苔とは国内の著名人の墓を調べ、その情報を交換し、訪問し、故人を顕彰することであるが、こうした営みが一般層まで拡大するのは、戦後のことである。

歌手や俳優などの墓には墓参者が多く集まる。特に夭折や急死といった悲劇的な死を遂げた人への供花や香煙は絶えない。近年では、有名人の墓巡礼愛好者を示す「墓マイラー」という新語が登場した。墓マイラー・ブームは、作家のあきやまみみことカジポン・マルコ・残月らがガイドブックを執筆して、著名人の墓の所在地情報を提供し、インターネ

ットなどで情報交換することで始まった。当初はごく一部の趣味人によって行われていた墓巡礼であったが、折からの歴史ブーム（歴女）、街歩きブーム、パワースポット・ブームとも重なって、若者や家族連れにまですそ野が広がりつつある。多くの墓巡礼ガイドブックが出版され、霊園周辺の観光、グルメ、街歩きの情報が提供されており、墓地参詣がメディアを通じてツーリズム化される様子がうかがえる。

こうした動きのなかでも特に興味深いのは有名人の命日が恒例行事となり、多くの墓参者を集める場合である。好例は、三島由紀夫の憂国忌、芥川龍之介の河童忌、夏目漱石の漱石忌といった文学忌である。なかでも太宰治の桜桃忌が広く知られている。桜桃忌は太宰の死の翌年から、太宰を直接見知る友人・知人の主催で、遺族を招待し故人を偲ぶため、禅林寺（東京都三鷹市）の太宰の墓前における食事会として開催されてい

桜桃忌に集まる人々

桜桃忌の太宰の墓

た。やがて、その話を聞きつけた太宰作品を愛する老若男女が全国から参集し、法要と食事会の開催を見物するようになっていった。

太宰を直接知る者がほとんどいなくなった現在では僧侶による墓前読経と太宰の散文詩の朗読というやや簡素化された形となっている。それでも桜桃忌の禅林寺は、往年のファンから10代の若者まで、毎年100－200名超の人々が列をなす。そして墓前に太宰の愛した桜桃の実やカップ酒、煙草などを供え、手を合わせるのである。

さらに桜桃忌に合わせて、インターネットで知り合った太宰治ファンのオフ会なども複数開催されるなどしており、欧米の墓地参詣の影響を多分に受けながらも、日本の墓地ツーリズムは独自の文脈のなかで展開しつつあると考えられるのである。

（岡本亮輔・問芝志保）

**参考文献**
あきやまみみこ『快感！発見！有名人のお墓トラベル』幻冬舎、2010年
フィリップ・アリエス『死を前にした人間』成瀬駒男訳、みすず書房、1990年

## 聖地・巡礼地マップ▶アジア、オセアニア

- 8-5 旅順
- 7-4 韶山
- 7-3 韓国国立墓地
- 1-5 カイラス山
- 4-5 台中市大甲区鎮瀾宮
- 4-5 嘉義県新港郷
- 2-1 ブッダガヤ
- 4-7 マーヤープル
- 1-6 ミャンマーの僧院（パアン）
- 1-6 ミャンマーの僧院（ヤンゴン）
- 7-6 フォキル・ラロン・シャハ廟
- 8-3 南太平洋の戦跡

第 6 章

悲劇と聖地

## 6-1 阪神淡路大震災
—— 「連帯の聖地」となった被災地

### 1995年1月17日

　この日の午前5時46分、淡路島北部を震源にマグニチュード7.3の大地震が発生した。これにより、神戸市をはじめとする兵庫県南部地方とその近辺は甚大な被害に見舞われることとなった。全壊した家屋は10万4906棟、半壊は14万4274棟を数え、死者の数は6434人、行方不明3人、重傷軽傷を合わせた負傷者は4万3792人にものぼる。地震の影響は尾を引き、多くの被災者は生活再建のため経済面での苦闘を強いられた。心身の不調——PTSD心的外傷後ストレス障害という言葉が広く知られるようになったのは、ここからである——を訴える者も相次いだ。大切な人を奪われた遺族は、笑顔を取戻すまで長い時間を要した。阪神淡路大震災である。

　突然に大都市圏を襲った災禍は国民すべてに衝撃を与えた。そして被災者のため何かしないではおれないという思いに駆られた人々が大挙、ボランティアとなって現地入りし、救援活動に取組んだ。被災者は彼らに励まされ、犠牲者の死を無駄にしないためにも、苦難に打ち克とうと心を定めたことだろう。

　人々の日常を瞬時に破壊した大震災の記憶は、いつまでも人々の心に留めおかれねばならない。この災禍から得られた教訓は、次代に活かされねばならない。そして同時に、無償の支援を実践した人間の優しさ、支えあうことの素晴らしさもまた、胸に刻まれるべきものである。

### 1999年1月17日

　被災直後の混乱が収まりを見せ始めた頃から、被災地各所には震災モニュメントが建立されるようになった。碑の類が最も多く、仏像、植樹、タイムカプセル、損壊状態のまま保存された施設等々、その形態は多岐にわたる。そしてそれらを掲載したマップを作成するため、ボランティア団体「震災モニュメントマップ作成委員会」が結成された。「365日、どこかで震災が語られるために」、「モニュメントに込められた『思い』を語り継ぐために」、「支えあう『心』を次代に伝えるために」、マップの作成が立案されたのである。

　モニュメントの所在を確認し、その設置に至った経緯を取材した委員会メンバーの努力は結実し、1999年1月に55のモニュメントを掲載した第一次マップが完成した。その1年後、新たに存在が確認されたものを加え120を収めた第二次マップが、

さらにその翌年には158を掲載した第三次マップが作成されている。

マップ作成委員会は第一次マップの発行に合わせた1月17日、「モニュメントを通して市民が震災を語り継ぐ場を」とのコンセプトのもと、芦屋市から神戸・三宮までをコースとする「震災モニュメント交流ウォーク」を初めて実施し、以降もコースを変えて継続的に開催してゆくことを確認した。いくつかのモニュメントを大勢で歩いて訪れ、訪問先では「(震災体験の)語り部」の声に耳を傾け、そして参加者全員による交流会を設けた後に散会するというのが、その内容である。

そこでは、モニュメントに行き着く度にそれに向かって手を合わせ、花を手向ける参加者たちの姿があった。犠牲者の冥福を祈るその場景は、交流ウォークが巡礼であることを示唆している。モニュメントは死者の霊が宿るところと参加者に認識されており、それゆえに合掌すべき聖地なのである。その聖地を訪ね歩く行動は、古来から行われてきた巡礼と変わるところがない。また、歩くに適した服装と靴を身に着けリュックを背負った参加者たちが、歩みを続けながら恐怖と悲しみの経験を語り合うという場面もあった。それは、バスや鉄道が利用できず歩くほかなく、見知らぬ同士で励まし合った被災直後の時間を再現するものであった。すなわちこの小さな旅は、被災地の原点に向かって歩む巡礼でもあったといえるのである。

この日、交流ウォークの参加者たちは、特定宗教に依らない新たな宗教儀礼をつくり上げた。もちろん、彼らが当初から儀礼を創出しようと考えていたわけではない。慰霊のため、被災者同士がつながり合うために案出された催しが、客観的に見た場合に「宗教的」と冠するに足るものであったということである。

## 2000年1月17日

交流ウォークは翌年の1月16日夕刻から17日早朝にかけても実施されている。このウォークは、前年のそれにはない、特別な目的を持つものであった。

この企画への参加者たちはいくつかのグループに分かれ、震災モニュメントを巡りつつ被災地10市10町を夜を徹して歩き、各地で燈されている火を集めながら神戸市中央区の東遊園地を目指した。東遊園地では、市民等からの寄付1億5000万円によって「慰霊と復興のモニュメント」が完成したばかりである。そしてそのすぐ傍には、間もなく「1.17希望の灯り」と名づけられることになるガス燈も設置されていた。この灯りを燈すことを、参加者たちは目的としていたのである。

各方面を歩いたグループが東遊園地に到着し、「点灯式」が行われた。そこで各地の火は一つにまとめられ、さらにそこに全国47都道府県から寄せられていた「支援の火」も合わされた。ここに「1.17希望の灯り」が誕生したのである。そして続いて

行われた前出のモニュメントを会場とする追悼式を終え、参加者たちは火を持って港へと移動し、その火で点じた蝋燭で輝く灯籠を海へと流して犠牲者の冥福を祈った。

　2000年第一回目の交流ウォークは、決して消えることのない、また消してはならない灯りをつくり上げるために執り行われた。「不滅」の灯りはいまも、ガラスケースのなかで揺らめいている。そして灯りに向かって頭を垂れ手を合わせる人の姿は、一年を通して絶えることがない。交流ウォークは次回が実施されれば第54回目となる。これに参加する遺族たちの亡き人への思い、悲しみを共有する同士のつながりは、いくら時が経とうとも変わらない。

## 出現した聖地

　被災各地の火が一つにされたことは、全被災者が一つになったことを表す。全国から寄せられた火がそこに合わされたことは、被災者が全国の人々とつながったことを表現している。さらに聖地たるモニュメントを巡りながら火を集めるとは、犠牲者の魂を集めて一つにすることであると理解できる。かくして犠牲者も生き残った被災者と、また支援する全国の人々と、一つの火のなかで結びついた。犠牲者は被災者を含む全国の人々とともにある。人々は互いにつながり合うことを忘れず、犠牲者のことを忘れることはない。「1.17希望の灯り」はつながり支え合う連帯の象徴として、燈されたので

竹灯籠を並べた追悼式会場

ある。

　そしてもちろん、「希望の灯り」は犠牲者の生命の象徴でもある。東遊園地で毎年催される追悼式は、多くの竹灯籠を並べて造形した巨大な炎の「1.17」でよく知られていよう。その灯籠のなかで揺らめく火に向かって合掌する参列者は少なくない。竹灯籠を燈すための火は、「希望の灯り」から採られたものである。

　「希望の灯り」は聖なる火である。犠牲者は誰からも追悼されるべき存在であり、人々の連帯は何より尊ばれるべきものである。その象徴である灯りは永遠に輝かねばならず、また輝くよう支えられねばならない。

　「希望の灯り」には、真冬の未明に絶望の淵へと追いやられた人々に暖かさと明るさを届ける、という意味も込められていた。心身が凍えた人々を明るく暖かな希望で満たし、良き未来へと導く役割を担うのが、この灯りである。したがって灯りは被災地全域を、隅々まで照らし出す。2000年1月17日午前5時46分、聖なる「希望の灯り」が燈されたその瞬間、被災地は聖地となった。

　聖地たる被災地のなかには、震災

希望の灯り（手前）とモニュメント

モニュメントという小聖地がいくつも存在している。そして神戸・三宮の駅から徒歩五分で行き着け、神戸市役所のすぐ南隣りにある東遊園地は大聖地といえる。そこには「希望の灯り」がある。傍らの「復興と慰霊のモニュメント」も、東遊園地に大聖地のステイタスを与えている。このモニュメントの地下には「瞑想空間」が設けられており、壁面には犠牲者たちの名前を記した銘板が並ぶ。遺族はここに来て、亡き人に語りかける。モニュメントは、人と社会の復興を見守る犠牲者たちに近接しうる場所なのである。また東遊園地は、震災当年の12月から開催されている「神戸ルミナリエ」の主会場でもある。犠牲者慰霊と復興への願いを込めた光の祭典は全国に知られていよう。東遊園地は、そのアクセスの良さも作用して、聖地中の聖地と位置づけられるべきものである。

## 広がる聖地

2001年1月17日、この中心聖地の「希望の灯り」から分灯された火を携え、市民ランナーが全国69の都市へと出発した。これを皮切りに聖なる火は日本各地で燈され、その地を小聖地へと変えていった。

そして2011年の夏、盆行事で燈したいとの要請を東日本大震災被災地から受け、「希望の灯り」はそれを管理する市民団体によって現地へ運ばれた。同年末には陸前高田市で、翌2012年には南相馬市で、神戸から分灯された火により「3.11希望の灯り」が燈されるに至った。さらに1月17日の石巻市では、陸前高田の「希望の灯り」の火で燈された数多の灯籠で「絆／神戸」が描かれ、午前5時46分に神戸に向かって黙祷が行われた。

「希望の灯り」が象徴する連帯が、阪神淡路大震災被災地を越えて広がりつつある。そしてこれからも、不慮の災いによって多くの生命が失われた地で、犠牲者と、悲しみから立ち直ろうとする人々、そして彼らを支える人々との連帯の証として、連帯の尊さを伝えるために、灯りは燈されていくだろう。

特定宗教色を持たない聖地が、多くの人命を奪った天災を機に、現代日本に出現した。つながり支え合うことの至高であることを痛感した人々が、被災地を聖地化したのである。この聖地では、他者とのつながりが人を癒す。

（三木　英）

**参考文献**
三木英編『復興と宗教―震災後の人と社会を癒すもの』東方出版、2001年
NPO法人阪神淡路大震災1.17希望の灯り・毎日新聞震災取材班編著『思い刻んで―震災10年のモニュメント』どりむ社、2004年

## 6-2 御巣鷹山
### ――死者と会う場所

### 御巣鷹山と日航機事故

　御巣鷹山とは、1985年8月12日18時56分、東京発大阪行きJAL123便が墜落した群馬県上野村にある山である。この事故では、乗客509名乗員15名計524名のうち、520名が死亡、航空機史上最大の被害者を出した。

### 2つの慰霊空間

　日航機が墜落した群馬県上野村には、事故犠牲者をまつるための2つの慰霊空間が存在する。1つ目は村内に造られた慰霊施設である「慰霊の園」で、園内には慰霊の塔、納骨堂、展示棟、管理棟などがある。慰霊の塔と納骨堂は1986年8月3日、慰霊の園内に完工した。慰霊の塔の高さは11m、合掌する手をイメージして作られている。その背後に納骨堂があり、身元不明の部分遺骨が納められている。財団法人「慰霊の園」が管理を行っており、8月12日に挙行される追悼慰霊祭の会場ともなっている。

　また展示棟には、さまざまな人によって納められた慰霊のための品（写経、仏像、仏画、千羽鶴など）が、事故の概要をまとめたパネルとともに展示されている。つまり、慰霊の場

墓標

であるとともに、事故を伝える教育の場としての意味を持っている。

　2つ目は、「御巣鷹の尾根」と呼ばれる墜落現場一帯である。御巣鷹の尾根は群馬県・埼玉県・長野県の県境付近に位置する山深い場所で、上野村の市街地から御巣鷹の尾根への登山口までは車で約30分、さらに登山口から御巣鷹の尾根までは徒歩で30分ほど登らねばならない。

　ここには「昇魂之碑」と名づけられた慰霊塔のほか、さまざまなモニュメントや石仏が点在し、また犠牲者の遺体発見現場には、墓標（銘標）が立てられている。

　27年が経過した現在でも、多くの遺族が慰霊登山を行っており、「この山から戻ると、不思議と心が安らぐ。『亡き人に会えた』という気持ちになる。御巣鷹に自然に触れる回数を重ねるうちに、そこにある木々に

も石にも水にも神が宿っているように思えてくる。肉体は仮の入れものでで、魂はこの山にある気がしてくる」と遺族の美谷島邦子が述べることに見られるように、御巣鷹の尾根には「死者がいる」と感じ、登ることによって「死者に会える」という感覚を遺族は今でも持っている。

　また、遺族以外の日航職員、JR職員や自衛隊員など空や交通に関わる人などさまざまな人々も登山をしている。「昇魂之碑」の隣には、「鎮魂の鈴」と名付けられた登山者がメッセージを書いて吊るための設備があるが、これらのメッセージには、「死者の冥福を祈る」や「死者への報告」といった内容のほかに、「空の安全を祈る」という内容が多く見られ、御巣鷹の尾根が、「空の安全を祈る」聖地ともなっていることが伺える。

　このように、御巣鷹の尾根が「空の安全を祈る」聖地となったのは、遺族会が展開した活動と無関係ではない。以下に、遺族会である「8.12連絡会」が展開した活動と、御巣鷹の尾根の形成について見ていこう。

### 事故発生当初の「御巣鷹の尾根」

　まず、事故発生から1－2年での、遺族にとって「御巣鷹の尾根」はどのような意味を持っていたのであろうか。「早朝恨みの尾根に又登りました。あの娘の血と無念さのしみこんだ地に立つとき、私の心は安らぎます。あの娘にうんと近づけた様な気がして語りかけられます」と遺族が述べるのに見られるように、御巣鷹の尾根は死者（肉親）との交流の場であった。そして、「遺族の方々は交々、『我々の身内の亡くなったあの御巣鷹の尾根を観光地にされたんでは悲しいから、村長によく言ってくれ』と、『あそこに自動車を上げて、笑いながら我々の身内が亡くなった所をね、眺める様な事をしないでくれ、と言ってくれ』と何度も何度も言われました」と上野村の黒沢村長が語るように、死者との交流の場であるからこそ、関係者以外、あるいは死者への慰霊の気持ちを持たない人の立ち入りを好まない場所であった。

### 御巣鷹の尾根の変化

　事故から数カ月後、事故被害者遺族によって、「8.12連絡会」という遺族会が結成された。事故当初は、補償に関する遺族間での情報交換、遺族の心のケア、被害者への慰霊、原因究明への取組みを中心として活動を展開していたが、1987年頃より重点的に活動を展開してきたのが、「空の安全のための活動」であった。たとえば、慰霊祭で遺族がゼッケンをつけ空の安全を訴える、また「空の安全を問う」と記されたテレホンカードを発行（6500枚）するなどの活動を展開する。1989年からは「上野村セミナー」というシンポジウムが開催され、翌1990年からは、「航空安全国際ラリー組織委員会」を結成し、「上野村セミナー」を発展する形で活動を展開していく。その内容は、国際シンポジウム（「航空安全国

際ラリー」）の開催、慰霊登山、慰霊式典、記録本の発行、航空局との定期会談、行政業界との折衝などであるが、1993年頃からは墜落現場一帯である御巣鷹の尾根にさまざまなモニュメントを建立していった。

## さまざまなモニュメントの設置

事故から1年後の1986年、墜落場所に「昇魂之碑」という慰霊碑が建立されたが、1993年8月には、昇魂之碑の隣に「安全の鐘」と「鎮魂の鈴」が設置された。慰霊登山に訪れた人（遺族・遺族以外とも）は、安全の鐘を鳴らし、鈴を付けた短冊にメッセージを記し吊るす。これらが設置された目的は、「連絡会が御巣鷹の尾根に『安全の鐘』を設置したのも風化を防ぐためだ。美谷島さんは『今後は日航など事故の当事者も風化防止に取組んでほしい』と訴える」と1993年8月13日の『朝日新聞』にあるように、事故の風化を防ぐことであった。

1994年には、御巣鷹の尾根入り口に、「すげの沢のささやき」碑が設置されたが、これには航空安全国際ラリー組織委員会会長による設置の目的が刻まれている。

「この事故により得た教訓を無駄にせず、将来の空の安全性向上に役立て、心の戒めとして不断の努力が必要であることを後世に伝えることが、私達遺族の使命であり、それが亡き犠牲者への冥福を祈る道であると信じます。（中略）この碑を『すげの沢のささやき』と命名し、いく久しく世界航空安全の原点として、空行く人を守るための礎とします」とあり、御巣鷹の尾根を「航空安全の原点として、空行く人の守るための礎」と位置づけている。

1995年8月には、御巣鷹の尾根入り口「すげの沢のささやき」碑の横に「御巣鷹の尾根案内図」と「説明文」が設置された。これには、事故の概要および御巣鷹の尾根一帯の地形、飛行機が墜落してきた方向、慰霊碑の場所についての案内が施されている。また案内図の下には、登山者が持ち帰ることができる案内図を入れる箱が設置されている。これが設置された目的は、「事故の実態を殆ど知らない一般登山者に事故内容とその教訓を説明、これにより事故の風化を防ぐのが目的です」とあるように、案内図の対象は遺族ではなく、遺族以外の一般登山者に向けられたものとなっている。なお、2004年には「御巣鷹の尾根・昇魂の碑登山案内図」が設置された。これには駐車場の場所、登山ルート、昇魂の碑までの距離と所要時間、水飲み場の位置が記されており、これも一般登山者向けの性格が強い。

## 「風化防止」と「安全」の発信地へ

このように、御巣鷹の尾根に設置されたモニュメントは、付けられた名前、記された銘文、デザインなどからも、慰霊とともに「事故風化の防止」、「空の安全」という意味を持ち、誰の目からも明らかなものとなっている。つまり、これらモニュメ

ントの存在は、事故被害者遺族、ほか関係者、また直接事故とは関係ない人々など、御巣鷹に訪れる者すべてに対して、御巣鷹の尾根が「慰霊」、「空の安全」、「事故風化の防止」という価値を担う空間であることを表示する機能を果たしていると考えることができるだろう。

　事故当初、御巣鷹の尾根は遺族関係以外の立ち入りを望まない「私的空間」という意味合いが強かったが、遺族らの事故の風化を防ぎたいという思い、また「空の安全のための活動」によって、御巣鷹の尾根は遺族以外のさまざまな人々にも開かれていき、「空の安全」と「事故風化の防止」という意味を持つ場所としての意味合いを強めていったのである。8.12連絡会事務局長の美谷島邦子が、「当時は、御巣鷹の尾根を観光化してほしくないと願う遺族もいた。しかし、空の安全への警鐘や事故を風化させないためにも、遺族に限らず、大勢の人に上ってほしい」と事故から10年後の1995年に述べているのは、このことを象徴的に表現している。

　では、なぜ遺族は「空の安全のための活動」を展開したのだろうか。

　それは、「死を無駄にしたくない、役立ててほしい」と遺族が願ったことによる。具体的には「肉親の死という事実が、社会に貢献した」という結果を求めたことが一因として挙

航空安全祈念像

げられる。

　そして、その思いこそが、「亡き人の意思」であると受け止めていたと考えられる。1999年に、事故後に発見された部分遺骨や遺品を納める場所が設置され、2001年にその場所に「航空安全祈念像」が設置された。

　この像は、事故の犠牲者をモチーフとした胸像が並んでいて、そこには「悲願航空安全」と記されており、あたかも「死者が航空の安全を願っている」かのデザインとなっていることは、この遺族の思いを表していると考えられるだろう。（名和清隆）

**参考文献**
名和清隆「社会的守護者となる死者」『佛教文化学会紀要』19、2011年
名和清隆「死者と生者の関わり－日航機事故被害者への慰霊から」金永晃編『仏教の死生観と基層信仰』勉誠出版、2006年
美谷島邦子『御巣鷹山と生きる－日航機墜落事故遺族の25年』新潮社、2010年
航空安全国際ラリー実行委員会『航空安全国際ラリー第5回報告書』1996年

## 6-3 紫雲山地蔵寺
―― 聖地に集う母親たち

### 「水子地蔵寺」の景観と立地

　埼玉県秩父郡小鹿野町にある、水子供養専業として著名な寺院である。「水子地蔵寺」とも称される。

　地蔵寺が有する約1万4000体におよぶ地蔵像はすべて、自身や家系の水子（中絶、間引き、流産、死産、夭折した子の霊）を供養するために寄進されたもので、申込順に整然と並べられている。台座部分には寄進者の都道府県名や「〇〇家水子之霊」などといった文字が彫りこまれている。現在は5万円から建立できるという。法要が営まれる毎月1－5日と春秋彼岸・お盆の期間や、気候の良い時期の休日には、全国の寄進者が地蔵寺へ参拝にやってくる。

　初めて訪れた者は、左右の山の斜面を埋め尽くすように幾重にも並べられた地蔵像、その一体一体に供えられた赤い「おかけ」（よだれかけ）や風車の色とりどりを目の当たりにして、思わず足を止めるであろう。境内は花々や、雛飾り、鯉のぼり、七夕飾りなどで四季に応じた華やぎを見せ、それもまた訪問者にとっての見所となっている。

　地蔵寺は、東京から電車で約2時間という自然豊かな秩父の奥地、秩父三十四カ所札所霊場の第三十一番

鯉のぼりがたなびく5月の地蔵寺

札所である「観音院」に向かう一本道沿いに建てられた。観音院に詣でるためには、地蔵寺の敷地の中央を貫く一般道を通行せざるを得ないため、立地のわりに徒歩、自動車、観光バスなどの往来が多く、人目を引くのである。

　この立地には、秩父札所霊場の歴史が関わっている。秩父札所は、江戸時代以降、参詣と行楽を兼ねた、特に女性向けの巡礼地として名を馳せた。佐藤久光はその理由として、短期間、低コスト、肉体的負担も軽いという秩父札所の特性を挙げている。江戸から90kmあまりで、関所を通る必要がなく、狭溢な盆地に札所が集中した比較的小規模な巡礼地であるため、10日程で巡礼を終えることができたのである。また、旅疲れや精神的緊張も温泉に浸かることで癒された。やがて秩父巡礼は、夭

折、間引き、堕胎した子の供養の旅という側面をも持つようになった。たとえば第四番札所の金昌寺では境内で堕胎が行われており、紀州藩と越前藩の奥女中たちが寄進した童形石仏像26体や石碑、江戸の町民が納めた石仏が多く建てられている。戦後には、第一番札所の四萬部寺をはじめ複数の札所で水子供養が行われるようになった。こうした民間信仰を基盤として、地蔵寺建立に際して他ならぬ秩父の地が選ばれたのであった。

### 水子供養ブームと地蔵寺

地蔵寺の興隆については、社会全体の動き、そしてメディアによる水子供養ブームという背景とともに理解する必要がある。

わが国において堕胎自体は17世紀から行われ、一部では供養実践もなされていたが、水子供養が広く一般に普及するのは1970年代のことであり、「伝統」というには新しい現代的儀礼であると言って差し支えない。戦後の水子供養の普及は、人々や若年層の性意識の変化、母体保護法制定（1948年）による妊娠中絶数の増加、1950年代以降の医療技術の向上、生命観の変化などが、要因として指摘されてきた。戦前戦後に堕胎した女性は、後々になって、腹部エコーや胎児の心音について見聞するようになり、胎児は「いのち」、「人」であった、堕胎は殺生であったという近代的な生命観を得るに至り、供養に向かったのであった。

水子は供養されるべきであるといった言説は、女性週刊誌、一般書、テレビ番組などで多く取上げられることで、さらなる普及を見ることとなった。1970－80年代は、「霊障」、「タタリ」と、病気や家庭不和などのさまざまな困難とを関連付ける言説がマスメディアに溢れた時期であり、水子霊についても例外ではなかった。大戦前後の混乱期には夭折者が多く、生活苦による堕胎も多数行われていたため、一、二代も遡ればほとんどの家に「供養の不十分な水子霊」がいて当然である。それぞれの事情による妊娠中絶、あるいは愛する子の流産、死産、夭折を経て、非常な罪悪感や辛苦を抱えていた当の女性本人であればなおのこと、水子霊にリアリティを感じ、わが子の成仏を願うという心性を抱きやすいであろう。

水子を供養して家内安全、病気治癒、不妊解消などを祈願しようという女性たちは、付き合いのある檀那寺には足を向けにくい。彼女たちはマスメディアから得た情報を頼りに、自宅とは少し離れた有名寺院や、霊験あらたかとされる寺院、人目を避けられる拝み屋を訪れた。かつては伝統的地域社会内で解決されていた堕胎・間引きの問題は、都市化・個人化社会においては、地蔵寺をはじめとする水子供養専門寺院が担うことになったと言うことができる。

このように、メディアを用いた水子供養普及の先駆者こそ、当の紫雲山地蔵寺の開祖、橋本徹馬であった。当時政治評論家として活躍していた

橋本徹馬は、戦後すぐの1947年から、月刊誌『紫雲』の刊行を始めた。『紫雲』は政治評論やエッセイ、読者人生相談などを内容としていたが、その中で橋本は科学、医学では治療しえない心の問題を改めることで病気はすぐに治るとの教えを説いた。そのうち、読者から寄せられる悩みの原因の半数以上が生命の軽視によるものだと論じ、また犯罪や社会問題も同様であると考えるようになった。とりわけ中絶胎児への謝罪と供養の不徹底を問題とした。しかし当時、水子を十分に供養する寺院がなかったことから、自ら日本全国の聖地や巡礼地を行脚した上で秩父の地を選び、1971年に「紫雲山地蔵寺」を落慶するに至ったのであった。

橋本が自らの教えを集約したものとして作成した「秩父霊地地蔵和讃—水子供養の歌—」には、下記の一節がある。「一度(ひとたび)この地に詣で来て／至心に回向し懺悔して／祈る心の深ければ／罪障すべて消滅し／親子もろとも救わるる／深き弘誓のうれしさよ」。橋本は1990年に100歳で亡くなるまで、生涯にわたり雑誌や一般書籍を刊行して、中絶・流産児の供養および中絶廃止の思想の普及に努めた。

地蔵寺は、その規模の大きさや言説の力強さから、水子供養を代表する寺院としてしばしばマスメディアに取上げられ、知名度を高めた。人々は、そうしたマスメディアを通じて地蔵寺を認知し、橋本の教えに触れ、地蔵の群れを見て、寄進を決心したのであった。

地蔵寺にひしめく地蔵は、水子を供養したいという寄進者の悔恨、愛情、信心、生命の重みのリアリティをそのまま反映している。そしてまた、不幸な中絶は避けなければならないとの橋本の教えを体現する使命を担った一つのメディア（媒体）として存在していると言うこともできよう。

### 地蔵寺の今—母親たちの共同体

水子供養自体が、1980年代をピークとして、今日ではかつてほどの勢いを失いつつある。地蔵寺の新規寄進者数も、1980年代前半をピークとして右肩下がりだという。衰退傾向の背景には、国内の中絶件数の漸減や、霊障を標榜する宗教への批判が相次いだことなどといった社会的要因があるだろう。こうした状況下における地蔵寺の聖地性は、どのように理解されるだろうか。以下では、地蔵寺における信者たちのコミュニティに着眼し、その共同性と媒介性を見ていきたい。

地蔵寺では、寄進者が地蔵建立後も会員となって年間3300円の維持費を負担し、月刊誌や行事日程案内の送付を受けることで、寺院とのつながりが維持される仕組みになって

開祖である橋本徹馬の碑

いる。この会員組織は、女性たちにとって、地域の枠を超えたコミュニティとしての機能を有しているのである。法要や奉仕会の他に、地蔵寺の主催で毎年四国遍路や西国巡礼などの行事が開催されており、同じ悩みを抱える女性同士がコミュニケーションを図る機会が保たれている。さらに大都市には、講組織を思わせる会員コミュニティ「紫雲会」がある。紫雲会の会合では、住職の講演、住職との面談、懇親会が開催され、水子供養の功徳を分かち合う機会となっている。大型バスでの地蔵寺への集団参拝（1泊2日）も定期的に行われている。

現在も刊行が継続されている月刊誌『紫雲』でも、住職（初代、二代目は逝去し現在三代目）による教導の文章の他、供養によって得られた功徳や癒しについて、信者たちの具体的な体験談が共有される。

地蔵寺と水子供養の維持・運営には、寄進のみならず、篤信の信者たちによる奉仕活動が大きな役割を果たす。たとえば、年に5回開かれる「奉仕会」では、篤信の女性信者たちが全国から参集し、1万4000体の地蔵像すべてに供えられたおかげや風車、造花や生花などが一体一体新しいものと取換えられる。8月の盂蘭盆会で行われる法要に際しても、信者たちの手によってすべての地蔵像に灯明を供えられる。地蔵像を磨き、広い境内を清掃して美観を維持するには、住職一人の手には負うことができず、信者の奉仕が欠かせないの

境内はいつも美しく保たれている

である。

先述のとおり、水子供養自体は流行のピークを過ぎている。近年では「インターネット水子供養」といったヴァーチャル空間での供養の登場も報告されている。また、現在の地蔵寺を支えている人々が、70-80年代に興隆した水子供養の主要な担い手、すなわち今や高齢期に差し掛かった年齢層であることも否めない。世代交代はどのように行われるのか。いずれにせよ、確かに一方で水子供養それ自体は現代的な「個人化された供養」の最たるものでありながら、他方では、水子供養に向かう女性たちは経験者や支援者とのコミュニケーションも求めてもいるのである。地蔵寺の有する共同性のゆくえは今後も注目に値するであろう。

（問芝志保）

### 参考文献
高橋三郎編『水子供養―現代社会の不安と癒し』行路社、1999年
ウィリアム・R.ラフルーア（森下直貴、遠藤幸英、清水邦彦、塚原久美訳）『水子―〈中絶〉をめぐる日本文化の底流』青木書店、2006年

## 6-4 えひめ丸慰霊碑
――国境をこえた悲劇の記憶への努力

### 実習船と原子力潜水艦の衝突

2001年2月9月午後（現地時間、以下同様）、アメリカ合衆国ハワイ州オアフ島沖で、アメリカ海軍の原子力潜水艦グリーンヴィル号（約6000t）が急浮上し、愛媛県立宇和島水産高等学校の実習船えひめ丸（499t）の船尾部分に衝突した。巨大な原子力潜水艦に激突されたえひめ丸はおよそ5分間で沈没する。

事故発生後、グリーンヴィル号は現場に留まり、アメリカ海軍はホノルル沿岸警備隊と連携してえひめ丸の乗組員の救助に当たった。しかし、悪天候などの悪条件もあって、沈没したえひめ丸の船体が発見されたのは、事件から5日後のことであった。その後も行方不明者の捜索は3月初めまで続けられた。

事故当時、えひめ丸には指導教官2名、生徒13名、その他乗組員20名の計35名が乗船していた。そのうち26名は救出されたものの、教官2名、生徒4名、乗組員3名の計9名が行方不明となる。

### 被害者らの反応

アメリカ政府は事故発生直後から事故の責任を認めた。また、アメリカ運輸安全委員会（NTSB）による調査報告書でも、事故発生の原因はグリーンヴィル号の側にあったとされている。同報告書によれば、同号の幹部たちの意思疎通が十分でなかっただけでなく、事故当時、民間人訪問者16名を乗せていたため、乗組員たちは訪問者への対応に追われていたという。

海底約600mの深さに沈没したえひめ丸の行方不明者の捜索は難航する。行方不明者の家族たちの捜索続行の希望により、ようやく2001年秋に船体が浅瀬に引き揚げられて、アメリカ海軍と海上自衛隊のダイバーによる捜索が行われた。懸命な捜索により、行方不明者9名のうち8名の遺体が収容された。これは史上最深における船体引き揚げ作業となった。

また、被害者たちは、事故の責任があるアメリカ海軍に賠償を求めて訴訟を起こした。初めのうちアメリカ海軍側は、事故現場がアメリカの領海ではないため、公海死亡法上、慰謝料の支払い規定がないとして賠償に応じなかった。日米双方の弁護団による交渉の結果、アメリカ海軍側が譲歩し、2002年11月になってようやく乗組員33名の関係者と和解に達した。アメリカ海軍が支払う賠償総額は、約16億6800万円（当

時の為替相場に基づく）だった。残りの2名（ともに事故の犠牲者）の関係者も、翌年1月に総額約3億円（同上）で和解し、賠償面に関しては全面的な和解が成立した。

　被害者たちは、事故当時のグリーンヴィル号の艦長であったスコット・ワドルが事故の責任を取ることを望んだ。ワドルは2001年3月から4月にかけて開かれたアメリカ海軍内の査問会議において証言と被害者への謝罪を行ったものの、その後、軍法会議にかけられることも刑事責任を問われることもなく、減俸処分を受けただけで軍を除隊（年給受給資格のある「名誉除隊」）したため、アメリカ海軍の対応に対する関係者たちの不満は高まった。

　2002年12月になって、ワドルが謝罪のために宇和島水産高等学校を訪問し、事故の犠牲者9名の慰霊碑に献花した。ワドルは救出された元実習生らとも会って謝罪したが、遺族や被害者の多くは対面を望まず顔を合わせることはなかった。

## 日本人の死生観への配慮

　水深600メートルという深さに沈んだえひめ丸について、当初アメリカ海軍は、彼らの通例通りに引き揚げを断念する方針だった。しかし結果的には、行方不明者の家族たちの強い希望により引き揚げへと至ったのであるが、その際には遺体や遺品をめぐる日本人の考え方や慣習への配慮もなされた。

　アメリカ海軍は、引き揚げ作業に

公園内のえひめ丸慰霊碑（写真中央）

入る前の2001年夏に、捜索に携わるダイバーたちに向けて日本人の死生観に関する講義を開いた。行方不明者の収容に際しては、日本の習慣や仏教的な思想への理解が必要であると考えたためである。当時ハワイ大学教授（宗教学、仏教学）だったジョージ・タナベにより2回にわたって行われた講義には、アメリカ海軍だけでなく、日本の海上自衛隊のダイバーら100名以上が出席した。タナベは、アメリカでは死者とは魂だけであり、遺体を重視しないが、日本では遺体を大切にするため、遺体の尊厳にもっとも配慮すべきであると説明した。そして、遺体への収容作業を実際に行う隊員たちに、「行方不明者の遺体に最大限の敬意を払う」という大原則のもと、遺体を海中でバッグに収容する作業手順や、遺体回収を見守る隊員たちは、脱帽のうえ直立して敬意を表するといった点を指示した。また、その後もタナベは、遺体・遺品などの取り扱いについての相談に対応していったという。

　行方不明者捜索中の2001年10月

第6章　悲劇と聖地

下旬には、犠牲者と行方不明者の家族ら関係者たちが、船内捜索を行っている作業船近くまでチャーター船で出向き、船上から犠牲者を追悼した。作業船にいた隊員たちは帽子を脱ぎ、起立してそれを出迎えた。その翌日、アメリカ海軍は、捜索で回収することができた遺留品や遺品を関係者に公開し、午後にはホノルル市内の葬儀社において遺族が発見された遺体と対面した。その後、外務政務官、愛媛県知事、宇和島水産高等学校およびアメリカ海軍の関係者の参列のもと、同葬儀社内で合同供養が行われた。アメリカ海軍のこうした対応にも、日本人遺族たちに対する一定の配慮がうかがわれる。

懸命の捜索活動にもかかわらず、行方不明者9名のうち実習生1名の遺体はとうとう発見されないままアメリカ海軍と海上自衛隊による捜索は打ち切られ、2011年11月末にえひめ丸は再び深海に沈められた。

ただし、深い海底からえひめ丸を引き揚げて遺体の捜索を行うという大がかりな作業については、アメリカ社会内で批判も起こった。ワドルへの責任追及が日本側で高まるにつれて、アメリカ側からは疑問も呈されたのである。なかには、日本海軍によるハワイのパールハーバー攻撃により撃沈されたアリゾナ号が1000名以上の遺体とともに海底に沈んでいることを挙げて、えひめ丸の行方不明者9名の捜索活動を疑問視するといった意見も日本へ寄せられたという。

えひめ丸慰霊碑

## 慰霊碑の創設

愛媛県は、事故の記憶を風化させないで欲しいという遺族や学校関係者らの声を受けて、宇和島水産高等学校とハワイに犠牲者を追悼する慰霊碑を建設しようと動き、2001年秋、衝突事故の海域を望むホノルル市内のカカアコ臨海公園に慰霊碑が創設されることとなった。

事故からまる1年となった2002年2月9日、ハワイで慰霊碑の除幕式典が催された。式典には、犠牲者9名の遺族、救助された実習生4名、愛媛県知事、アメリカ海軍から事故の最高責任者である太平洋艦隊司令官代理の副司令官が参列したほか、ハワイ州知事、一般市民ら数百人が出席した。

カカアコ臨海公園の中ほどの海を望む小高い丘の上に建てられた慰霊碑は、宇和島水産高等学校の卒業生によってデザインされた。約4m四方の大きさの慰霊碑は、事故の犠牲者の数にちなんだ9つの黒い御影石のブロックで作られた台座の上に、えひめ丸の錨の一つが置かれている。

慰霊碑に刻まれた校章

さらに、その台座には、碑銘文、犠牲者の名前、宇和島水産高等学校の校章、えひめ丸が出港したホノルル湾・衝突地点・沈没地点が記された海域図も刻まれている。

以後、毎年2月9日にはハワイの慰霊碑で、事故の犠牲者を追悼する式典が開催されている。現在、慰霊碑はハワイ日米協会を中心とした地元グループによって管理されている。

1976年に設立された非営利団体ハワイ日米協会は、ハワイ特有の視点を通じて日米のあいだの理解と親善を促進させることを目的とした組織である。同組織では、事故発生直後から4ヶ月のあいだに、ハワイやアメリカ本土の日系人やその他のアメリカ人からの寄付を募り、宇和島水産高等学校に義捐金を渡した。さらに、2001年秋に慰霊碑建設の計画が立ち上がると、現地にえひめ丸慰霊碑管理協会が設立され、初代理事長にハワイ日米協会の幹部が就任する（同協会はハワイ日米協会の下部組織的な存在となっている）。

このように、えひめ丸の事故後に、現地ハワイの日系人たちが果たした役割は小さくない。

### 悲劇の記憶への努力

えひめ丸慰霊碑のあるカカアコ臨海公園を取り上げている観光ガイドブックは少なくない。だが、一般的な観光ツアーのルートからは外れており、また交通の便もあまりよくない。そのため、常夏のリゾート地を満喫したい日本人観光客のうちで、この悲劇的な事件のメモリアルを訪れる人々はそれほど多くはない。

とはいえ、えひめ丸慰霊碑はつねに清掃が行き届いており、献花もしばしばなされている。そこからは、えひめ丸の犠牲者たちを追悼し、その悲劇の記憶を残していこうとする被害者ら日本の関係者たちと地元の人々の思いが伝わってくる。愛媛とハワイ双方に、えひめ丸慰霊碑を支援するボランティアたちがいるという。

ハワイのえひめ丸慰霊碑は、犠牲者を追悼するために太平洋をはるかこえて人々が訪れ続けている。そして、それは悲劇の記憶を未来へ伝えようとする人々の国境をこえた努力によって支えられている。

（高橋典史）

**参考文献**
中村邦子「米太平洋軍の同盟マネージメント対策と市民社会との連携―えひめ丸事故とその後の友好関係―」『外務省調査月報』2008年3号
山中利之『えひめ丸事故・怒りと悲しみの狭間で』創風社出版、2006年

## 6-5 ニューヨークのグランド・ゼロ
—— 「文明の繁栄と自省」の聖地

### 「9・11テロ」の刻印

 不幸なことに21世紀は「9・11テロとともに幕をあけた」と記録されることになった。同時多発テロは、3000人近い犠牲者を出し、なかでもワールドトレードセンター（WTC）の犠牲者は、2700人を超えた。

 テロの様子は、リアルタイムで世界中に報じられ、深刻な衝撃を与えた。しかも多くの映像が残され、繰り返し放映されている。今後も幾度となく人々の目に触れるだろう。9・11テロは世界に消し去ることのできない印象を刻みこんだのである。

 その刻印は、鮮明でありながら、複層的であり、さまざまな形で蔭をおとしている。最先端の情報技術と圧倒的な軍事力をもったアメリカでさえ防ぎ切れない攻撃手段。現代を代表する建築物が、あっけなく崩れ落ちる光景。平和な日常のなかに、いつとは知れず、思わぬ形で迫りくる危険。いずれも恐怖を覚えざるをえないものである。

 しかし、それは単に安全神話が崩れ去った、ということだけを意味するのではない。何より現代世界を戦慄させたのは、自分のであれ、他人のであれ、命をものともしない信仰が未だに存在する、という事実であった。現代社会で永らく最高の価値とされてきた生命を、自然ならざる人間が平然と奪っていく。

 そのような信仰を、野蛮な集団の狂信として片づけるわけにはいかないだろう。現代社会にあっても生命を超える価値が完全に否定されたわけではない。9・11テロは、生命を懸ける価値の存在を痛感させた。あるいは少なくとも、その不在についての感覚を呼び覚ました。もし、そうした価値観や感覚がなければ、懸命な救出作業をおこなった消防士を「英雄」とし、惨劇の跡地を「聖地」とする想念が形成されることはないだろう。

 とりわけアメリカにおいては、他の国々に刻まれた印象とはまた別に、独特かつ宗教的な刻印がのこされた。それが「グランド・ゼロ」を「聖地」として表象するのである。

### シンボルとしてのWTC

 グランド・ゼロは、悲劇の舞台だからというだけで「聖地」とされるのではない。もともとWTCは、ある種の象徴となっており、ゆえにテロの対象にもなったのである。

 WTCは、ニューヨーク最大のオフィスビルであり、商業センターであった。およそ5万人が働き、一日

に観光客を含めて数万人が訪れた。WTCとは、正確には7つのビルの総称である。日本では特にその中心にあったツインタワーをそう呼んだ。

WTCが象徴するものは、ツインタワーがそれぞれ「ネルソン」「デイヴィッド」と呼ばれていたことからもうかがい知ることができる。いずれも、石油王ジョン・ロックフェラーの孫にあたる兄弟の名前である。

兄のネルソンは、F. ルーズヴェルト政権をはじめ、歴代の政権に参加した政治家である。1959年からはニューヨーク知事を4期務め、最期にはフォード政権で副大統領になった。

弟のデイヴィッドは、チェース・マンハッタン銀行の社長・会長を歴任した銀行家であり、ロックフェラー家の現当主である。第二次大戦前後からニューヨークを世界経済の中心とする構想を練り、1960年代には兄の協力をえてWTCの建設に着手した。1973年にはツインタワーが完成し、当時世界一の高さを誇るビルとなる。その姿は、遠方から眺めてもマンハッタンの空に慄然とそびえ立ち、たちまちニューヨークのシンボルとなった。

そして1980年にレーガン政権が成立し、ネオリベラリズムの経済政策が実施されるようになってからは、新たなイメージが加わる。隣接するウォール街が世界金融の中心となったことで、モルガン・スタンレーやソロモン・ブラザーズをはじめ、世界の名だたる企業や銀行、証券会社がオフィスをかまえるようになった。WTCは、グローバルな金融経済の中心となり、それを推進するネオリベラリズムの象徴にもなったのである。

消防士たちへの献花
（撮影：五十野健史）

さらに1990年代に入り冷戦が終わると、市場経済がグローバル化していく。また同時に、個人の自由や人権、民主主義といった西洋近代の理念が世界に普遍化されていった。

しかし、そうした動向に対しては世界各地で反米感情が盛り上がり、極端な場合にはテロという形をとるようになる。しかも西洋近代の理念は、一般には世俗的ヒューマニズムに基づく価値とされていたが、実際には宗教的な、すなわちキリスト教的な価値に基づいていた。少なくともイスラーム世界ではそういう見方をする者が少なくなかったのである。

そうした背景があって1993年2月26日、WTCは一回目のテロ攻撃を受けることになる。地下で車が爆発し、6人の死者と1000人以上の負傷者が出た。爆心地の真上には、犠牲者を悼む記念碑が建てられたが、それも間もなく9・11テロによって瓦礫に埋もれることになった。

## シンボルとその相克

9・11テロから二日後の早朝、行方

第6章　悲劇と聖地

不明者の捜索中に、一人の作業員が6mほどの大きさの十字架を発見した。H鋼の梁が、崩壊の過程で偶然に十字架の形になり、瓦礫の空洞のなかに立っていたのである。悲惨を極める現場で、希望を持てない作業を続けていた消防士や警察官、ボランティアの人々は、十字架の前に跪き、祈りを捧げるようになった。ある者は泣き、歌う者までが出てきた。瓦礫の中の空洞は、一種の「聖堂」になったのである。

撤去作業が進むと、聖堂も取り壊されることになったが、十字架は人々の熱望によって保存されることになった。跡地の一画に高く掲げられた十字架は、いつしか「WTCクロス」であるとか「グランド・ゼロ・クロス」と呼ばれるようになる。

その年の暮れ、まだ撤去作業や捜索作業が続くなかで「グロンド・ゼロ」は公開された。遺族や関係者はもちろん、多くの人々が集い、跡地は「祈りの場」となった。しかし間もなくすると、跡地は別の様相を見せ始める。たとえば、跡地が見渡せる仮設の展望台が設けられた。また、展望台にのぼる人々が増えると、整理券が配られるようになった。そして跡地自体も、次第に復興へ向けて動き出していったのである。

とはいえ再建計画は、しばらくのあいだ定まらなかった。行政側は、跡地を従来のようなオフィス街にすべく、企業誘致を第一とした。それに対して遺族側は、商業的価値に染まることを嫌い、慰霊の場を優先する設計を要望した。それを受けて2002年に開かれたコンペでは、「祈念モニュメント」色の強い案が選ばれることになった。ところが、リース権をもった不動産開発業者は、収益性の低いこの案を嫌い、計画に大幅な変更を迫ったのである。

来し方を顧みるための追悼の場所か。未来を切り拓くための経済の中心か。再建をめぐってグランド・ゼロの象徴性が問われたと言えよう。

結局、ツインタワーの跡地は慰霊の場とし「ナショナル9/11メモリアル・ミュージアム」を設けることになった。それ以外の跡地には、5つの超高層ビルを建て、地下にも商業施設を配置し、地下鉄とバスターミナルも設置することになった。

そしてテロから5年目にあたる2006年には、さまざまな局面が動いていく。9月にはビジターセンターが開館し、追突した旅客機の一部や犠牲者の遺品、生前の写真、遺族の手紙などが展示され、訪問者がメッセージを残せるコーナーも設けられた。ゆえに、この施設は「追悼記念センター」とも呼ばれた。

また「フリーダムタワー」（後に「1WTC」に改称）の建設も始まった。これは独立の年に因んで、高さを1776フィートとし、世界一の高さを目指したものである。この年には「新7WTC」も完成した。

## 聖地にさす影

このように再建は進んでいったが、2010年には「対イスラーム」感情が

再燃した。グロンド・ゼロから2ブロック、およそ150mの場所に、ムスリムのグループによってモスクが建設される、という計画が明らかになったのである。そのニュースは、すぐさま全米で論争を巻き起こした。オバマ大統領は、建設を支持する声明を発表したが、反発のあまりの大きさに、発言を修正することになった。CNNの調査によれば、国民の約70％が建設に反対であった。

そして2011年5月1日の深夜には、グランド・ゼロに多くの人々が集まり、歓喜の声をあげた。オバマ大統領が夜遅くに異例の記者会見を開き、オサマ・ビン・ラディン容疑者を殺害した、と発表したのである。

7月には、テロの際に消防局から出動して損傷した「はしご車」がグランド・ゼロに運び込まれた。また、再建作業のために一旦移設されていた「グランド・ゼロ・クロス」も跡地に戻された。いずれもナショナル9/11メモリアル・ミュージアムに展示するためである。

この展示には批判がないわけではない。消防士の英雄化はナショナリズムに利用されている、という左派からの批判。国立のミュージアムに十字架を展示するのは政教分離に違反する、という無神論者からの批判、などである。しかし、それにもかかわらずオバマ大統領は、10周年記念式典で聖書の一節を朗読した。

「聖地としてのグランド・ゼロ」には、信仰とともに葛藤も多い。しかし、グランド・ゼロを聖地とする場合の葛藤は、左派や無神論者、あるいはムスリムとの間でばかり生じるのではない。

再建中のWTC
（2012.6.23撮影）

WTCの再建をめぐる対立に表れていたように、記憶と未来にかんする共同の企てには、その内部にも葛藤が生じてくる。とくに聖書的伝統を受け継ぎ、文明的な次元に立って自分たちを省みた場合、聖地に対する想いには影がさす。

たとえば、創世記11章の9節が頭をよぎるだろう。「バベルの塔」の物語である。空まで伸びるビル。共通語だと考えられた経済の言葉。WTCが崩れ落ち、世界恐慌が危ぶまれるようになった世界で、その不吉なイメージを拭い去ることは難しい。

グランド・ゼロを訪れ、そこを「聖地」とする人々は、追悼の想いとともに自省の念に迫られるのである。

（藤本龍児）

**参考文献**
Michael R. Bloomberg, Allison Blais and Lynn Rasic, *A Place of Remem-brance: Official Book of the National September 11 Memorial (9/11 Memo-rial)*, National Geographic, 2011.

聖地・巡礼地マップ▶アメリカ

6-5 ニューヨーク
　　 グランド・ゼロ

ホノルル
5-6 ヒロ大神宮
8-4 パールハーバー
6-4 えひめ丸慰霊碑

# 第 7 章

# 国家と聖地

# 7-1 靖国神社
## ——戦没者の慰霊・追悼・顕彰の聖地

## 歴史と由緒

　皇居北の丸公園や日本武道館に隣接する九段坂上に鎮座する靖国神社は、1869年（明治2年）6月28日に軍務官知事小松宮嘉彰親王が祭主となって鳥羽伏見の役より函館の役（戊辰戦役）の殉難者3588柱の招魂祭（第1回合祀）を斎行、翌29日には明治天皇が勅使五辻安仲を差遣、奉幣がなされ、創建された東京招魂社を起源とする社である。

　創建当初は、軍務官から改組された兵部省が東京招魂社の維持・経営を管轄し、1869年8月には、伊勢神宮、春日大社に次ぐ、石高永世1万石が下付されることとなったが、政府の財政逼迫の為、半額の5000石を返上を願い出ている。

　例祭日は当初、明治天皇の御裁可により、1月3日、5月15日、同18日、9月22日と定められた（以後数度の変更あり、現在は4月21－23日、10月17－20日）。

　1879年（明治12年）6月4日には靖国神社と改称、近代社格制度の一つにあたる別格官幣社に列せられることとなった。一般の神社が内務省の管轄であったのに対して、列格当初は内務省、陸軍省、海軍省三省共同所管の社であったが、1890（明治20）年からは陸・海軍省共同所管の社となり、祭式や神職の任免などについて内務省が関与した。

　社号でもある「靖国」の語は、中国の史書『春秋左氏伝』第6巻の僖公23年秋にある「吾以靖国也」が出典であるが、その意義は「祭神の偉勲に據りて國家を平和に統治し給う義」であり、天皇陛下の思召を示した御祭文にも「汝命等の赤き直き真心以て家を忘れ身を擲て各も各も身死りにし其大き高き偉功に依りて大皇國をば安国と知食すことぞ」とあり、これらが社号の意義とされている。

　靖国神社の御祭神は創建当初の招魂祭以後、逐次招魂祭がなされ、1853年（嘉永6年）以降に斃れた維新の志士、陣没者をはじめ、佐賀、神風連、秋月、萩の各乱と西南の役、日清、日露、第一次世界大戦、第二

靖国神社の大鳥居（高さ25m）

次世界大戦の各戦争での戦没者を生前の身分、階級の区別なく合祀しており、現在までに246万6000余柱の戦没者の御霊が合祀されている。なお、御祭神には約6万柱の女性の御霊も含まれており、戦後65年余を経た現在でも毎年、戦没者の合祀が続けられている。このほか、本殿南側には1853年以降の戦争・事変での日本人戦没者、外国人戦没者の御霊を祀る鎮霊社も1965年（昭和40年）に創建されている。

### 祭神・遺族・神社との関係性

靖国神社は江戸幕末期からの内外の戦役での国事殉難者を祀るという特性をもつ社だけに、戦後は特に軍国主義の象徴のような表現がなされることが多いのも事実である。しかしながら、実際に戦前期に神社がどのように遺族と接し、対応、発信してきたのか、という点については、既出の書ではあまり著述されてこなかったといえよう。たとえば、陸海軍大臣官房監修『靖国神社忠魂史』（全5巻）は、昭和初期までの10数万柱の各御祭神の事績が詳細に記載されており、加えて1月1日から12月31日までの各日に死没した祭神名を列挙した『靖国神社祭神祭日暦略』などもある。特に1934（昭和9）年－1942（昭和17）年頃までは各臨時大祭に際して祭典の模様や参列した遺族の写真撮影を行い、当日合祀された祭神の一覧が記載した記念写真帖が作成されており、遺族と神社との間の非常にパーソナルな関係性も垣間見ることができ、丁重に遺族への応対をしていたことを窺うことができる。このような記録写真、発行物からは現在、軍国主義の根源のように取り上げられる没個性化した御祭神の集団性とはまったく無縁であるかの如くである。この点では既に藤田大誠が説くように、英霊が没個性的な集団性をもつ祭神集団ではなく、個別、具体的な面をもつ「国家の神」の一柱一柱であったともいうことができよう。また時代はやや遡るが、田山花袋も「私は石階を伝って歩きながら、いつも英雄や豪傑のことを思つた。国の為めに身を捨てた父親の魂は、其処を通ると、近くに私に迫って来るやうな気がした」と西南の役に従軍し戦死した父親への思いや近接感を記しているが、年代は違っても軍国主義と直結したようなイメージとは異なる「英霊」と遺族との心情を垣間見ることもできる。

加えて春秋の例大祭では、勅使が参向し、御神前で天皇陛下の思召しである御祭文を奏上する。靖国神社には明治天皇以降、歴代天皇の御親拝を幾度となく仰いできたことはいうまでもないが、戦前から皇族方も例大祭に併せ、御参拝になることも多く、戦後も1946年（昭和21年）4月に高松宮殿下が参拝されたのをはじめ、現在も各皇族方が御参拝され、玉串を献進されるとともに遺族らにねぎらいのお言葉をかけられるのが恒例となっている。その点でも皇室とゆかり深い神社であることは創建

以来、今も昔も変わりない。

## 日常的な側面から

境内には、大相撲本場所が開催されたこともある相撲場や茶室など各種施設が設けられているなかで、東京最古の能楽堂がある。1880年（明治13年）に都内芝公園に建てられていた能楽堂を土方久元伯爵らの願い出により1903年（明治36年）に境内へ移築したものである。同社で当代一流の能楽師が能奉納を行うことによって維新後に衰退していた能楽の保存にも寄与してきたことはあまり知られていない事実でもある。現在も春に夜桜能が行われ、見物客で賑わう。

また、毎年7月13日から16日にかけておこなわれる「みたままつり」は、東京の夏の風物詩となっているが、遺族、戦友、崇敬者など多くの人々の支援を得て1947年（昭和22年）7月から開催されている。現在でも期間中の夜はゆかた姿の若者らをはじめ、境内を埋め尽くす約30万人もの参拝者で賑わう。大小3万の献灯が参道の左右に立ち並び、あわせて画壇、書壇、文壇、歌舞伎、相撲、スポーツなど400灯を超える各界著名人からの揮毫ぼんぼりも奉納され、夜空を美しく彩っている。

みたままつり　（撮影：大岡千織）

## 近年における展開

1999年（平成11年）に御創建130年を迎えた靖国神社は、湯澤貞宮司（当時）の下、戦後50年を経て、これまで神社を支えてきた遺族や戦友の高齢化、また若者層の慰霊・追悼への意識の希薄化などもあり、御祭神の御神徳や神社崇敬への真心を次世代へ青少年へ継承していくことが将来に向けての課題として掲げられた。そのため、「『やすくにの祈り』とともに未来へ」のキャッチフレーズを掲げて、参集殿の改築や祭神名簿のコンピューター化、遊就館新館の増築など種々の記念事業を実施するとともに、1998年（平成10年）12月に従来の崇敬奉賛組織である靖国神社奉賛会と千代田区内をはじめとする、全国各地の靖国講を統合する形で靖国神社崇敬奉賛会を発足させた。奉賛会は英霊にこたえる会、神社本庁や日本遺族会などの後援も得て、役員600名、会員約7万名（平成24年現在）からなる護持組織である。発足から10年余を経た現在も公開シンポジウムの実施の他、青年部「あさなぎ」も結成され、「やすくに活世塾」などの活動も行われている。この他、遊就館などの戦史資料の公開展示以外にも、青年部「あさなぎ」によって戦友の体験談を伺う機会を設けるなど、靖国神社の創建以後の歴史と先の大戦を含む、幕末

以後の近代日本と戦争との関わりについて、次世代へ正しい理解を醸成するための活動が続けられている。

### 現代的意義を考える上で

　巡礼としての靖国神社への参拝を考える場合、1975年（昭和50年）以降、終戦記念日における首相や閣僚の参拝をいかに考えるかが一つの問題でもある。首相や閣僚の参拝がないここ数年でも、終戦記念日には戦友、遺族をはじめとして10万人を越える参拝者があり、「みんなで靖国神社に参拝する国会議員の会」らの集団参拝や、境内で行われている民間団体の戦没者追悼の中央集会、英霊にこたえる会による全国戦没者慰霊大祭などへの遺族、自衛官らの参列や政府主催の全国戦没者追悼式への出席に相呼応してバスを連ねて参拝する各都道府県、市町村レベルの遺族会の団体参拝など、年間約500万人近くの戦友、一般崇敬者の参拝をみれば、靖国神社がまさにわが国の慰霊・追悼・顕彰の聖地、中心地としての意義をもつことは、その参拝者の数が物語っている。

　実際に戦前はもとより、戦後も過去の内閣官房長官談話で靖国神社は「我が国の戦没者追悼の中心的施設」、「追悼・平和祈念のための記念碑等施設の在り方を考える懇談会」報告書においてもわが国における「戦没者の追悼の重要施設」と位置付けられている。こうした記述からも、戦没者の慰霊や追悼を考える場合には、靖国神社の位置付けや意義、役割を無視した論議が意味をなさないことは、これまでの内閣における公式談話、懇談会などの記録からも明らかである。なお、近年の研究成果では、戦前の首相の靖国参拝は、就退任の奉告的な意味合いでの参拝であったものが、戦後は春秋例大祭への参拝へと変わり、三木首相以降は、特に終戦記念日のパフォーマンス的な参拝へと、公人としての参拝の意味合いの変質が見られるとともに、参拝自体の有無もあり、戦前と戦後との公人たる首相の参拝意義がまったく隔絶していることも明らかとなっている。

　国家の代表的立場にある首相や閣僚が敬虔な気持ちで国の安泰や慰霊の誠を捧げられるためにも、日本人の慰霊・追悼のあり方・意義を今一度問い直す時期にあるといえよう。

（藤本頼生）

#### 参考文献
靖国神社編『靖国神社誌』靖国神社、1912年
靖国神社・やすくにの祈り編集委員会編著『やすくにの祈り』産経新聞社、1999年
靖国神社臨時大祭委員編『昭和十六年十月靖国神社臨時大祭記念寫眞帖』1941年
田山花袋『東京の三十年』、博文館、1917年
「内閣総理大臣その他の国務大臣の靖国神社公式参拝について、藤波内閣官房長官談話」1985年
「『追悼・平和祈念のための記念碑等施設の在り方を考える懇談会』報告書」2002年
藤田大誠「国家神道と靖国神社に関する一考察」『慰霊と顕彰の間』錦正社、2008年
藤本頼生「歴代首相の神宮・靖国神社参拝をめぐる一考察」『神道宗教』第199・200号、2005年

## 7.2 イギリスの戦没記念碑　セノタフ
――宗教を超えた国家的聖地

### 沈黙の儀礼－戦没兵士追悼記念日

　英国では11月が近くになると退役軍人やその家族の福祉のため、全国で募金を呼びかけ、募金をしたしるしに赤いケシの造花を胸につける習慣がある。由来は、第一次大戦の激戦地であったフランドル地方には沢山のケシの花が咲いていたことによる。地中にあったケシの種子が、当時の塹壕戦によって掘り返され、活性化したのである。また赤い色は兵士の血によって染まったとも、若くして命を落とした兵士たちが切り取られた花にたとえられているともいわれている。こうした募金活動や地方における追悼式は、英国全土に支所を持つ退役軍人支援機関であるロイヤル・ブリティッシュ・リージョンが行っている。地方のどんな小さな町や村にいっても、その中心地には必ずといってよいほど戦没記念碑が存在する。これら英国における戦没記念碑は、第一次世界大戦の戦没者を追悼し、後にそれ以降の戦没者が付け加えられる形をとっているものがその大半を占めている。

　戦没兵士追悼式は11月11日にもっとも近い日曜日を戦没兵士追悼記念日（Remembrance Day）としておこなわれる。この記念日は第一次大戦

セノタフ

の戦没者を追悼する儀式として出発したが、後にすべての戦没者を追悼するものとなった。当日の11時には全国でいっせいに2分間の黙祷がおこなわれる。この儀礼では、英国の中枢であるロンドンのホワイトホール（官公庁街）にあるセノタフ（the Cenotaph）と呼ばれる戦没記念碑が、中心的な役割を担っている。記念碑の前に、国王をはじめ首相、国教会主教などの各界指導者が一堂に会し、国王がその記念碑に花束を捧げる儀礼が厳粛におこなわれる。こうした首都にて行われる儀式と平行して全国の町や村にある地元の犠牲者の記

念碑に造花のけしの花を捧げる儀礼がおこなわれる。こうした儀礼が全国で同時に行われることで、王室と国家、中央と地方が結ばれ、同胞意識が育まれ、国家のための犠牲者というナショナリズムの核が生み出されるといえる。

## セノタフと沈黙の儀礼

cenotaph は「空の墓」を意味するギリシア語 kenotaphion に由来する。別の場所、外国などに葬られた人を記念する墓碑である。それ自体は記念碑を指す一般語のひとつであるが、ロンドンのホワイトホールにあるこれは特に定冠詞 The をつけ、キャピタライズして区別されており、現代英国ではもっぱらロンドンにある戦没記念碑を指す。

これはエドウィン・ラティンズ卿によって設計され、1920 年に完成したものである。セノタフの意匠 (design)、設置位置などは内閣で議論された。キリスト教のシンボルであることを一切表現せず、それでいて死者の冒涜とはならないような厳格で簡潔な意匠であることなどは周到に考えられていた。碑銘には「栄光ある死者 (The Glorious Dead)」と刻され、英国のすべての戦没者を一括して記念するものとされた。

一方、2 分間の黙祷であるツー・ミニッツ・サイレンスの方も議論を重ねて決定されたものであった。ツー・ミニッツ・サイレンスのモデルは大英帝国のアフリカ領からもたらされたものである。第一次大戦の戦闘が終わったとされる 11 月 11 日 11 時が戦没兵士追悼記念日と決められ、何らかの敬意の表し方が当時の内閣で議論されていたが、1919 年 10 月 15 日にパーシー・フィッツパトリック卿 (Sir Percy Fitzpatrick) からのメモが内閣へ提出された。フィッツパトリックは、戦時中、南アフリカの高等顧問であり、メモは、彼が現地で経験した「3 分間の中断 (pause)」と呼ばれる儀礼の利用を提案していた。この提案は、同日の同時刻に帝国中の国民が各自で実行できるような単純で簡潔な儀礼であり、兵士たちへの尊敬の念はいかなる言葉によっても表現され尽くせないということからも支持された。そして英国での独自性が考慮され、「3 分では長すぎるし、1 分では、すでにアメリカ合衆国のルーズベルト大統領の葬儀に前例がある」ことから、黙祷は 2 分間とされた。式典直前の 11 月 7 日、すべての新聞紙上で国王からの要請として、この新しい儀礼は発表され、実施されたのである。

## 休戦記念日から追悼記念日へ

リメンブランス・デイは 11 月 11 日の午前 5 時に第一次大戦の停戦協定がフランス北部で署名され、6 時間後の午前 11 時に休戦協定 (Armistice) が発効したことに由来する。本来この日は休戦記念日 (Armistice Day) と呼ばれていたが、現在では 11 月 11 日にもっとも近い日曜日とされリメンブランス・サンデイとも呼ばれる。前述したように、

後に第二次世界大戦の戦没者もこれに加えられる形で追悼されるようになったが、それが決定されるまでには多くの議論があったが、1946年に両大戦を合わせた国家的休日として休戦記念日を追悼記念日とし、今日のリメンブランス・サンデイが正式に決定されたのである。

　セノタフとサイレンスの両者に共通しているのは「簡潔さ・単純さ（simplicity）」であり、それが成功の原因であったとされる。特定の神を明示しない意匠だからこそ、日の沈まぬといわれた広大な帝国内に存在する個々の差異を表立たせることはない。また、沈黙の儀礼であるからこそ、さまざまな解釈の相違は浮かび上がらないのである。こうして、戦没兵士追悼記念日には、セノタフという空の墓の前で、また地方の戦没記念碑の前で、あるいは仕事を中断した職場で、全国各地で2分間という沈黙の時間が送られることになった。

## 無名戦士の墓と英連邦戦死者墓地

　セノタフのあるホワイトホールから程近く、英国の国家的霊廟であるウエストミンスター寺院がある。いうまでもなくここは歴代王室の霊廟であるが、無名戦士の墓はこの寺院内の一角に安置されている。無名戦士の墓といっても、日本における無縁仏とは違い、ここに多くの遺体が納められているわけではない。1920年11月11日に、象徴的に1名の遺体だけがフランスのフランドル戦線から回収され納められたものである。

　無名戦士は大英帝国を守護した一般的な人間（a plane man）の代表であるという論理がそこにはある。墓碑に刻まれているように「名前によっても階級によっても特定されない（UNKNOWN BY NAME OR RANK）」という点こそが重要なのである。こうした匿名性の高さは当時の大英帝国の多様性、すなわちさまざまな差異を表面化せず、かつ差異を超えた連帯や一体性の表現である。しかし、セノタフが国家的儀礼である追悼式において中心的な役割を担っているのに対して、この無名戦士の墓は周縁的である。ここには、当時、第一次大戦によって負傷し障害の残った傷痍軍人に対する福祉や支援に対する不満が社会問題化したことなど、歴史的背景があるとされる。また、やはりこの霊廟自体が、現在でも毎日欠かさず礼拝が行われている英国国教会の重厚な宗教施設そのものであって、あらゆる階層や連邦、宗教や民族などの現実の差異を取り込むことが、実際上、不可能だったこともその原因であると考えられる。

　英国および英連邦諸国では戦没者は死亡した地に葬る習慣がある。死後の復活を認めるキリスト教における葬儀には遺体が不可欠であるが、英連邦諸国の場合は戦場に遺体を埋葬する。無名戦士の墓におさめられた遺体は象徴的なものであり、実際には戦地におけるこれらの墓地に埋葬されている。各戦地にこうした戦争墓地が存在しており、現在では

英連邦戦死者墓地（横浜）

143カ国、2500カ所に存在する（日本では横浜市の保土ヶ谷にある）。墓地の管理運営は英連邦戦没者墓地委員会が行っている。西部戦線をはじめヨーロッパ各地の戦跡とともに、世界各国にあるこれらの墓地には、遺族だけ限らず、各国の学生や若者など、多くの人々が毎年訪れる。そこがインド、パキスタンをも含めた旧英連邦諸国の戦没兵士たちが今も眠る場所だからである。そこは、世界史の上からも、機械化された大量殺戮の舞台となった場所であるとともに、国民としてのアイデンティティを確認する場所にもなっている。こうした人々の動きをバトルフィールド（戦跡・戦場）・ツーリズムとみる研究もある。

### 多文化主義的な聖地での儀礼

セノタフをめぐる儀礼の形態が宗教的であるよりもむしろ国家的であることが重視されていることをみたが、これは現在ではより顕著なものになりつつある。本国における戦没者追悼式は式典の原型自体は変わらないが、今世紀にはいり、英国国教会のみならず、ユダヤ教をはじめ各宗の聖職者の代表が正式に参加するようになった。これは現代イギリス、カナダ、オーストラリア、ニュージーランドなどの英連邦諸国において政策の基本として掲げられている多文化主義（マルチ・カルチュアリズム）が反映された変化である。2000年11月12日の式典では、6000人の退役軍人（男女）、2000人の民間人がホース・ガード・ゲイトからセノタフへ到るパレードに参加したが、そのパレードには、ムスリム、ヒンドゥー教徒、仏教徒、ギリシア正教徒などの、英国国教以外の信仰を持つ者たちが正式に参加するようになった。またムスリム、シーク、仏教、ギリシア正教のコミュニティの代表が正式に参列している。宗教的な多元性を露な形で認める方向に進んでいる。これは本国以外でも同様である。

（粟津賢太）

#### 参考文献
粟津賢太『記憶と追悼の宗教社会学—戦没者祭祀の成立と変容』北海道大学出版会、2017年

Alex King *Memorials of the Great War in Britain: The Symbolism and Politics of Remembrance,* BERG, 1998.

Adrian Gregory, *The Silence of Memory: Armistice Day 1919-1946*, BERG, 1994.

Jay Winter, *Sites of Memory, Sites of Mourning: The Great War in European Cultural History,* Cambridge University Press, 1998 (Canto edition).

Chris Ryan, ed., *Battlefield Tourism*, Routledge, 2007.

## 7-3 韓国の戦没者墓地
――死者の顕彰と地域利害

　現代韓国において、ナショナリズムを通じた国民統合を目指す政策のことを、「国家報勲」政策と呼ぶ。この「国家報勲」政策のもとで、国家のために貢献し、あるいは犠牲となった人々のための国立墓地が、韓国内各地に設置されている。

　ここでは、そうした国立墓地の成立と展開について概観し、それらの韓国内で位置づけについて考えるために、今後、新たに国立墓地の建設が予定されている地域の事例に注目しつつ、韓国の国家報勲政策が現在直面している課題について、見ていく。

ソウル顕忠院を参拝する李明博大統領

### 韓国の国立墓地概観

　韓国の国立墓地は、大きく3種類に分類されている。国軍墓地として発足し、大統領などの国家要人や大韓民国成立以前の独立運動家なども対象とする顕忠院、その地方支院として軍人や警察官・殉職公務員を対象とする護国院、そして民主化運動の犠牲者を対象とする国立民主墓地である。

　現在8カ所に展開する国立墓地の沿革を簡単に確認しておく。元日や6月6日の顕忠日（殉国者・戦没者を追悼する記念日）には大統領も参拝する国立ソウル顕忠院は、朝鮮戦争停戦後の1955年に設置され、1965年に国立墓地に昇格している。国立大田顕忠院は1985年、第二の国立墓地として中部圏の大都市・大田に竣工した。また、半島南東部の慶尚道地域を管轄範囲とする国立永川護国院は2001年、南西部の全羅道をカバーする国立任実護国院は2002年にそれぞれ開院し、2006年にともに国立墓地への昇格を果たしている。さらに、首都圏である京畿道をカバーする国立利川護国院も、2008年に完成している。

　他方、1960年に当時の李承晩政権を倒した「4.19革命」の犠牲者のための集団墓地として1963年に開設されたソウル特別市の4.19墓地は、1995年に国立化され、2006年に国立4.19民主墓地と改称された。また、学生・市民が軍部隊によって弾圧された光州事件（1980年）の犠牲者のために設置された光州広域市の

韓国の国立墓地（予定地・候補地を含む）

国立3.15民主墓地
（慶尚南道昌原市）

＊韓国語の「安葬（안장）」は、文字通り「安らかに葬ること」という意味で、埋葬・納骨・散骨など、様式を問わずに使われる。適当な翻訳語がないため、ここではそのまま「安葬」を用いる。

5.18墓地は、1997年に竣工し、2002年国立墓地に昇格した後、2006年に国立5.18民主墓地と改称した。さらに、1960年の不正選挙に端を発して慶尚南道馬山市（現在は合併して昌原市）で展開され、4.19革命の先駆けとなった「3.15義挙」関連者の墓地は、1968年にはすでに墓域が造成されていたが、同じく2002年に国立化し、2006年に国立3.15民主墓地となっている。それぞれの記念日には記念式典が行われて多くの人が集まるこれらの国立民主墓地は、民主化への苦難の歴史を象徴する空間として、歴史観光の地・死者のための巡礼の地となっている。

このように、顕忠院・護国院と国立民主墓地という2系統の墓地群が国内にバランスよく配置され、国土全体にわたるネットワークを構成している韓国の国立墓地であるが、現在、一つの大きな問題を抱えている。それは、「安葬者の増加に伴う収容能力の不足」というものである。

韓国の国立墓地における埋葬や納骨は、基本的に個人単位（配偶者と合葬される場合もある）で行われる。そして、その対象者には、戦時の戦死者だけでなく、生還して除隊後に亡くなった者や服務中に殉職・死亡した者、韓国建国以前の独立運動家、長期服務除隊軍人、民主化運動への参加者なども含まれる。このため、後に亡くなって国立墓地に葬られる者は今なお少なくない。結果として、国立墓地の安葬対象者は年々増え続け、収容能力の拡大が常に課題となっている。

事実、慶尚北道の永川護国院は、2001年開院にもかかわらず、2008年9月には早くも埋葬墓域が満場（1万9864基）を迎えている。現在は2008年に竣工した納骨堂に安葬者を受け入れているが、こちらもまた早期の満場が予想されている。

そこで、こうした問題の解決のために、既存の国立墓地の収容能力増

第7章 国家と聖地　203

強と並行して、国立墓地のネットワークから漏れている慶尚南道や済州島（特別自治道）、忠清道といった地域で、新たな国立墓地の設置に向けた動きが進んでいる。

### 慶尚南道山清郡の事例

韓国初の国立公園に指定された名勝・智異山の入り口に位置する慶尚南道山清郡では、国家報勲処（「国家報勲」政策を管轄する政府官庁）と在郷軍人会によって新たな国立墓地（山清護国院）の新設が提起された2005年以来、その建設の賛否をめぐる葛藤が、2012年の建設工事着工後も続いている。

住民が反対する理由は、①当初、住民に知らされず秘密裏に事業が推進された、②予定地が上水源近くにあって水質汚染の心配がある、③観光地・智異山の入り口に位置する現地に交通渋滞を引き起こす、④清浄なイメージを有する山清郡の農業に悪影響を及ぼす、といったものであった。これに対して推進側は、代替道路の建設、地上安置型の納骨堂形式の全面導入などを謳うとともに、愛国・護国の〈聖地〉としての護国院は山清郡の地域イメージ毀損にはつながらないだろうこと、慶尚南道や釜山地域から護国院への墓参によって地域経済の活性化が見込めることを強調した。

この両者の対立は足掛け8年にわたって継続し、2012年になってようやく、山清護国院は着工を迎えた。しかし、反対派住民の反発はなおくすぶったままである。

### 済州島の事例

2011年6月、禹瑾敏（ウグンミン）済州道知事は、「忠魂墓地」の国立墓地への格上げに対して、強い意欲を表明した。

ここで言う「忠魂墓地」は、朝鮮戦争が停戦となった1955年前後、済州島内各地に作られた戦没者墓地のことを指し、2012年現在、合計14カ所が島内に点在している。当初の埋葬対象者は、1948年に発生して住民が多数犠牲になった「4.3事件」、および1950年に始まった朝鮮戦争で死亡した軍人・警察官などであり、後にベトナム戦争の参戦者もこれに加わった。上の知事の意思表明は、こうした地元の戦没者墓地を統合した上で国立化し、前述した国立墓地のネットワークに組み込もうとするものであった。

既存の墓地を拡張整備するというこの計画に地元から大きな反対の声は聞かれず、法改正などの条件が整うのを待ちつつ、2015年の竣工を目指した計画が進行中である。

### 忠清北道報恩郡の事例

3つ目に取上げる忠清北道報恩郡は、官主導の具体的計画や基盤となる戦没者墓地のないなかで、自治体が積極的な誘致運動を展開したケースである。

国家報勲処は、山清・済州に続いて忠清道地域への護国院の設置を目指していた。この意向を受けて2012年、護国院の誘致に乗り出した

のが、忠清北道槐山郡と報恩郡の2自治体であった。両郡は、墓参者への農産物の販売や、地元雇用の増大への期待感を隠すことなく、独自の候補地を選定した上で、それぞれに誘致活動を展開した。

両郡の熾烈な誘致合戦は、2012年4月、報恩郡が選ばれることによって、決着がついたかに見えた。ところが、その決定直後から、地元住民の間で、既存墓地の移転問題や地域イメージへの悪影響を理由とした反対運動が起き、事業は暗礁に乗り上げてしまった。報恩郡は、住民説得のため、一定のインセンティブを国に求めたが、国家報勲処はこれに応じなかった。そのため、6月になって郡は事業推進を断念し、護国院建設計画はいったん白紙に戻ることとなったのである。

### 韓国国立墓地の現在

ここまで見てきた3つの事例から、韓国の国立墓地について何が示唆されるだろうか。

山清・済州・報恩のうち、比較的スムーズに護国院の設置事業が進んでいるのは、済州である。ここでは、従来から自治体管理の戦没者墓地(忠魂墓地)の存在が知られており、それを基盤として護国院の設置が目指された。国立墓地への安葬資格がありながら、地理的な理由などでこうした地元の忠魂墓地に葬られていた人々にとって、国立墓地たる護国院の設置を拒む理由は見当たらない。

しかし、そのような基盤のない他の2例の場合、いずれもその事業は困難に直面している。そこでの争点は、主として環境問題・地域イメージへの懸念と経済活性化への期待との間で形成される。この図式はまさに、刑務所やゴミ焼却場、火葬場などと同様の、「迷惑施設」に対するNIMBY (Not In My Back Yard) 現象そのものと言わざるを得ない。

国家のために犠牲となった人々を慰め、国民の愛国精神を発揚することを目指す国立墓地にあって、歴代大統領や歴史上の有名人の墓所を抱えるソウルと大田の顕忠院や、各々の事件の発生地において民主化の歴史を象徴している民主墓地に比べて、無名の軍警公務員を主な対象とする各地の護国院は、全国的に参拝者を引き寄せ、観光・巡礼の対象となるだけの魅力という点において、見劣りがすることは否めない。したがって、こうした施設の受け入れを地域住民に求めるためには、建前とは別に、最低限、生活環境や経済面でのインセンティブの提供が必要となってくるのである。

このような施設間の「格差」の問題は、国立墓地という現代韓国のナショナルな聖地のネットワークが抱える現実の、一つの側面であると言えよう。

(田中　悟)

**参考文献**
田中悟「現代韓国における「死者の政治学」―独立紀念館から国立墓地まで」『北東アジア研究』18・19合併号、2010年
田中悟「迷惑施設化する国立墓地―韓国・「国家報勲」政策の一側面」『国際協力論集』19巻1号、2011年

## 7-4 毛沢東の生誕地　韶山
——社会主義近代国家の新聖地

### 中国の聖地巡礼

昔の中国の旅には大きく分けて2種類があり、見聞を広げ、志を磨くための旅と、祈願と救済を目的とする聖地への巡礼である。祈願と救済の聖地巡礼は庶民から時の為政者まで行われてきた。秦の始皇帝、漢武帝劉徹、宋真宗趙恒、清康熙帝など歴代の皇帝が泰山に登り、天地祭りの封禅儀式を行ったのはその例である。庶民は子孫繁栄、無病息災の祈願によく道教の四大聖地（武当山、龍虎山、斉雲山、青城山）と仏教の四大聖地（五台山、峨眉山、普陀山、九華山）を参拝する。このような全国的に有名な聖地のほかに、各地にはそれぞれ地元で人気の巡礼地がある。

社会主義国家の成立後、上記の伝統的な聖地のほかに、共産党ゆかりの場所は、聖地化され、革命聖地めぐりの新たな巡礼が生まれた。革命聖地とは1921年中国共産党の成立から、1949年中華人民共和国建国まで大きな役割を果たした地域のことを指す。そのなかで、共産党、その政権およびその軍隊の創設者毛沢東家の湖南省韶山、共産党軍隊の生誕地の江西省井岡山、毛の指導権が確立された貴州省遵義と、共産党軍隊が長征を行った際、終着地とし

湖南省韶山にある毛沢東の生家

て到達し、1937年から1948年までに共産党中央本部が置かれた陝西省延安は四大革命聖地としてもっとも知られている。

### 社会主義国家の新聖地、韶山

韶山村は湖南省韶山市韶山郷にある山村である。『韶山志』と毛氏族譜によれば、元朝末期に、始祖の毛太華が乱をさけるために江西から雲南へ移住し、そこで王氏の女性と結婚し8人の子供をもうけた。明代の洪武13年（1380年）に毛太華が息子の清一と清四を連れて湖南に移住した。毛沢東は毛太華20代目の子孫にあたる。毛の生家は典型的な江南農家の形をしている。1893年12月26日に毛がここで農家の長男として生まれた。

韶山を毛沢東生誕の地として初めて注目したのは意外にも共産党政権ではなく、蒋介石の国民党政権であ

る。1929年に国民党当局が毛の生家を没収した。のちに風水のよいとされる毛の祖父の墓を暴こうと、大隊の兵力を派遣し、陽宅の家と陰宅の墓の風水を破壊することによってライバルを消滅させようとしたのである。

建国後の人民政府は毛の生家を修繕し、1951年に公開した。1953年に韶山を四大革命記念地、1961年に毛の生家を全国重点文物保護単位（日本の国指定重要文化財に相当）に指定した。こうして、毛の生家は社会主義政権の確立とともに、プライベートな空間から党・政権・軍隊の創設者を生み出す神聖なる場とされ、党政軍トップ、少数民族、野党の指導者、宗教指導者、著名な学者、京劇俳優など各分野の著名人が頻繁に訪れるようになった。彼らの韶山参拝は、毛への表敬訪問であると同時に、毛のオーラのなかで新たなパワーを獲得し、中国のシンボルである毛への忠誠を象徴するものである。

韶山は対外的にも革命の指導者およびその思想の誕生地としてベトナム、カンボジア、南アフリカ、スーダンなどの第三世界の国々や、旧社会主義諸国、欧米諸国、日本など、世界各地から訪問客を迎えていた。外国人による中国指導者の故郷訪問は観光よりも政治的意味合いの方が強く、外交の一環として位置づけられ、中国政府への公式訪問の欠かせない儀式になった。

こうして国内外の要人による儀礼的訪問によって、韶山は次第に近代国家の巡拝の地としての地位を確立して、新たな聖地巡礼が実体化され、社会全体に浸透していった。

民衆の韶山巡礼は、文化大革命初期の1966年にクライマックスを迎えた。この年に全国から290万の紅衛兵、幹部、労働者、農民が「紅太陽の昇るところ」、「毛沢東思想の策源地」、「中国革命のゆりかご」の韶山に殺到する。彼らは毛の生家と記念館を見学し、韶山の人々とともに住み、食事をし、ともに農作業をして毛の語録を勉強していた。お土産の人気ナンバーワンの毛バッジを入手するために人々は数kmの列をつくって待たなければならなかった。聖地巡礼の便宜をはかるために、1967年長沙から韶山までの鉄道が建設され、1967年から1977年まで、韶山巡礼者は毎年平均120万人に達した。

いうまでもなく、韶山にある毛の生家は社会主義の国家形成とマルクス・レーニン主義の土着化である毛沢東思想の形成過程においてプライベートな空間から公共性と神聖性のある国家的礼拝所へと変わった。

## 時代変化と毛沢東のシンボル化

1976年毛が死去してまもなく、政治優先の路線が是正され、毛に対する個人崇拝が否定されたなか、韶山を訪れる人数も激減し、1980年に23万となり、最小の数字となった。しかし、その後、時代変化のなか、政府による毛沢東の再利用や民衆による毛沢東のシンボル化、地域の観光

産業化と毛沢東伝説の神格化によって、韶山には、再び賑やかな巡礼の光景が戻ってきた。

1981年共産党11期6中全会において、建国以来の一連の重大な歴史事件について全面的な総括が行われ、毛沢東の指導者としての地位と共産党政権に対する毛沢東思想の有効性が再確認された。社会主義市場経済への移行において、広大な国を統合するには、毛のオーラと威信が必要であるため、毛はその後の政府に利用され続けた。

一方、価格改革に伴うインフレ、貧富格差の拡大と幹部腐敗が民衆の憤慨を招き、毛沢東時代へのノスタルジアを引き起こした。毛は安定、平等、清廉な政治のシンボルとされ、その肖像が再び多くの家庭に現れ、毛時代の切手、バッジ、ポスターなども各地で売られるようになった。1980年代後半に広州から深圳への高速道路で大事故が発生した時に、誰ひとり怪我人がでなかったバスの運転手は、取材に来た記者に、私のバスには毛主席の写真が吊してあったので、きっと毛主席がわれわれを守ってくれたのだろうと答えた。このことがきっかけとなって、超自然的力をもつ毛沢東伝説が生まれ、タクシーやバスの運転手の間で毛の肖像を運転席にぶら下げ交通安全のお守りにする現象が現れ、一部の農村地域では毛沢東を祭る廟も現れ始めた。

元日の朝、毛沢東銅像の前で初詣する人々

## 韶山の観光化

1978年以降、政府はそれまでの経済効果を抜きにした政治優先型の観光政策を是正し、観光のもつ外貨獲得、雇用拡大、地域振興の経済的効果を重視し、本格的な観光産業化を推し進めた。湖南の観光業界は毛沢東を王船山、曾国藩など湖南出身の有名人の系譜に入れて地域の伝統と関連付けて毛沢東を再解釈している。たとえば、「人傑地霊」（地中の霊気により潔出の人間が育つ）のキャッチフレーズを用いて、同郷の元国家主席の劉少奇を含む「偉人郷里の1日ツアー」を企画して人気を博している。観光業界は地域の歴史性を出すことにより他の観光地との差異化を図り、さらなる発展に結びつけようとする。

また、湖南の地方政府も、劉少奇生誕90周年の際に彼の故郷の湖南省花明楼にできた巨大銅像や周恩来の生家に落成した銅像を意識して、1993年毛生誕百周年記念に韶山に毛沢東銅像をたてた。10.1m高さは10月1日の国慶節を意味し、中山服で開国盛典に出席した毛の姿は、中

華人民共和国創設者の毛の地位を象徴する。このように地域間の文化競争のなかで、有名人の銅像を建てて、新しい名物を作り、地域の文化を再構築する動きは、中国全体で起こっている。

1993年12月20日の銅像落成直後、それをめぐるさまざまな伝説が生まれた。たとえば、季節はずれに「つつじ」が満開になったことや、除幕式の朝10時の空に、太陽と月が同時に見られたという不思議な「日月同輝」の現象が毛の神聖性を象徴するメタファーとして語られている。これらの伝説はさらに観光ガイド、お土産店、村人および観光客の間で語られ、再生産され、お土産と一緒に流通している。現在、毛グッズのなかで、100分の1に縮小したミニ銅像がもっとも人気のある土産である。店員は高速道路の追突事故の奇跡と銅像をめぐる伝説を挙げながら、平安神としての毛の意味を暗示して売り込みをしている。このようなミニ銅像は他の観光地でも売られているが、韶山の銅像は特別の霊力があるとされている。それは韶山が国の創始者、3億の農民に土地を与え、救いの星とされる毛沢東を生み出した神秘な聖地であるからである。

韶山の村人も積極的に観光化に取組み、宿泊、飲食店、駐車場の整備や観光グッズの開発に力を入れてきた。たとえば、村人が毛沢東好みの料理を生かした郷土料理、毛家料理を創出している。韶山で開発された毛の石膏像と銅像も、人気の土産と

毛沢東テーマパークのM字型の玄関

お守りとして観光客に求められ、各地の湖南料理店で、湖南の象徴として店内に置かれている。

韶山村民委員会主導の株式会社によって作られた記念公園は、毛沢東が活躍した有名な場所を複製して、地元の風俗習慣を色濃く盛り込んだものである。M字形の入り口は毛沢東を意味する。公園の目玉である韶山毛沢東記念堂は200枚あまりの毛の写真、毛沢東と革命のためになくなった6人の家族の白い天然石の彫刻を展示し、そこでは観光客と地元の人々がお線香をあげ、紙銭を焼き、供え物をしている。

## 愛国教育とレッド・ツーリズム

韶山において地元政府、地域社会と観光業界の観光化とパラレルに、中央政府による愛国教育の基地化も進んでいる。1997年6月に共産党政権への求心力を強めるために中国共産党中央宣伝部が公布した第一次100個愛国主義教育模範基地のなかに、毛沢東記念館、生家も含まれている。9月の入学シーズンになると、小中高校、専門学校や大学のオリエ

ンテーションで団体が殺到する。近年、国家旅游局によって企画された「紅色旅游」レッド・ツーリズムのキャンペーンのなかで、韶山は再び脚光を浴びるようになった。革命聖地の観光による、地域の活性化、歴史教育、党の求心力の強化を目的とするこのプロジェクトのために毎年、275本の専用列車が運行されて、2010年紅色旅游の観光者数は4億3000万人に達している。

韶山の観光スポットは生家、記念館、毛氏一族の祖廟、銅像広場、滴水洞別荘などの13ヵ所があり、そのうちの11ヵ所は政府によって管理されている。冷戦時代に毛沢東の革命家、思想家としての側面が強調されたのにたいして、聖地の多様化が進んでいる現在、ネーション・ヒーローのイメージ、詩人、読書家、親孝行、勤勉節約の人格が肉声放送、銅像、遺物の展示を通して表象されている。

たとえば、記念館では400点近くの毛の遺留品が展示されている。数々の書籍や60歳を過ぎても英語を勉強したときのテキストと単語カ

毛氏一族の祖廟

ードは、勤勉な読書家の一面を表象している。60歳の誕生日のメニュー、つぎを当てられたパジャマ、時計、水着などは毛の嗜好、趣味、「質素」な生活ぶりを連想させる。観光客の感想からは、使い古したつぎはぎのある衣服や、注釈がいっぱい書いてある書籍に観光客が覚えた感銘と、官僚腐敗に対する民衆の憤慨が感じられる。

### 多様化する韶山の参拝者

韶山には1991年から毎年100万人あまりの観光客が訪れている。知識人や公務員は、田舎の少年から一つの時代を作り上げた人物にまでなった毛沢東のライフヒストリーをなぞり、精神的啓発を得ようとする。団体の学生や職場の共産党員は、ここで共産主義と愛国主義の歴史教育を受ける。中高年の観光客にとっては、毛沢東時代へのノスタルジアを体験し、アイデンティティを確かめる旅となるが、有名人の故郷というだけで訪れる人も少なくない。また、信仰心から訪れる人が数多く、農民を中心とする幅広い職業層・年齢層の人々が、毛の石膏像や銅像を持ち帰り、家内安全、健康長寿、商売順風、立身出世の守り神として祀る。そしてご利益があった場合、お礼参りのため再びこの地を訪れるのである。お正月、4月5日の清明節、毛の誕生日・命日になると、祖先や神を扱うように、毛沢東の銅像の前で線香をたて、供え物をして、爆竹を鳴らす。その後、銅像を時計回りに3回巡り、

毛の加護に感謝し、新たな願かけをする。このような風景は観光客の目には韶山の新しい祭祀民俗として映っている。

## 聖地の多様化

中華人民共和国創設者の生家、韶山の聖地化は、新しい国民国家のシンボル作りの一環としてとらえることができる。毛の新中国のシンボル化により、彼を生み出した場所も神聖化された。近代国家的礼拝所になった点では湖南にある毛の生家と南京にある中華民国創設者・孫文の墓である中山陵と類似しているが、興味深いのは、国民党と違って、遺体が安置されている北京にある記念堂ではなく、執務室兼住居の中南海でもなく、生誕の地の韶山が国家的聖地となっている点である。

韶山は1950年代から現在までの半世紀にわたって、国家管理の下におかれ、四大革命聖地の一つに指定され、60年代に国家重点文化財に、社会主義市場経済の80年代からは愛国主義の場、2004年には国家主導のレッド・ツーリズムの観光地となってきている。上記のようなメカニズムを通して、韶山は、普通の山村から近代国家の集合的記憶の場、社会主義革命の歴史を象徴する国の聖地に作り上げられ、時勢に応じて、時の政権の求心力を高めるリソースとして利用されてきた。今後も、中国のシンボルとして毛沢東の地位がつづく限り、韶山は、聖地として維持されていくだろう。

記念公園にある毛沢東（右）と両親の銅像

一方、観光業界や韶山の地元社会は、政府の動向を機敏に察し、社会のニーズに合わせて有名性という文化装置や民間信仰などのリソースを利用し、自分たちにとって有利な方向に導き、聖地と観光地作りをしている。国家、地元の観光業界とホスト社会による多元的な聖地・観光地作りは、またさまざまな観光客を誘致している。

韶山観光は、祈願の旅というような伝統的聖地巡礼の構造が見られる一方、自己探し、かつて帰属していた階層へのアイデンティティを再確認できる場でもある。聖地・観光地作りの主体の多元化、観光客の増加とその目的の多様化は、韶山の脱イデオロギー化と聖地の個人化を促進している。

（韓　敏）

**参考文献**
韓敏「韶山の聖地化と毛沢東表象」塚田誠之編『民族表象のポリティクス－中国南部における人類学・歴史学的研究』風響社、2008年

## 7-5 北海道神宮
―― 忘れられた開拓の記憶

### 未開地に産み落とされた神社

　明治政府は祭政一致・皇道宣布を目指し、国土経営・人心安定の要として、神祇祭祀と社殿造営および神道制度化に尽力した。日本近代の幕開けとともに未開の大地に出現した北海道神宮は、明治期における神社政策の一つの雛形として理解できる。

　開拓使が設置され、蝦夷地から北海道と改称された1869年(明治2年)当時、札幌地域には2戸7名の和人と若干名のアイヌが住むのみであったという。江戸期以前からの定住者が多くいた函館にはすでに人々の信仰を集めていた八幡があったが、首府となる札幌の地にこそ開拓・経営を守護する総鎮守を置くべきとされ、開拓使赴任に先立って明治天皇の勅使により「北海道鎮座神祭」が催行された。判官である島義勇（よしたけ）は、丘に登って石狩平野を一望しながら都市計画を描き、市街から少し離れたその丘（札幌市円山地域）を「札幌神社」の地と定めて御霊代を遷移したという。1871年の創祀に際しては、官民総出の奉遷神事が行われた。北海道「開拓史」は札幌神社とともに始まったのである。

　創設当初は国幣小社であった札幌神社の社格も北海道の発展とともに高まり、1899年（明治32年）には官幣大社に昇格した。祭神は当初、大国魂神（おおくにたまのかみ）（北海道の国土の神）、大那牟遅神（おおなむちのかみ）（国土経営・開拓の神）、少彦名神（すくなひこなのかみ）（国土経営・医療・酒造の神）の三柱とされた。1964年（昭和39年）に明治天皇が増祀されて四柱となって以降は「北海道神宮」と称する。

### 初期開拓民の神社との折衝と共存

　北海道の神社政策においては、まず実態の把握が困難をきわめた。開拓初期、共同体も成立しないほど人口密度が低かった各地において、開拓民による自然発生的な神社が点在していたためである。社殿も境内もなく、ただ標木を建て、「天照大神（あまてらすおおみかみ）」「八百万之神（やおよろずのかみ）」といった神名を書き込んだようなものがほとんどであり、それは神社というより祠と言うにふさわしい。大木の切り株に神霊を祀ったものは「切株神社」と呼ばれた。氏子組織や行事といった、神社としての体裁も整っていないものがほと

島義勇像（神宮境内）

んどであった。

　祭神は、江戸期以前の移住民がすでに集住していた道南・海岸地域にあっては、航海、漁業、商業に関係のある諸神、特に稲荷や八幡、恵美須（事代主）などを祀ったものが多かった。団体移住の場合は郷里の産土神を、華族・士族の経営する大農場では農場主ゆかりの氏神を、また故郷ゆかりの災害除けの神などを、人々は思い思いに祀っていた。こうした小祠、特に稲荷や八幡などの習合神を祀ったものなどは「無願神祠」と呼ばれ、公認神社とはされなかった。

　『新撰北海道史』によれば、1886年（明治19年）時点で、神社総数507、そのうち官幣小社1（札幌神社）、国幣小社1（函館八幡宮）、県社1、郷社40、村社230、無格社225、招魂社3を数えている。しかし、これは公認神社の数であり、他に非公認の夥しい無願神祠があったのである（昭和初期頃で約3000社と見込まれている）。

　自然発生的な無願神祠が続々と創祀されてしまうという状況は全国にも類例を見ず、神社の無願創立を禁止した1872年（明治5年）の大蔵省達に明らかに違反するものであった。神祠の濫設は国家神道の体系を乱すのみでなく、住民間に争いを生み地方自治の害となりかねないとされていた。そこで1888年（明治21年）以降、北海道庁は「一村一社」を目指して直接無願神祠の取締りを始めた。道庁は1902年（明治35年）に「社寺規定」を定め、公認神社の要件として、境内地300坪、社殿6坪、氏子100戸以上などを定めた。無願神祠のうち、成長の見込みがある神祠、特に公認神社を持たない町村の無願神祠については、公認神社の要件を備えさせるよう促した。そうでない神祠は、他への合併または廃止を促そうとした。とはいえ、無願神祠も「一致協力の機会を授け、拓殖上軽々に付すべからず神徳を認めらるるのみならず、自然其の敬神崇祖の観念を涵養する」ものとされ、ほとんどは黙認されたという。

## すべての開拓民の神として

　札幌神社創祀以降、その遥拝所が、札幌区内、周辺村のみならず、全道の新開拓地、僻遠地に設けられていった。その多くはやがて神社へと昇格し、開拓の意義および皇道を説布、祭祀の厳修を教導する、国による教化の中心としての機能を果たす機関となっていった。教導は次第に成果を上げ、全道へ神札頒布が行われるようになった明治30年頃からは特に、人々の神祇崇敬も高まり、崇敬講、神楽講、祝詞講、神風講社が結成され、神葬祭、祖霊祭、戦死者弔祭が広く普及した。

　こうした経緯上、当然ながら明治

北海道神宮本殿

中期以降に開拓が本格化した地域の神社は札幌神社の三神を祀ったものがほとんどだが、それに加え、天照大神や開拓、経営に関係する神を祀る神社も多い。これは、国家神道の浸透を示すとともに、各地から集まってきた開拓民の誰もが違和感なく祀ることのできる神として、氏神でも産土神でもない普遍的な性格を持つ祭神が求められたことの表れでもある。札幌に代表されるように、(安政年間からの)在住者、士族、屯田兵、召募移民、自由移民が開拓初期から混住していた都市の神社には、氏、出身地、信仰を問わず祀れる神がふさわしい。たとえば円山崇敬講の規則には以下の文言がある。「遠ク郷里ヲ去リ本道ニ来住既ニ村里ヲ成スを得タリ奉祀ノ氏神ナカルヘカラズ然ルヲ…官幣中社ヲ以テ直ニ氏神トシテ之ヲ崇敬スル豈幸福ノ至ナラズヤ」。祀るべき氏神を持たない開拓民が新たな信仰対象を得ようとした様子がうかがえる。神社信仰と近代化の関わりを捉える上での好例と言えよう。

国家神道の浸透とともに、神社はその地が日本国土であることを示すものともなった。新領土における官幣社の設置は神社の象徴性の表れである。特に北海道神宮にはロシアに対する北方防衛の象徴という意味も付加されていった。

開道70周年にあたり、1938年(昭和13年)に境内社として開拓神社が創祀され、北海道発展の基礎を樹立した先人である黒田清隆、永山武四郎、岩村通俊など37名が祭神とされた。境内社には他に、石炭産業の殉死者を祀る札幌鑛霊神社、北海道拓殖銀行の功労物故者を祀る穂多木神社もある。

境内社である開拓神社

戦後、国家管理の手を離れた後は、地方自治の要、人心安定、皇道宣布、北方警備といった意義は薄れ、開拓者の顕彰という性格を強めている。

### 現代都市の神社信仰

今日に至っても北海道神宮は道民に崇敬されている──と言うことはできるのだろうか。「全道開拓の総守護神」たる由緒、開拓三神、北海道開拓を命じた明治天皇、そして開拓者たちという祭神を意識して参拝する人々がどれほどいるか。実情は、開拓神社の由緒にある「開拓に心血を注がれた御功績がともすると忘れがちになった今日…」の文言から推測されるとおりである。そもそも、北海道の人口は戦後以降に倍増したという事実を鑑みれば、北海道民のすべてが「開拓民の子孫」というアイデンティティを保持しているわけでもない。多くの北海道民もいわゆ

る一般的日本人と同様、初詣、七五三、結婚式、各種祈願などの行事の折に、にわかに神社の存在を意識するに過ぎないのである。平時の境内はどちらかと言えば外国人観光客の姿が目立つ。

　北海道神宮例祭に多くの道民が訪れることは、神社信仰が人々の生活に深く浸透していることを示す——とも言い難いだろう。北海道神宮例祭は別称を「札幌まつり」という。1872年（明治5年）、開拓次官の黒田清隆が、6月15日を例祭日と定め、当日は「当使官員及ビ全道人民共休業致、遠近ニ従ヒ参拝若シクハ遥拝スベシ」と通達して以来、現在も札幌市内の小学校や企業の一部では休業するところもある。確かに数十万人規模の人出はあるが、しかし実際に人々のほとんどは北海道神宮から5km以上離れた中島公園（札幌市中央区）の縁日に出向き、必ずしも本殿へは参拝しない。近年では200万人超を動員する「YOSAKOIソーラン祭り」の方が大規模と言える。

　例祭では、100年以上の歴史を誇る神輿渡御(みこしとぎょ)が行われる。祭りの際に活動主体となるのは、事実上の氏子組織とも言える「北海道神宮崇敬奉賛会」だが、その会員だけでは担ぎ手が不足するため、神輿好きの一般市民や学生アルバイトが渡御に加わる。もともとは祭神を神輿に乗せて市内を巡幸する神事であるが、現在では行進、見物の便を理由に出発点が神宮ではなくなってしまっており、色とりどりの装束姿で市内中心部を

例祭の神輿渡御

練り歩くパレードとしての性格が強い。

　近年では北海道最大のパワースポットと言われるようになり、どの鳥居から入るのが良い、悪いというような言説も飛び交ってはいるが、恋愛運、金運などの向上とされる背景が希薄であることは否めず、関連する集客も特筆するほどではない。

　北海道神宮は未開地開拓、北方防衛といった日本の近代国家成立の象徴として作られた人工的な聖地であるが、別の角度から考えれば、あまりに強く国家主義的、近代主義的な磁場を帯びてしまったがゆえに、世界遺産、パワースポット、癒しといったキーワードと結びつきやすい現代の宗教ツーリズムの風景にはそぐわないものになってしまったと言うこともできよう。　　　（問芝志保）

**参考文献**
北海道庁『新撰北海道史（全7巻）』1937年
関秀志編『北海道の研究　第5巻』清文堂出版、1983年

## 7-6 バングラデシュの聖者廟
—— ラロン・シャハ廟をめぐる国民統合と宗教をめぐるジレンマ

### ラロン・シャハの聖者廟

　バングラデシュ西部クシュティア県のラロン・シャハ廟は、19世紀に活躍したバウルの導師フォキル・ラロン・シャハ（生年不明―1890）が祀られている聖地として知られている。南アジアのイスラーム世界では、たとえばアジメールのチシュティー派の聖者廟など、ムスリム民衆の宗教生活に根を下ろした聖者廟をさまざまに見ることができる。バングラデシュでも、古くから由緒のある聖者廟は数多く見られるが、そのなかでもラロン廟は、ベンガル地方の民族音楽であるバウルの導師が祀られた聖者廟として、広く親しまれている。

　聖者ラロンが歌うバウルの歌は、多様な宗教伝統の興味深い融合を見せるベンガル地方の民族音楽である。これは2005年にはユネスコの無形文化遺産にも登録され、そのなかでももっとも有名な導師とされるラロンの聖者廟は、バングラデシュでも国民的な人気を集める聖地として、知られるようになっている。

　ところで、ラロンが活躍したベンガル地方は、ほぼ現在のインド西ベンガル州とバングラデシュを合わせた地域にあたる。インド亜大陸東部のベンガル地方は、かつては同じ言語や生活文化を共有する地域文化を構成したが、植民地政府の宗教による分割統治策によって、1947年にはインドとパキスタンが分離独立し、インドの西ベンガル州と、東パキスタンとに分割された。その後、東パキスタンは、パキスタン政府に対するベンガル人の民族運動を通して、1971年に改めてバングラデシュとして独立することになる。

ラロン・シャハ廟

　もともとベンガル地方は、ヒンドゥー教とイスラームが共存し、バウルのような異種混交の文化を育んできた。しかし、現在ではヒンドゥー教徒が多数を占める西ベンガル州と、イスラームを国教に定めるバングラデシュという2つの国家に分割され、国民文化と宗教をめぐるさまざまな問題を生み出している。ユニークな宗教性を体現するラロンの聖者廟もまた、新たな国民国家の形成のなかで、さまざまな問題にさらされてゆくのである。

## イスラーム世界における聖者廟

聖者廟とは、霊験あらたかとされる聖者が、その死後に祀られたお墓にも霊的な力が宿るとされ、墓廟自体が礼拝や巡礼の対象になったものである。イスラーム世界では、スーフィー思想の発展を背景に、さまざまな聖者廟がお祀りされ、庶民の現世利益や巡礼地として人気を集めている。特に、聖者信仰が盛んな南アジアのムスリム社会では、各地の村落に、まるで村の鎮守様のように、聖者廟がお祀りされているのを見ることができる。

イスラーム世界のモスクは、唯一の神アッラーへの帰依を表明し、礼拝が行われる神聖な場所である。それに対して、庶民の日常的な祈願や儀礼の受け皿となるのが、神秘的な力を宿すとされる聖者やそれを祀る廟である。偶像崇拝が許されないムスリム社会では、人々が祈りを捧げるのは唯一の神アッラーなので、聖者はここでは、人々の願いをアッラーに取り成す存在と見なされる。年中行事や通過儀礼、病気治癒や子宝などの祈願に際しては、なによりも地域社会に根差した聖者廟が、そのより所とされてきた。

この聖者廟のひとつの特徴は、イスラームの規範が遵守されるモスクとは異なり、性別や宗教の違いにも関わらず、誰もが参詣できることにある。実際、南アジアの聖者廟には、多くの女性たちや異教徒の姿を目にすることができる。

ムスリム社会では、男女隔離のパルダーの教えから、モスクでの女性のお祈りが制限されているが、その代わりに女性たち

女性も目立つ参詣者たち

が日常的に訪れ、願掛けなどを行うのは聖者廟である。農村部では、聖者にちなんだ祭礼や定期市が催され、地域社会の結節点ともなっている。聖者廟のお祭りでは、ちょうど日本の縁日のように、境内には屋台が並び、バウルの歌い手や大道芸人が集まり、さまざまな催しが行われる。

このように、人々の暮らしに根ざした庶民信仰の受け皿となることで、南アジアの聖者廟は、ひとつの豊かな宗教世界を発展させてきた。

## ラロンの生涯

ところで、南アジアの多くの聖者廟ではイスラーム聖者がお祀りされているが、ヒンドゥー教や仏教に由来する聖者や聖地が、広く人々の信仰を集め、お祀りされている例もめずらしくない。たとえば、中世インド社会を代表する聖者カビールは、ムスリムの機織りの家に育ち、ヒンドゥー教の導師に弟子入りをすることで、宗教の違いはただ神を呼ぶ名前の違い過ぎないと、歌ったことで知られている。

ラロンもまた、ヒンドゥー教徒の家に生まれ、後にムスリムの遊行者のもとで修行し、バウルの導師となっている。そのためラロンは、優美な自然風土を歌にする民衆詩人として親しまれるとともに、宗教の違いにとらわれない自由な宗教思想によっても、広く知られている。

実際、生前のラロンは、宗教の違いを超えて多くの弟子を残し、その教えは、今では3－4世代目の弟子たちに受け継がれ、今もラロン廟の周辺では活動が続けられている。

そのラロンの歌には、イスラームのスーフィー思想やヒンドゥー教のヴィシュヌ派の賛歌など、さまざまな宗教伝統を参照しながら、それらを融合した興味深い宗教世界が生み出されている。特に、身体の秘密に関する歌は、バウルの修行者にのみ許された秘儀を通して伝承され、その起源は中世ベンガルの仏教王権時代の、タントラ仏教に由来するものと考えられている。

### 遊行者のバウル・歌い手のバウル

このようなベンガル地方におけるバウルのイメージは、一弦琴を片手にたずさえ、村から村へと門付けを行う素朴な遊行者の姿である。しかし、バウルへの評価が高まるにつれて、近年では民族音楽の歌い手として、ステージで活躍するバウルも増えている。

バウルの歌や、そのなかでも人気の高いラロンの歌は、今ではCDやDVDで手軽に楽しむことができ、そのスタイルに影響を受けたポピュラー音楽や若者のバンドも生まれている。文化行事の余興として、バウルの歌が演奏されることも多く、バウルを派遣する音楽協会も作られている。政府の観光局も、観光資源の目玉にバウルを位置づけるようになり、2005年のユネスコによる無形文化遺産への登録は、その評価を決定的なものにした。

このように、民族音楽としてのバウルへの評価が高まり、観光資源として注目されるなかで、むしろバングラデシュにおいては、ラロンが体現していた固有の宗教性への理解は、むしろその背景に後退しているようにも見える。

もともと、ヒンドゥーでもムスリムでもなく、そのどちらも含むバウルの修行者たちの宗教的帰属は、国民国家を構成する宗教人口という観点からは、常に曖昧で周縁的な存在と見なされてきた。イスラームの神学者たちは、それをイスラームの規範からの逸脱として、しばしば批判の対象ともしてきたのである。

### 宗教とナショナリズム

バングラデシュは、ベンガル人の民族運動を通して1971年に独立を達成し、当初は世俗主義を掲げていた。しかし、人口の約90％を占めるムスリムの支持を得ようとする政府のイスラーム化政策によって、イスラームは国民統合の象徴として強調されるようになり、1988年には憲法を改正し、イスラームはバングラデ

シュの国教となっている。

そもそも、イスラームの神学者から見ると、聖者廟での庶民信仰は、異教徒の名残をとどめるイスラームの教えからの逸脱と見なされる。まして、多様な宗教文化を包摂するバウルの修行者は、イスラームの純化を求める人々によって、さまざまな浄化運動の対象とされてきた。たとえば、聖者廟での儀礼をイスラーム化しようとする運動がバングラデシュの各地で見られ、異形の風体で遊行するバウルには、しばしば正しい教えに連れ戻すための、断髪や改悛の儀礼が強制されてきた。

イスラーム諸国のなかでバングラデシュは、比較的穏健なムスリム社会とされている。独立以来の世俗的な民族運動の伝統も、なお多くの国民の支持を集めている。

そのためリベラルな知識人は、政府によるイスラーム化政策は、むしろ政治家による宗教の政治利用として批判の対象とされる。ラロンは、ここでは逆に、自由な宗教思想を体現するベンガルの民族文化の象徴として、称揚されることになるのである。

こうして、国民統合と宗教をめぐる葛藤は、バングラデシュでは、独立以来の国民的な争点のひとつとなってきた。その象徴的な出来事を、最後に取上げてみたい。

2008年に、無形文化遺産のバウルを記念し、観光客にも親しみが持てるように、バングラデシュへの玄関口であるダッカの国際空港の正面に、

引き倒されるラロン像

ラロンの像を建立することが計画された。しかし、それはすぐにイスラーム知識人や宗教政党によって、偶像崇拝の禁止に反するものとして批判され、大々的な反対運動のキャンペーンが開始された。

国民文化を代表するラロンへのバングラデシュの人々の人気はゆるぎのないものであるが、他方で、国教でもあるイスラームの教えに反する行いを、良しとする人もまれであった。メディアを通した論争はひと月にもわたりくり広げられたが、誰もが納得する結論は得られなかった。そのうち、イスラームの政治団体が実力行使に及び、最後は写真のように、建造中の像を引き倒してしまったのである。

ラロンの宗教性への理解は、こうして国民文化と宗教をめぐるひとつの争点として、今もバングラデシュの人々のあいだで議論が続けられているのである。

（外川昌彦）

**参考文献**
外川昌彦『宗教に抗する聖者―ヒンドゥー教とイスラームをめぐる「宗教」概念の再構築』世界思想社、2009年
外川昌彦『聖者たちの国へ―ベンガルの宗教文化誌』NHKブックス、2008年

## 7-7 シリアの聖者廟
——ザイナブ廟とカルバラーの物語

### シリアとザイナブ廟

　地中海の東岸、アナトリア半島とアラビア半島の間に位置するシリアは、古代よりユダヤ教、キリスト教、イスラームの舞台となってきた地域である。この歴史的背景によって、当地には一神教に関わる預言者や聖者たちの廟が数多く点在してきた。

　そのなかでも現代に入って注目されるようになった場所として、ザイナブ廟をあげることができる。首都ダマスカスの南方10キロのサイエダ・ゼイナブ村（旧ラーウィヤ村）に位置するこの墓廟は、イスラームの預言者ムハンマドの孫娘ザイナブの墓と言われている。史料上は12世紀にこの廟の存在を確認することができるが、当時はウンム・クルスームという別の人物の墓とされていた。その後、14世紀頃からザイナブの墓として記されるようになり、以後20世紀初頭まで村の小さな廟として、宗派の関わりなく周辺住民の崇敬を集めてきた。

　この廟の環境が急激に変化するのは20世紀中盤のことである。1950年代までは人口800人のサイエダ・ゼイナブ村を中心に、近隣村落から年間1万人ほどの人々が訪れるに過ぎなかった。それが2010年までには世界各地にいるイスラームのシーア派の人々を中心に、年間300万人近い参詣客が訪問する一大参詣地となり、サイエダ・ゼイナブ村は20万人の住民を抱える門前町へと発展してきた。

　廟はシーア派で多く見られるブルータイルと黄金のドームで彩られ、随所にシーア派にとって重要な「カルバラーの物語」の一節や絵画が飾られている。参詣客の増大にともなって廟も拡張を繰り返し、ミナレット、礼拝所、大型駐車場を整備し、参詣客に向けた宗教相談や特別祈祷といったサービスを充実させてきた。廟の周辺には参詣客向けのホテルや土産物屋、レストラン、旅行会社の現地代理店が立ち並び、シーア派法学者の事務所や宗教学校が密集している。廟内外では朗誦士がカルバラーの物語を朗々と語り、参詣客の涙

ザイナブ廟

を誘っている。

## カルバラーの物語とザイナブ

　スンナ派が圧倒的多数を占めるシリアにおいて、シーア派の人々が集結するザイナブ廟の光景は異例に映ってきた。このザイナブ廟が半世紀の間にシーア派色を強めながら発展してきた背景には、1970年代以降に世界各地のシーア派の間でカルバラーの物語をめぐる解釈が変化したことがあげられる。そのなかで、ザイナブがシーア派の最重要人物として描かれるようになってきた。

　カルバラーの物語とは、西暦680年に現在のイラクのカルバラーの地で、シーア派の第三代イマーム（宗教的・政治的指導者）フサインと仲間たちが、ウマイヤ朝軍によって虐殺された歴史的事件を指す。当時ウマイヤ朝カリフ、ムアーウィヤの統治に不満の声があがっていたが、息子のヤズィードにカリフ位が継承されたことで、その反発はさらに高まっていた。特に圧政に苦しんでいたイラクのクーファの人々は、これを機にウマイヤ朝から独立する道を模索し始めた。その際の旗印として、預言者ムハンマドの孫であり、シーア派の初代イマーム、アリーの息子でもあるフサインに白羽の矢が立った。アラビア半島のメッカにいたフサイン自身も、ウマイヤ朝の治世に不満を持っており、クーファの人々の要請を快く受け入れた。

　フサインは近親者を連れ、メッカからクーファへ出発した。しかし反逆の動きはウマイヤ朝側に察知され、フサイン一行はクーファの手前カルバラーの荒野でウマイヤ朝軍に包囲された。10日間にわたって飢えと渇きに苦しんだ後、ウマイヤ朝軍の総攻撃を受けて、一行は壮絶な最期を遂げた。

　生き残った者たちは戦死者の首とともにウマイヤ朝の首都ダマスカスまで連行されていった。フサインらの首は人々の前にさらされ、女性や子どもたちはヤズィードの前に引きずり出された。その際、フサインの妹ザイナブは権力に臆することなく、ヤズィードの不義を批難し、兄フサインの正義を讃えた。ザイナブたちは後にマディーナへの帰還を許された。しかし、その後のザイナブの足取りについては、史料には何も記されていない。彼女の没した地については諸説あるが、現在ではダマスカスとカイロの2カ所に彼女の墓廟がある。

　人望高いムハンマドの孫フサインに対するヤズィードの容赦無い仕打ちは当時の人々に衝撃を与えた。特にフサインを敬愛してきた人々は事件直後からこの内容を物語として語り継ぐようになり、シーア派の教義として発展させていった。その教義に従い、殉教の物語を聞いて涙することで悲嘆や後悔の念を示し、自らの身体を傷つけフサインとその仲間たちの苦痛を追体験するといった諸儀礼が発展してきた。

　この指導者の虐殺という悲劇の物語が劇的に転換するのが、1970年代

物語を聞いて嘆き悲しむ参詣客

である。それまで各国で政治的・社会的に周縁に追いやられ虐げられてきたシーア派の人々が、この時代に次々と社会変革運動を展開するようになった。

各地の改革運動のなかで、カルバラーの物語は現代社会における社会変革のスローガンとして読み替えられていった。従来の悲観的な態度を破棄し、積極的に正義を実現するために立ち上がることこそが重要であると強調されるようになった。その象徴は、時の支配者を恐れずに立ち向かったフサインであり、兄の正義を主張して権力者を批難したザイナブであった。このシーア派内部でのカルバラーの物語に対する視点の転換が、勇猛な女性としてのザイナブの知名度と人気の上昇に繋がっていった。

## 物語を消費する独自の実践

シーア派におけるカルバラーの物語の変革とザイナブの人気上昇は、それを消費しようとするさまざまな関係者を生み出してきた。

その中心となってきたのは、各地のシーア派信徒である。彼らは自分たちがよく知るこの物語を、自らの社会的・政治的要望を達成するためのシンボルとして捉え、社会変革のための動員の拠り所としてきた。その結果、ザイナブ廟は社会的公正の実現と変革を訴える地として捉えられるようになり、人々は彼女の廟でその勇気ある態度を賞賛するようになる。

このシーア派大衆の風潮に、法学者や宗教組織、廟を中心とする宗教界も同調していった。彼らにとって、カルバラーの物語を語ることは、シーア派の正当性を維持するだけでなく、大衆からの支持基盤の確立と、自らの宗教権威を向上することにもなる。さらに、シーア派政権であるイラン政府も、イラン革命の正当性とシーア派と結びついたイランのナショナリズムを流布・浸透させるための手段として、カルバラーの物語とザイナブを重視するようになった。シリア政府はこれらの動きに対して、国内の多数派であるスンナ派との宗派対立を回避し、治安を維持しながらも積極的に消費を促すことによって、経済利潤を最大限獲得しようと努めてきた。

ザイナブ廟におけるこれらの関係者の躍進により、従来のシーア派には見られなかった独自の実践が編み出されていった。例えば、集団礼拝の際に行われる説教や祈願では、シーア派を虐げるアメリカやイスラエルは、ヤズィードに重ね合わされて呪いの言葉がかけられる。さらに、

殉教作戦（自爆攻撃）を志望する者たちが、フセインの死にあやかり、死後の楽園への扉を開けて貰うことを祈願して廟の柵に南京錠をかけ、その鍵を自分で保持するという新たな実践を行うようになった。

この他にも、ザイナブ廟独特の実践は数多く存在する。特に重要なのが、廟内外で開催されるデモンストレーションや大規模イベントである。例えば、ヒズブ・アッラー（ヒズボラ）の対イスラエル抵抗を訴える運動など、宗教団体が宗教的スローガンと政治・社会的スローガンを織り交ぜながら廟内外でデモンストレーションを行う光景がよく見られる。また、イラクやレバノンでの反米・反イスラエル闘争といった、シーア派の正義のための戦闘の成果を公表する写真展をはじめとするイベントや、殉教した戦士たちを追悼する集会が頻繁に開催されてきた。これらの集会においても、主催者はカルバラーの物語に関連する多くのスローガンやポスターを利用し、物語の消費を促している。世界各地のさまざまなシーア派の人々が積極的に参加することで、これら独自の実践はその重要性を増してきた。

## 消費が導き出す宗教性

これらザイナブ廟での実践は、従来シーア派に見られてきた儀礼とは著しく異なるものである。一見すると、それらは宗教的教義や儀礼の政治利用として論じることもできる。しかし、世界各地から集うシーア派大衆は新しい実践を敬遠するのではなく、むしろ積極的に参画することで自らのシーア派性を再確認している。すなわち、カルバラーの物語の消費とザイナブ廟での活動が拡大していくなかで、物語に基づく諸実践がシーア派にとって欠かせないものとなり、シーア派をシーア派たらしめるようになってきている。

以上のように考えると、現代社会において参詣地での実践は、もはや教義をそのまま当てはめて説明するだけでは、理解することが不可能な状況になってきている。むしろ、時代・地域ごとの社会状況のなかで、人々が教義や儀礼に何を託し、いかに消費しようとしているのか、という観点こそが分析されるべきなのかもしれない。　　　　（安田　慎）

**参考文献**
桜井啓子『シーア派―台頭するイスラーム少数派』中公新書、2006年
嶋本隆光『シーア派イスラーム―神話と歴史』京都大学学術出版会、2007年

廟内でのイラク反米闘争写真展

ウェストミンスター寺院（イギリス）

第 8 章

戦争と聖地

## 8-1 沖縄
──アクチュアルな慰霊と平和の聖地

### 慰霊の地としての沖縄

　沖縄はアジア・太平洋戦争において、大規模な地上戦が行われた地である。1957年（昭和32年）、当時の琉球政府の推計では、日本軍兵士、軍属、市民を合わせて18万8136名が戦没者として考えられており、これに米軍戦没者を加えると20万0656名の犠牲者を出したと考えられている。より最近の推計は、平和の礎の刻銘者数である。これによると、2013年6月23日現在24万1227名とされている。いずれにしても20万人以上の犠牲者を出した熾烈な戦争を経験した地である。

　沖縄県観光政策課の資料によれば、復帰後の1972年（昭和47年）に沖縄を訪れた観光客（入域観光客）数は53万6811人であった。その後も右肩上がりにほぼ現在まで推移し続け、2009年（平成21年）には569万人に達している。こうした動向には、亜熱帯に属する気候風土や独自の歴史・文化が織りなす異国情緒の他に、修学旅行をはじめとする平和学習の場所としての沖縄がある。

　戦後、アメリカによる沖縄の占領統治は1945年から1972年までの27年間に及び、現在も米軍の基地問題をはじめ、日米の軍事的協力関係の諸矛盾が集約されている場である。同時に、現在の沖縄は、平和主義の象徴的な位置を占めている。平和の礎は沖縄戦の犠牲者すべてを追悼する施設であり、そこでは死者が選ばれていない。このような慰霊や不戦のための祈りの場として、戦後の沖縄は構築されてきた。

　沖縄には現在までに多数の記念施設が作られてきた。その建立主体は国、県、都道府県、市町村、米軍関係、その他戦跡などがある。沖縄県が公にしている資料によればこれら施設の総数は337である。県内にあるものに限るなら、330であり、これらに沖縄県護国神社、国立戦没者墓苑などを含めると334施設となる。

　これらの多くは摩文仁の丘にある平和祈念公園内に集中している。日本で唯一の国定戦跡公園に建設された平和祈念公園は沖縄県が管理し、

平和の礎

沖縄県平和祈念資料館、沖縄平和祈念堂、国立戦没者墓苑、各都道府県の記念碑等が集中している。また、「国籍を問わず、沖縄戦で亡くなったすべての人々」を刻銘した記念碑である「平和の礎」が戦後50年を迎えた1995年6月に除幕された。

　都道府県の記念碑は巨大で抽象的なオブジェクトとなっているものが多い。平和祈念公園や整備された慰霊塔や戦跡は、観光や団体による平和学習のコースとしても定着している。一方、そうしたコースには入らないが、地元住民によって造られ、維持されてきた、自治体における記念施設が多数存在する。こうした施設は「慰霊塔」と呼ばれ、日本の他の都道府県とは異なり、その多くが内部に遺骨が収めた納骨施設の上部にシンボルを置く独特の形態である。

　中南部、特に南部は沖縄戦の最後の激戦地であり、多くの部隊あるいは村が全滅した。ここには戦後すぐに大量に散らばっていた遺骨を、地域住民が一カ所に集め、とむらった記念施設が多く建設されている。戦後最初にできた施設が「魂魄の塔」である。ここには約3万5000人が葬られている。こうした慰霊施設は戦没兵士のみを慰霊・記念したものではなく、そこには「選べない骨」という掃討戦という歴史的な事実に裏付けられたモチーフがあり、戦争犠牲者を象徴している。

　日本軍の組織戦闘が終わったとされる6月23日を、沖縄県は「慰霊の日」として休日と定めている。この日は、沖縄の人々にとって、大きな意味を持っている。遺骨が家族のもとに帰らないということは、どこで死に、どこに葬られているのか判らないということである。だから近親者が犠牲になった人々は、現在でも平和の礎、国立戦没者墓苑、魂魄の塔などの各地を巡礼のように訪れ、それぞれの場所で花を手向け、供物を供え、紙銭を焼き、手を合わせる。まさに「慰霊の日」なのである。

## 沖縄における遺骨収集

　1956年（昭和31年）以降、沖縄における遺骨収集は日本政府から琉球政府への委託事業となり、さらに、1972年（昭和47年）の復帰後は、琉球政府から県生活福祉部援護課が主管し、身元判明の遺骨・遺留品は厚生省経由で遺族へ送還された。沖縄出身者の遺骨は那覇市識名に設けられた中央納骨所へ納められていたが、1979年（昭和54年）以降は、国立戦没者墓苑へ納められるようになった。県福祉部援護課の資料によって具体的な数字をみると、1955年度（昭和30年度）までに、13万5023柱の遺骨が収集されている。その後、その数は数百から千の間を保って推移するが、2000年以降、現在においても毎年100柱前後発見されている。収骨活動には現地である沖縄遺族連合会の他、戦友会や宗教団体をはじめとして本土からもさまざまな団体が協力している。また国吉勇などの個人による努力もあった。

　遺骨収集は地表遺骨の処理に始ま

り、埋没遺骨の探索へと変化している。敗戦直後、疎開地や仮捕虜収容所から帰った住民たちのやむにやまれぬ行為として始まった遺骨収集により、地表骨の収集はそのほとんどが終了し、もはや日常の生活には支障をきたさない状態となった。しかし、それで遺骨収集を終わらせることなく、埋没骨の探索と収骨を人々は続けている。遺族や遺児たちも高齢化したが、現在はその担い手を変えつつ継続されている。そうした担い手のひとつにさまざまなボランティア団体やNPO法人がある。

具志堅隆松は医療機器の補修・修理業を営むかたわら、沖縄戦遺骨収集ボランティア「ガマフヤー（壕を掘る者）」の代表として活動している。沖縄の地方紙やTV、FM番組などのメディアでも頻繁に取上げられる。ガマフヤーは、特にメンバーシップは定めず、緩やかなネットワークの形態をとっている。その核となっているのが具志堅であり、ガマフヤーの活動と継続は、彼の個性と努力によるところが大きい。また金光教那覇教会はじめとする新宗教教団、修養団などの公益財団法人や他のNPO法人、JYMA（旧日本青年遺骨収集団）も遺骨収集活動のため沖縄へ訪れている。まったく個人で参加する人々もいる。

2009年2月23日、共同通信系で「遺骨収集を雇用の受け皿に、沖縄 国に要望へ」と題する報道が配信された。翌24日にはガマフヤー、ホームレス支援をしているNPO法人プロミスキーパーズ、那覇市NPO活動支援センターの三者による「遺骨収集で雇用支援を」NPO連絡協議会が発足している。同センターによれば、この試みは、「ガマフヤーの『沖縄戦で酷い死を強いられた人に対する尊厳ある遺骨収集』で、プロミスキーパーズによる『今を生きる人たちの尊厳を重んじた』就労の場にする」という計画である。この努力は国や県、市町村などの行政を巻きこんで進められ、2012年現在もさまざまな形で続けられている。

2011年7月、こうした状況に対応するため、沖縄県は「戦没者遺骨収集情報センター」を発足した。これは国が全額を負担し、県が財団法人県平和祈念財団に業務を委託したものである。それはこれまで県援護課と財団法人慰霊奉賛会（現財団法人県平和祈念財団）とが責任を負っていた遺骨収集事業を引き継ぎ、ボランティアによる遺骨収集活動への支援や講習などの参加者への対応、情報の一元的な管理を目指している。

魂魄の塔に祈りを捧げる人々

## 政治の狭間にある聖地

戦後沖縄において戦没者慰霊の場が政治化してきた背景を考えると、沖縄を取り巻く状況が一層明らかになるだろう。前述した「慰霊の日」には摩文仁の丘で県主催の沖縄全戦没者慰霊祭が行われる。そこには内閣総理大臣、衆参両院の議長、米軍、県、政治・行政をはじめ各界有力者たちを筆頭に、遺族たちが集まり、献花、黙祷が行われる。それと同時並行して、魂魄の塔のすぐ後ろにある広島の塔の前では、テントが張られ活動家たちの会合が開かれている。拡声器を使い、基地移転の問題の現状や反対声明が述べられ、社民党の国会議員なども顔を見せる。慰霊塔は政治運動の結集点としても構成されてきたのである。その喧騒は、遺族たちが粛々と花や供物を捧げる魂魄の塔とは対照をなしている。こうした政治的運動が党派性を露わにすることで、それとは関係ない人々の感覚から遊離し、かえって分断を招いてきた現状がある。ガマフヤーなどのボランティア団体やNPOによる遺骨収集が成功した背景には、活動の意義をもう一度見直し、だれでも参加できるような形で行われたことがある。ネットワーク型のゆるやかな組織形態をとることによって党派性を回避し、遺骨収集の意義を政治ではなく「人間の尊厳」という点に集約させた。そのことにより改めて戦争の現実が浮き彫りにされる。いまだ戦争によって命を絶たれた人間の骨と大量の不発弾が放置されている現状は、つきつめてみれば日本の戦後処理がいまだ不十分であるという現実の認識へときわめて容易につながるからである。

日本政府による戦後処理の不徹底は沖縄に限った問題ではない。靖国問題をはじめとして、原爆症の認定を巡る裁判、東京大空襲をはじめとする地方大都市の空襲への補償を巡る裁判、概了とされた海外における遺骨収集等々、それぞれが大きな問題を提起している。そのなかでも、新たな都市開発、商業施設化の進む沖縄における遺骨収集は、当事者以外にとっても、そして政治的な無党派層にとっても、戦争と戦後処理の不徹底という問題を、日常におけるリアルな現実として突きつけている。平和運動や反基地闘争に、遺骨収集はもう一度その意義を問いかけることになるのかもしれない。

聖地としての沖縄は、このように政治の狭間にあり、さまざまな行為者による多重的・多層的な社会的構築の場となっている。さらに教団や、ユタと呼ばれる民間巫者による個人的な慰霊など、さまざまな意味づけ、慰霊・記念行為が集中した意味の結節点として構築されており、また構築されてゆく過程にある。

（粟津賢太）

**参考文献**
粟津賢太『記憶と追悼の宗教社会学―戦没者祭祀の成立と変容』北海道大学出版会、2017年
北村毅『死者たちの戦後誌―沖縄戦跡をめぐる人びとの記憶』御茶の水書房、2009年

## 8-2 広島・長崎
―― 怒りと祈りの聖地

### ヒロシマ・ナガサキという記号

　1945年8月6日午前8時15分、アメリカのB29爆撃機エノラ・ゲイ号が投下したウラン型原子爆弾リトル・ボーイは、広島市の中心部細工町のおよそ580m上空で炸裂した。その地域は瀟洒なデザインの広島県産業奨励館をランドマークとする広島市随一の繁華街であり、大田川のデルタ地帯に広がる街並みには会社や商店、そして住宅が密集していた。その真上で目も眩むような閃光と共に放出された膨大な量の放射線と熱線、そして爆風が広島のすべてを焼き尽くし、およそ14万余の人命が一瞬にして奪い去られてしまったのである。それは人類がその歴史上においてはじめて体験する「原爆死」(Atomic Death) という異常な死が、大量にもたらされた残酷で恥ずべき瞬間であった。こうして広島は世界のヒロシマとなった。

　そして過ちは3日後に再び繰り返された。1945年8月9日午前11時2分、B29爆撃機ボックス・カーが投下したプルトニウム型原子爆弾ファット・マンは長崎市松山町のおよそ500m上空で炸裂した。リトル・ボーイの約1.4倍の爆発力をもつファット・マンは当初の標的であった

広島の原爆ドーム前の慰霊碑

長崎市中心部が厚い雲に覆われていたため、急きょ東西を山に挟まれた浦上川流域の狭隘な地域に投下された。計り知れない量の熱線・放射線・爆風がかつて潜伏キリシタンの里であった浦上地区を集中的に破壊し尽くし、7万数千余の生命を一瞬のうちに奪い去った。こうして長崎は、ヒロシマと共に世界が記憶すべきナガサキとなったのである。

　今日、ヒロシマ・ナガサキは単に日本の地方都市の呼称であるのみならず、世界に平和の尊さを訴える記号として機能しており、爆心地を中心として整備された公園は「平和」の名を冠した聖地となっている。それは突然に原爆死を余儀なくされた無数の犠牲者を慰霊するための場所であると同時に、未来世代に向けて平和希求のメッセージを送り続ける発信源ともなっている。しかし、こ

の2つの都市が平和の聖地として成立する経緯は、それぞれの歴史的背景を踏まえて相異なるものであった。

## 「平和記念都市」広島

原爆後の広島の復興については、1946年（昭和21年）の段階で既に「被爆死した人々の霊を慰める」と同時に、「史上初めての被爆都市を平和のモニュメントとして残す」という2つの基本方針が確認されていた。その基本方針に基づいて1949年（昭和24年）8月6日に「広島平和記念都市建設法」が公布され、爆心地近くの中島地区に平和記念公園（Hiroshima Peace Memorial Park）を建設し、これを平和記念都市としての広島復興の根幹にすることが決定された。平和記念都市という都市復興の理念は、世界で初めて原爆の惨禍に見舞われた広島であるからこそ世界のピースセンターになり得るし、またそうならなければならないという市民の篤い思いが凝縮されたものであった。そうしたなかでまず、爆心地近くの旧広島県産業奨励館の遺構が「原爆ドーム」として永久保存されることになった。かつてのランドマークは、今また変わり果てた廃墟の姿のままで、平和記念都市ヒロシマの象徴となったのである。そして、平和記念公園は当時新進気鋭の建築家であった丹下健三やイサム・ノグチのデザインによって着工され、1954年（昭和29年）に完成した。

平和大通り（通称、百メートル通り）に面した公園南側の正門に当たる位置には広壮な平和記念資料館（Peace Memorial Museum）があり、被爆者の遺品や被爆の惨状を示す諸資料が収集・展示されている。しかし、平和記念公園においてもっとも重要な意味を担っているのは原爆死没者慰霊碑と、2002年（平成14年）に開設された国立広島原爆死没者追悼平和祈念館である。はるかに原爆ドームを臨む位置に建てられた原爆死没者慰霊碑は文字通り、慰霊施設としての平和記念公園の中核であり、その前で毎年8月6日に平和記念式典が挙行される。この碑に刻まれている「安らかに眠って下さい／過ちは繰返しませぬから」という文言をめぐっては、誰が過ちを繰り返さない主語・主体なのかが不明確だとの批判も寄せられたが、死没者への慰霊を平和希求へと昇華させようという意志が込められている。また、国立広島原爆死没者追悼平和祈念館は「死没者を静かに追悼し、平和について考える場所」として新たに設けられた空間であり、慰霊という宗教的動機を全面に打ち出したものとなっている。広島ではそれまで英語のメモリアル（memorial）に対応する語として「記念」を用いてきたが、ここでは「祈念」が採用されており、追悼・慰霊の場という性格がより顕著になっている。

このように広島における戦後復興の道標は、原爆犠牲者を「慰霊」することと、原爆の惨禍をあえて「平和のモニュメント」とすることであり続けた。平和記念都市という理念

にはその意図が明確に示されており、その意味では必ずしもツーリズムを念頭に置いた街づくりではなかった。

## 「国際文化都市」長崎

他方、長崎の戦後復興は国際文化都市の建設を標榜して推進された。同じように原子爆弾の惨禍を被りながら、なぜ長崎は平和記念ではなく国際文化という理念を打ち出すことになったのであろうか。それを理解するためには、長崎という港湾都市の歴史的変遷とツーリズムの関係、さらに爆心地・浦上の長崎における位置付けを考慮しなければならない。1571年（元亀2年）にポルトガル船寄港地として開港されて以来、長崎は江戸幕府による鎖国の時代にも海外に開かれた日本で唯一の港として繁栄したが、幕末に横浜、神戸が開港されて以後は急速に衰退し、貿易における重要度を下落させていった。そのため長崎は、明治期以降には造船業を中心とする軍需産業都市へと性格を変えざるを得なかったが、同時にまたオランダ、中国という東西の文化が邂逅し、融合した港町としてのエキゾチックな魅力によって早くから観光をも基幹産業としてきた。なおかつ、爆心地が浦上というかつての潜伏キリシタンの里で、長崎市中心部の繁華街でなく、中心部に集中する歴史的・文化的な史蹟がほぼ原爆による破壊を免れたことも重要な意味を有していた。このような歴史的背景のゆえに長崎は戦後の復興でも、原爆をツーリズムの視点から

長崎の平和祈念像

捉えるという独自の展開を見せることになったのであり、そのことを端的に表現したのが国際文化都市という理念にほかならなかった。東西文化の融合地・長崎が平和産業としてのツーリズムによって国際観光客の誘致を目指すからこそ、国際文化都市という自己規定が要請されたのである。長崎復興計画の策定に携わった当時の関係者たちは皆、「原子戦災地」であることを貴重なもう一つの観光資源として認識していた。

そして、1949年8月9日に公布された「長崎国際文化都市建設法」に基づく長崎復興の営みは、爆心地に国際文化に相応しい公園や施設を建設するというかたちで推進された。原爆落下中心地が整備されると共に、隣接する丘上の旧長崎刑務所浦上支所の跡地に「平和公園」（Peace Park）が建設され、その至聖所とも言うべき場所には彫刻家・北村西望による巨大な「平和祈念像」が屹立することになった。一見して忘れ難い独特の姿態によって原爆の恐怖と平和の尊さを示すとされるこの塑像は、慰霊を目的とするものであったが、当

初から作者自身も観光資源となり得ることを企図していた。また平和公園は原爆資料館を含む国際文化会館や隣接する松山町の運動公園群をも含み、さらに国際文化都市の構成要素としては郊外の長崎水族館も含まれていた。結果的に長崎の平和公園を構成するこうした諸施設の配置は、広島平和記念公園が主要施設を一直線に並べた伽藍配置のような構造になっているのに比して、相互に独立して存立するというかたちになっている。

　長崎平和公園は原爆犠牲者の慰霊を目的としており、そのことは慰霊のシステムとして構築されている諸々のモニュメントや残骸が強烈に物語っている。しかし、長崎の爆心地に広がる平和公園は、必ずしも被爆者の原爆体験における絶対的な中心点となっている訳ではない。原爆の残酷さを雄弁に物語る浦上天主堂の廃墟が撤去され、わずかにその一部がモニュメントとして原爆落下中心碑の近くに移転させられていることも、慰霊の要素が後退しているような印象を与える。長崎にも2004年（平成16年）に国立長崎原爆死没者追悼平和祈念館が設立されたが、平和公園がもつツーリズムへの積極的な関与の方向性に変化はない。

## 慰霊とツーリズム

　一般に「怒りのヒロシマ・祈りのナガサキ」と対比的に語られることが多い。いずれの都市も原爆の惨禍を世界に告発し、死没者を慰霊する聖地であるが、反核・平和運動のあり方や爆心地の意味付けには相違があった。平和記念都市を掲げた広島ではツーリズムは必ずしも積極的に語られなかったのに対して、国際文化都市を掲げた長崎では積極的にツーリズムを聖なる圏域のなかに招致し、慰霊空間とリラクゼーションとの両立を語り続けた。原爆が産み出したこれら2つの平和の聖地が現在置かれている状況は、高齢化によって原爆の実体験者が年々減少し被爆体験が風化していくなかで、慰霊のための公園が否応無く両都市の代表的な観光資源、観光目的地となっているという現実である。それによって平和の発信がなされ続ければ、被爆地としての聖性はやはり有力な説得力を有し続けるであろう。しかしそうした発信力が低下すれば、世界に2つしかない被爆都市としての聖性は形骸化し、いずれはリラクゼーションを主眼とするツーリズムの潮流のなかに埋没してしまうことになりかねない。ツーリズムを契機として、そこを訪れる多くの人々に慰霊と平和希求との力強い発信を継続していくことが可能かどうかについては、今後の広島・長崎の取組みを見守るしかないであろう。　（木村勝彦）

### 参考文献
荒木美智雄編『世界の民衆宗教』ミネルヴァ書房、2004年
高橋眞司『長崎にあって哲学する―核時代の生と死』北樹出版、1994年
西村明『戦後日本と戦争死者慰霊―シズメとフルイのダイナミズム』有志舎、2006年

## 8-3 南太平洋の慰霊巡拝
—— 戦没者の霊魂と交感する旅

　先の大戦では約240万名の将兵（含、沖縄、硫黄島）が外地において戦没した。これらの人々の魂を慰めるため、生還戦友や遺族たちが旧戦地を訪ねる旅、すなわち「慰霊巡拝」は、終戦から半世紀以上を経た現在も、多くの人々によって行われ続けている。ここでは主にミクロネシア、メラネシア地域における慰霊巡拝の展開過程や旅の様子、参加者の霊魂観について紹介したい。

### 遺骨収集から慰霊巡拝へ

　太平洋地域における慰霊巡拝が開始されたのは、1965年前後からと考えられる。この時期、高度経済成長による社会の安定化に伴い、戦友会や遺族会の活動が活性化するとともに、海外の旧戦地における遺骨収集推進の運動が行われるようになった。これらの運動は、1952年から58年にかけて行われた、日本政府による南方地域における遺骨収集（第一次計画）の成果が不十分であるとして、より本格的、かつ大規模な収骨実施を求めるものであった。こうした状況に後押しされた厚生省は、1967年から75年に大規模な遺骨収集事業（第二次、第三次計画）を実施した。この事業は、実質的には全国ソロモン会、東部ニューギニア戦友会などの戦域単位で結成された戦友会の連合組織によって支えられた。これらの団体は多数の収集団員（戦友）を費用負担のうえ派遣し、さらには東部ニューギニア戦友会などのように、あわせて遺族の慰霊巡拝団を組織・派遣する例もみられた。また、同じ頃、臨済宗妙心寺派の山田無文の組織した南太平洋友好協会や、パラオにおける「船坂慰霊団」（生還戦友の組織した巡拝団）などのように、民間慰霊団によるミクロネシア、メラネシア各地域への巡拝も始められている。

　1970年代に入ると、国や各県の遺族会、戦友会や南洋群島の旧住民団体などによる慰霊巡拝が本格化してゆく。これは、厚生省が75年の第三次計画終了をもって大規模遺骨収集を「概了」とし、以後の慰霊事業の主軸を各戦域への慰霊碑建立と、遺族による慰霊巡拝（76年より開始）に

慰霊碑に参拝する遺族たち（西部ニューギニア）

移したことによる。また、それまで大規模な収骨活動を支えてきた戦友会も、こうした状況の変化をうけ、慰霊巡拝の方に、活動の重点を置くようになっていったことも、巡拝の増加の一因といえる。さらに、以上のような慰霊巡拝の増加が、旧戦地の観光開発を促進した点も見逃すことはできない。特にサイパン島やパプアニューギニアの場合、日本人による一般観光の基礎は、慰霊巡拝団によって築かれたといわれるほどである。

以上のように、南方地域における慰霊巡拝は、1960年代から開始された大規模な遺骨収集事業から派生して始められ、70年代中盤以降は遺骨収集にかわる戦地慰霊の柱として盛んに行われるようになったといえる。

### 慰霊巡拝団とその参加者

現在、慰霊巡拝は、厚生労働省の慰霊巡拝（1976年開始）や、同省が（財）日本遺族会に委託して行われる「戦没者遺児による慰霊友好親善事業」（1991年開始）、各県遺族会によるものなど、公的機関が主催、またはその補助を受けて行われるものと、戦友会や各戦域戦没者の遺族によって結成された遺族団体、仏教や神道などの宗教団体などの民間が行うものが存在する。前者は国・県などの補助を受けて行われることから参加者の費用負担は比較的軽い半面、参加資格の制限や、政教分離の立場から宗教的な儀式が避けられる傾向がある。一方、民間の慰霊団の場合、費用は自弁であるものの、参加資格は

神道式の慰霊祭（パプアニューギニア）

緩やかで、また、巡拝コースも参加者の希望に沿って組まれるのが一般的である。さらに僧侶や神職が随行し、慰霊祭を行う例も多くみられる。

こうした慰霊巡拝の主な担い手としては、「戦友」と「遺族」が挙げられる。まず、生還戦友と、彼らが結成した戦友会は、60年代後半より慰霊巡拝団を組織し、あるいは官民による巡拝の案内を行うなど、遺族を旧戦地に導く「先達」的な役割を果たし続けてきた。彼らは「骨を拾いあう」ことを誓った戦没戦友への信義を果たすために、遺族たちをかつての戦地へ案内し、戦没者の魂のもとへ導く役割を果たしてきたのである。一方、戦没者の遺族は、肉親の戦没地に赴いて霊魂を慰めることで死者への供養を果たすことを求めて慰霊巡拝に参加する。遺族たちは当初、戦友に導かれる存在であった。しかし戦友の高齢化とともに、現在では遺族や旅行会社の添乗員たちが、戦友たちの知識を受け継ぎ「先達」の役割を果たしている。

これらの戦友や遺族は、日本国内ではイエの年季法要、地域社会や戦

友会による慰霊祭、靖国神社や護国神社などの慰霊施設への参拝など、多様なレベルの慰霊活動を実践している。しかし、多くの戦友や遺族たちにとって、旧戦地は、戦没者の血肉が溶け込み、骨とともに霊魂が留まっている霊地であり、そこに参拝しない限りは、死者の魂への慰めと供養を全きものとすることはできないと考えられているのである。

## 慰霊巡拝にみる霊魂観

　一般に慰霊巡拝では、まず日本政府建立の慰霊碑で当該戦域での戦没者を祀る合同慰霊祭を行ったうえで、参加遺族の肉親の戦没地、またはそこに可能な限り近い場所を訪ね慰霊祭を行ってゆく。しかし、その旅程や参加者の身体的負担は現地の自然環境やインフラ整備の状況に大きく左右される。特にニューギニアやソロモン諸島の巡拝の場合、快適とは言えない宿舎に泊まりながら、早朝から夜遅くまで、未舗装のがたがた道を自動車でゆられたり、時にはジャングルを歩いて旧戦地を巡拝してゆく。参加者の主体となる高齢者たちには身体的にきつい行程であるが、こうした苦労は参加者たちにとって、戦没将兵の体験を追体験するものとして、むしろ肯定的に捉えられるのが普通である。さらに、行程中の降雨などの自然現象や旅行の成功も、「兵隊さんの涙雨」、「兵隊さんの御加護」など、超自然的な意味を付与されて解釈されることもしばしばであるし、なかには戦没者の幽霊に出

慰霊祭の祭壇（西部ニューギニア）

会う、または憑依されたという怪異譚も時折聞かれる。

　参加者たちは肉親や戦友の戦没地に着くと、故郷の水や米、酒、生前の好物や今の家族の写真、塔婆、線香などを供え慰霊祭を行い、その地に存在するとされる戦没者の霊魂に涙ながらに語りかけてゆく。こうした慰霊祭は、70年の時空をこえて戦友や遺族と戦没者が再び邂逅し、関係性を結び合う機会といえよう。また、慰霊祭終了後にその地の石や砂を拾って日本に持ち帰ることもよく行われるが、これは死者の魂を日本に、そして家に連れ戻そうとする、いわば、「霊魂の復員」という意味合いを持っていると考えられる。さらには戦没地に慰霊碑や石仏、卒塔婆を建立する遺族も多く見られるが、これは慰霊碑であるとともに、戦没者個人の墓石としての機能を持たされているのである。

　以上の慰霊巡拝においては、一見、慰められる戦没者（の霊魂）／慰める参加者、という関係性が看取される。しかし、参加者たちは、現地慰霊を通じて戦没者への慰霊を果たし、時

空を越えて戦没者と再度結びつくことができたことに強い心の癒しを感じている。このことから、慰霊巡拝における戦友、遺族と戦没者は、双方が「慰め、慰められる」関係性を持つということが出来よう。さらに戦没者は、慰め、供養される霊的存在であると同時に、国家や家族を見守り、あるいは巡拝の道中を守護する神的な存在としても捉えられている。慰霊巡拝の世界において、戦没者の霊魂は、死霊と英霊という、複合的な性格で捉えられているといえよう。

## 慰霊巡拝の担い手の世代交代

半世紀にわたり行われてきた慰霊巡拝は、現在大きな曲がり角に差し掛かっている。すなわち、慰霊活動の中核となってきた戦友・遺族の高齢化の問題である。ことに戦友会の場合、構成員のほとんどが90歳前後であることから、慰霊巡拝への参加が不可能になりつつあるのが現状である。また、遺族の高齢化は、遺族会や民間の慰霊巡拝参加者の減少をもたらしている。さらには、こうした日本側の世代交代と同様に、慰霊団を受け入れる現地住民の世代交代も大きな問題である。すなわち、慰霊団が旧戦地で慰霊を行い、慰霊碑を建立する場合、現地の戦争体験世代の住民が地域と慰霊団の橋渡しを行ってきた。しかし、日本側の巡拝者の減少と地元の世代交代は、村における慰霊碑の存在意義を失わせつつある。現在南方各地において慰霊団が建立した慰霊碑の放置、あるい

ペリリュー島の慰霊碑（パラオ共和国）

は破壊が問題となってきているが、これは日本側、現地側ともに、戦場の慰霊を支えてきた世代が交替した結果、慰霊碑の存在が双方から浮き上がってしまった結果と考えることが出来よう

一方で戦友会においては、戦友から遺族、または非戦争体験者の有志に対して世代交代を行うことで、慰霊活動の継続を図ろうとする動きもみられる。たとえば戦友主体で発足した長野県ニューギニア会は、昭和50年代より会の活動に遺族を積極的に迎え入れた結果、現在は遺族主体の会として旺盛な慰霊活動を継続している。また、東部ニューギニア戦友会も現在は名称を「東部ニューギニア戦友・遺族会」と変更し、遺族の参加を得ながら遺骨収集、慰霊巡拝活動を継続している。特にこの会では、退職して時間的に余裕のできた遺族たちが、遺骨収集活動を牽引していることが特記される。しかし、こうした遺族たちの意思を、次は誰が継ぐのかという、さらなる課題も立ち現れつつあるのである。

（中山　郁）

## 8-4 パールハーバー
——楽園ハワイと戦争の記憶

### 日本海軍による奇襲

1941年12月7日午前7時55分（現地時間）、日本海軍の300機をこえる戦闘機が、アメリカ合衆国ハワイ州オアフ島のパールハーバー（真珠湾）に攻撃を開始する。

1898年のハワイ併合以降、アメリカは軍事施設を次々とハワイに建設していき、軍事拠点化が進められていた。奇襲当時も、日米関係が悪化し、開戦が避けがたいものになっていたため、アメリカ軍はハワイの軍備を強化していた。しかし、アメリカ軍側は日本海軍の奇襲作戦を察知しておらず、パールハーバーにあった軍事基地はまたたく間に混乱に陥り、オアフ島内の他の基地も大きな被害を受けた。

日本海軍による激しい攻撃は約2時間にわたった。対日戦略の拠点であったパールハーバーには、その日、アメリカ海軍太平洋艦隊の主要戦艦9艦のうち8艦が停泊していた。そのうちアリゾナ号は爆撃で撃沈され、1177名もの死者を出す。また、オクラホマ号も爆撃を受けて横転し、400名以上が犠牲となった。その他、ウェスト・ヴァージニア号とカリフォルニア号なども撃沈される。近隣の基地でも多くの戦闘機が爆撃を受け、多数の死傷者が出た。

この日の攻撃で12隻の船が撃沈され、160機以上の戦闘機が破壊された。アメリカ側では民間人も含む2千数百名の命が失われた。他方、日本側も兵士64名が死亡した。

建国以来、初めて国土への攻撃を経験したアメリカ側のショックは大きかった。さらに、奇襲開始後に宣戦布告を行うという日本の作戦に対し、アメリカ社会では憤怒の感情が高まった。ローズヴェルト大統領は12月7日を「汚名の日」と呼び、以後「リメンバー・パールハーバー」のかけ声とともにアメリカ国民は戦勝のために一致団結していく。

パールハーバー攻撃当時、ハワイの人口の約4割を日系移民（日本人移民とその子孫である日系人）が占めていた。日米が戦闘状態に入ると、ハワイ全島に戒厳令が敷かれ、それは1944年10月まで続いた。戒厳令下の日系移民たちは「敵国人」と見なされ、厳重な監視下に置かれてその生活は抑圧された。アメリカ本土のように大規模な強制収容は実行されなかったものの、宗教者、教師、ジャーナリストなど、日系移民社会の指導者たち約1500名が、アメリカ内陸部の収容所に送り込まれた。

## 大戦後の観光・軍事産業の成長

　ハワイ全島に敷かれた戒厳令は1944年10月に解除され、戦争も翌年夏にアメリカの勝利で終結した。そして戦後、ハワイ社会は大きく変貌を遂げていく。

　そもそも、ハワイの主要産業はサトウキビやパイナップルに代表される農業であった。19世紀以来、人口では少数派ではあったものの、白人支配層がハワイ諸島各地でプランテーションを経営していた。彼らが日本人移民も含め、世界各地からプランテーションの労働力として移民を導入していったのである。

　こうしたハワイ社会に変化をもたらしたのが戦争であった。戦時中に発令された戒厳令は、結果として、それまでプランテーションを経営してハワイの政財界を牛耳ってきた白人支配者層の権勢を抑制することになった。また、日本との戦闘の前線基地であったハワイには、大量の兵士たちが訪れ、彼らが戦後に高まるハワイの観光ブームの火つけ役となった。

　その後も、朝鮮戦争、ベトナム戦争を遂行していったアメリカにとって、軍事基地としてのハワイはますますその重要性を増していった。日本人にとってはハワイ=観光地というイメージが強いかもしれないが、実際のハワイ諸島のいたる所には、軍事基地や軍事関係施設が存在し、とりわけ太平洋軍（U.S. Pacific Command）司令部が所在するパールハーバー周辺には陸・海・空軍の基地が集中している。ハワイ州の130万人ほどの人口のうち、約6分1を軍関係者が占めているとされる。

　かくして現在のハワイでは、観光と軍事がもっとも重要な基幹産業になっており、観光ツアーの中にも軍事関係のスポットを巡るものは多い。ハワイは平和な「常夏の楽園」などと安易に括ることはできない土地だといえる。

## 軍事施設の観光地化

　現在、パールハーバーにあるUSSアリゾナ・メモリアル（U.S.S. Arizona Memorial）は、年間約150万人もの人々が訪れる人気の観光地となっている。この数は、ハワイを訪れる観光客の年間総数の20%以上であり、観光客の5人もしくは4人に1人はそこを訪れる計算になる。とはいっても、日本人観光客の訪問者数はそれほど多くなく、大半はアメリカ人によって占められている。

　そもそも、ひと口に「パールハーバー」といっても、航空博物館、戦艦ミズーリ号（東京湾上で日本が無条

アリゾナ・メモリアル

第8章　戦争と聖地　　239

件降伏の調印をした戦艦)、日米戦争で活躍した戦艦ボウフィン、そしてアリゾナ・メモリアルなど、さまざまな軍事関連施設が観光客に公開されている。なかでもアリゾナ・メモリアルには、単に戦跡を見学するだけでなく、戦死者を追悼するために多くの人々が足を運んでいる。

　伝説的歌手のエルビス・プレスリーも発起人の1人として名前を連ねて1962年に完成したアリゾナ・メモリアルは、パールハーバーの湾内に浮かぶ白亜の記念碑(メモリアル)である。全長60mのメモリアルが直角にまたぐようなかたちで、その真下の海中に日本海軍によって撃沈されたアリゾナ号が、引き揚げられることなく沈んでいる。メモリアルから海中を覗くと70年以上が経った今なお燃料が流れ出しており、乗組員の遺体も船中に残されたままになっている。メモリアル内部にある祭壇のようにデザインされた大きな大理石の壁には、戦死者たちの名前が刻まれており、訪問者はそれぞれのやり方で命を失った兵士たちに思いを馳せて追悼する(献花する人も多

公園内のプレート

い)。メモリアルはアリゾナ号と運命をともにした兵士たちのための巨大な墓碑であるといえる。

　訪問者はメモリアルの対岸にあるビジターセンターにおいて、パールハーバー襲撃についての資料館を見学し、ドキュメンタリー映画を観て基礎知識を学ぶ。その後、軍の専用ランチボートに乗ってメモリアルを訪れる。公園として美しく整備されているビジターセンターの敷地内には、そのほかにもギフトショップ、兵士や一般市民の戦没者の名前が記載されたプレート、パールハーバー襲撃についての案内板なども設置されている。なお、アリゾナ・メモリアルとこのビジターセンターは、アメリカ海軍、国立公園管理局、アリゾナ・メモリアル・ミュージアム協会によって共同運営されている。

　日本人観光客が、パールハーバー内にある諸スポット、とりわけアリゾナ・メモリアルを訪れると、どうしても居心地の悪さを感じてしまう。だが、映画や展示の内容も含め、日本を非難するよう雰囲気はなく、基本的には戦争の事実と戦死者を記憶するための施設となっている。だが、多くのアメリカ人にとって、アリゾナ・メモリアルは、アメリカという国家のために命を捧げた兵士たちを追悼し、彼らの名誉の死を顕彰するというナショナリズムとも強く結びついた「聖地」といえる。

### 戦死者を追悼する「楽園」

日本の観光ガイドブックを眺めて

みると、パールハーバー関連のスポットは、歴史や文化財などにページを割いているガイドブックにはたいてい取上げられているが、グルメやショッピングの紹介が中心の若者向けのガイドブックには記載されていないことも多い。日本人観光客のすべてではないにせよ、その多くにとって、ハワイとは「常夏の楽園」のリゾート地であり、あくまでバカンスのための土地なのだ。そうした人々は、日本人の負の歴史にも関わる戦跡や追悼施設を訪れたいとは思わないのだろう。

また、ガイドブックによっては、パールハーバーだけでなく、パンチボウル国立太平洋記念墓地（National Memorial Cemetery of The Pacific）なども紹介されている。

パンチボウルとは、ホノルル市中心部北方にある軍人のための国立墓地である。大きな白亜のモニュメントを中心とする墓域には、第二次世界大戦、朝鮮戦争、ベトナム戦争、湾岸戦争などで亡くなった兵士やそのパートナーなど数万人が埋葬されている。パールハーバー同様、ここを訪れるアメリカ本土からの訪問者は多い。日本のガイドブックでは、アリゾナ・メモリアルやパンチボウルに関して、厳粛な気持ちで静かに見学するように注記が付されていることもある。

このようにハワイは、アメリカの戦争の歴史とそこで命を失った人々への追悼と深く結びついた土地である。そのことはハワイの年中行事にも看取できる。12月7日や、5月の最終月曜日に定められているメモリアル・デー（戦没将兵追悼記念日）には、毎年ハワイ各地で追悼行事が行われる。たとえば、メモリアル・デーには、ホノルル市内のアラモアナ公園のビーチで真如苑が主催する灯籠流しが催され、現地の一般市民数万人が参加している。

日本人の抱く「常夏の楽園」というイメージは、ハワイのごく一部を指しているに過ぎない。現実のハワイは、戦争とそこでの死者たちの記憶とが深く刻印された土地である。そして、遺族や戦友たちの思いだけがそれを紡いできたのではなく、アメリカという国家の政治的思惑もそこに大きく関わっていることは言うまでもない。

（高橋典史）

アリゾナ・メモリアル内部

> **参考文献**
> 矢口祐人『ハワイの歴史と文化―悲劇と誇りのモザイクの中で』中公新書、2002年
> 矢口祐人、森茂岳雄、中山京子『入門ハワイ・真珠湾の記憶―もうひとつのハワイガイド』明石書店、2007年

## 8-5 旅順
―― 国民的聖地の観光戦略

### 国民的聖地

　近代戦争はしばしば国民的聖地を作り上げてきた。激戦地は、歴史を刻んだ重要な場所として小説や絵画の題材となり、戦死した将軍たちは祖国の英雄として称えられた。19世紀後半、多くの人々が観光に出かけるようになると、その目的地の一つとして戦跡が選ばれた。観光客は祖国の英雄を追悼し、祖国の栄光を実感するために戦跡を訪れた。そして、戦跡は次第に聖地のような性格を帯びるようになっていった。

　昭和初期の旅順（現、旅順口）もその一例である。中国の遼東半島南端に位置する旅順は、東の出口を求めていた帝政ロシアが19世紀末に基礎を築いた港であり、日露戦争の激戦地となった。日露戦争中から戦地巡りとして新聞記者らが旅順を訪問し、多くの記事が新聞に掲載された。

　ただし、日露戦争後、すぐに旅順は国民的聖地となったわけではない。たとえば、1902年に大連や旅順を訪問した夏目漱石は、「ことごとく坊主」の山々で囲まれた旅順の町に、「まるで廃墟」のようなヤマトホテルが建っていたと述べている。二〇三高地に爾霊山の碑が建ったのは1913年であった。漱石が実際に旅順で目にしたモニュメンタルなものは、竣工間近の表忠塔（1909年竣工）くらいであった。高さ66mの表忠塔（現、白玉山塔）は、旅順のシンボルとなり、さまざまなガイドブックの表紙に使用された。

　爾霊山の碑の竣工を皮切りに、次々と記念碑が建立された。その中心的役割を果たしたのは、1914年に発足した満洲戦跡保存会であった。「永遠二忠烈ヲ表彰」し、「世界ノ史乗二貢献」するために戦跡は保存された。そして、旅順や金州、遼陽、奉天、休戦条約締結などに簡素な形式の石碑を建設し、戦跡案内記を発行した。1916年、水師営会見所の碑、1918年、乃木保典戦死の碑と東鶏冠山北堡塁の碑が建立された。

　廣瀬武夫や乃木希典、東郷平八郎などの日露戦争の英雄たちは「軍神」と見なされた。彼らは軍功によってのみではなく、高尚な人格の持ち主

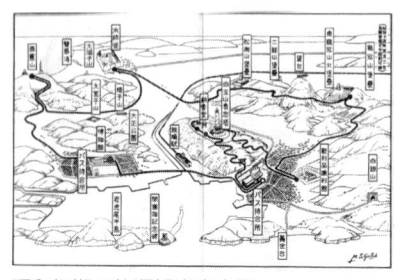

昭和初期の旅順観光案内図

であったことが「軍神」と称えられた所以でもあった。「軍神」が活躍し、非業の死を遂げた旅順は「聖地旅順」と呼ばれるようになった。

かつて戦場となり荒れ果てた場所に記念碑や博物館が建設されると、これらの場所をつなぐルートが確立し、1930年代には一種の巡礼路が登場した。日露戦争から30年以上たった1940年代には、戦跡を巡りながら戦争を追体験するようなバスツアーが確立した。

### 聖地から軍港へ

1945年8月、ソ連軍が旅順(当時の旅大市)に駐留すると、「聖地旅順」は社会主義国の軍港へと大きく様変わりした。1954年9月、フルシチョフが訪中し、日露戦争の戦跡を視察した。1955年のソ連軍の旅順撤退に際して、フルシチョフは記念碑の建設を提案した。これによって、3つの記念碑が建立された。第一は、大連のスターリン広場(現、人民広場)のソ連烈士記念塔、第二は、旅順のスターリン路の勝利記念塔、第三は、旅順博物館前の中ソ友誼塔である。

中ソ友誼塔は、当時の中ソの密接な関係を反映している。中国式の台座の上に設置されたロシア式の塔の周りには「中ソ人民大団結群像」というレリーフが施された。

ソ連烈士陵園は、帝政ロシア、日本、ソ連、中国が建設に携わった墓地である。帝政ロシアは1897年、小案子山の麓に墓地の建設を開始した。

ソ連烈士陵園　紅軍烈士記念塔

1908年、日本はこの墓地を完成させ露国墓地と呼んだ。そして、日本は1万4873人のロシア兵を埋葬するとともに、露国忠魂碑と旅順陣歿露兵之碑を建立した。1930年代にはこの墓地は「実に敵にもあつき武士道の精華を世界に示した我等の誇」であると紹介された。1955年に改修が行われた際には、1945年から55年に死去したソ連兵と家族が埋葬された。朝鮮戦争で死んだソ連飛行員の墓は、飛行員墓として霊園の中心部に建てられた。中ソ対立および文化大革命の際に墓の多くは破壊され、しばらくの間、手入れされることはなかった。2008年にロシア民間企業の援助で修復され、2009年から無料で公開されている。

### 観光地としての旅順

ソ連軍撤退後も軍港旅順は、外国人の立入を原則的に禁じた。例外的に外国人の立入が許可されていたのは、帰還者たちが中心となって日中の友好を掲げた参観団などのツアーのみであった。

1981年に大連と旅順が分離する

と、旅順では日本占領期に作られた施設の修復が始まった。1988年7月には、白玉神社納骨祠跡地に旅順海軍兵器館が開館し、1996年には水師営会見所が復元されるとともに、旅順北部が対外開放された。そして、2009年、軍港を除く地域が全面的に開放された。

旅順は日露戦争だけではなく、日清戦争においても重要な意味を持つ場所である。1894年に勃発した日清戦争中、11月21日から24日にかけて、日本兵が旅順で民間人を含む多くの人々を虐殺する事件を起こした。1895年春、旅順の人々は白玉山の北に犠牲者を埋葬し、「万忠墓」の碑を建てた。この碑の中に含まれていた「日本敗盟」の字を見て不快に思った日本軍がこの碑を撤去した。1922年、旅順華商公議会が資金を出して修復した。現在は、享殿、「永矢不忘」(永遠に忘れない)と書かれた扁額、3基の石碑と陳列館があり、愛国主義教育基地に指定されている。

革命観光(紅色旅游)は、こうした愛国主義教育基地を巡り、場合によっては「国恥」を通して近代史を学ぶ観光である。

旅順の二〇三高地には、「勿忘国恥」(国辱を忘れるなかれ)という看板がある。その近くに、「これは日本帝国主義が外国を侵略した犯罪の証拠と恥辱の柱となっている」と日本語で書かれ、東鶏冠山北堡塁のコントラチェンコ戦死の碑には、「戦後、日本軍はその寛大な度合いと顕著な戦績を誇示するため」に碑を建てた

二〇三高地　看板

ことが日本語で書かれている。侵略された歴史を学ぶことは愛国心を鼓舞する上で極めて効果的であり、愛国主義教育の一つとして望ましい経験であると見なされているのである。

### 郷愁と幻想

戦争映画は、しばしば人々を戦跡へと向かわせる。ただし、近代戦争そのものへの関心と戦争映画への関心は似て非なるものである。戦争映画における自国の勝利の快感は、個人的であると同時に国家的でもある。国威発揚の旅順巡拝が行われていた1920年代から30年代には、本格的な戦争映画はほとんど製作されていなかったが、従軍記者たちが書いた記事や廣瀬武夫などの「軍神」の語りが現代の戦争映画と同じような役目を果たしていた。こうした語りに基づいて、人々が戦場を巡り、従軍の苦しさと勝利の喜びを疑似体験するのはさながら巡礼のようであった。

2009年からNHKで放送されたドラマ『坂の上の雲』は、日露戦争勝利の記憶を甦らせた。司馬遼太郎はこの小説がフィクションであること

を繰り返し主張していたが、ドラマの視聴者にとってはどの部分が史実であり、どの部分がフィクションであるかを見極めることは難しい。

1996年に復元された水師営会見所、二〇三高地や東鶏冠山北堡塁などに再び日本人が訪れると、記念碑はそのまま残っていても、その風景はかつての「聖地」と同じではなかった。記念碑を取り囲む中国の政治的および社会的環境も、かつて満州と呼んでいた場所への日本人のまなざしも、日中戦争の苦い敗戦を経て、大きく変わった。

戦前の旅順駅前には、戦跡土産食堂や戦跡案内などの看板が立ち並んでいた。緑の屋根と黄色の壁が特長的な旅順駅はかつてのように復元されているが、駅としては使用されていない。ここから、多くの日本人が日露戦争の戦跡観光に出かけた駅前の賑わいを想像することは容易ではない。現在の日本人の旅順観光は、戦前のような気楽なものとはいえない。日露戦争の痕跡を求めて、ようやく対外開放された旅順へ出かけて目にするのは、現代的に整備された観光施設と愛国主義教育基地の看板である。

日本人観光客の増加は旅順の観光にも大きな影響を与えた。二〇三高地には、「坂上雲」という文字が見られるようになり、かつて「二〇三工芸商店」という名前であったみやげ

二〇三高地　みやげ物屋

物屋は「坂上雲」となった。これらの店では爾霊山の碑がプリントされたTシャツや爾霊山の碑のレプリカ、絵葉書などが売られている。

現代中国における日露戦争の解釈は一つではない。政治的に見れば、ロシアと日本が中国の一部で繰り広げた日露戦争の「国恥」を想起させるという意味がある。他方、経済的に見れば、日露戦争の戦跡は重要な観光資源である。日本人観光客は、二〇三高地などの旅順の戦跡にかつての栄光や聖地の痕跡を求め、旅順の町並みに郷愁を感じる。こうした郷愁を演出することは旅順にとって観光戦略の一つなのである。

（高山陽子）

**参考文献**
高山陽子「戦跡観光と記念碑」『国際関係紀要』20巻、2011年
高山陽子「聖地の風景:旅順を事例に」『国際関係紀要』21巻、2012年
「日露の戦跡をたづねて」『新満洲国写真大観』大日本雄辯会講談社、1932年

## 8-6 アウシュヴィッツ
――それは誰の歴史か

### 収容所としての歴史

　1939年9月1日、ポーランドに侵攻を開始したナチス・ドイツは、10月6日までにポーランドの西半分を掌握した。それ以降、対独抵抗運動に参加したり、その疑いがあるとみなされたりしたポーランド人は次々と逮捕され、監獄に送られるようになった。1940年初頭、これらのポーランド人政治犯を収容するため、オシフィエンチム市（ドイツ名：アウシュヴィッツ）郊外に収容所が開設されることとなった。同年6月14日、140kmほど離れたタルヌフ市から728人のポーランド人政治犯が移送され、アウシュヴィッツ収容所の実質的な運用が開始された。終戦までに、のべ16万人のポーランド人がアウシュヴィッツに送られ、その半数が収容所内で絶命したとされる。

　翌1941年3月、ホロコーストを実質的に組織したとされる親衛隊全国指導者ハインリヒ・ヒムラーが収容所を視察し、アウシュヴィッツ収容所を3万人規模に拡大するとともに、オシフィエンチム市に隣接するブジェジンカ村（ドイツ名：ビルケナウ）に10万人収容可能な捕虜収容所を建設するよう命じた。同年後半に、数千人のソ連軍捕虜が移送されて来たことから、ビルケナウ収容所の建設・拡大は加速した。

　他方、ヒムラーは、この時点で既にこれらの収容所を「ユダヤ人問題の最終的解決」のために利用することを構想していたとされている。1942年、ユダヤ人の収容所への移送が開始され、大量殺戮が始まった。また、当時「ジプシー」と呼ばれていたシンティ・ロマの収容も始まり、彼らも1944年には集団的に殺害された。1945年1月27日に収容所が解放されるまでの死者は約110万人にのぼり、その内、ユダヤ人は約100万人を占めるとされている（犠牲者数はアウシュヴィッツ＝ビルケナウ博物館ウェブサイトより）。

### 博物館としての歩み

　プリーモ・レーヴィは『アウシュヴィッツは終わらない』の諸言で、

「働けば自由になる」と書かれた門

収容所で何が行われたかについて、終戦直後には知られていなかったことに言及した。しかし、ポーランドにおいては、政治犯として収容され、強制労働に従事していたポーランド人が解放されて社会復帰したこと、また、行政官や医療関係者が解放された収容所に即座に立ち入ったこと、そこで得られた証言を各メディアがこぞって書きたてたことから、比較的早い時期に、収容所の存在とその状況について（エピソード的な理解に留まったにせよ）知られるようになった。

しかし、戦災と戦後の国境線の変更により、当時のポーランド社会は大混乱に陥っていた。住居の補修や燃料に用いるため、収容所のバラックの板を剥いで持ち出す者や、「墓泥棒」なども出没し、収容所跡地の保存は危ぶまれた。その状況下で、博物館化に成功したのは、政治犯としてアウシュヴィッツに収容されていたユゼフ・ツィランキェヴィチ（1947年に首相に就任）らが、ポーランド人の対ナチ闘争の証として、収容所跡地を聖地化し、保存しようとしたことが大きい。

1947年、ポーランド下院の決議によりアウシュヴィッツ収容所跡地は国立博物館に認定され、「聖地巡礼ツーリズム」の対象となった。主要な訪問者はポーランド人であったが、国外からの賓客も、視察の一環として博物館に案内されるようになった。たとえば、戦時中の中断を経て1949年に再開された第4回ショパン国際

ビルケナウ収容所のバラック

ピアノ・コンクールの出場者たちは、ポーランド政府が用意した小旅行プログラムの一環として、博物館を訪問したと報じられている。

博物館の年間訪問者数は1959年－1963年頃には30万人となり、1960年代後半から2004年まで50－80万人で推移していたが、ポーランドがEUに加盟した2004年以降、一気に100万人を超えた。一方で、博物館は、社会主義政権下で財政難に苦しみ続け、1979年にユネスコ世界遺産に登録されてもなお、保存・修復の費用に困窮し、綱渡りの運営を強いられた。しかし、1989年の体制転換以降は、諸外国や国際企業などから寄付が集まるようになり、現在は、基金による安定的な運営が見込めるようになっている。

### ポーランド人の聖地として

社会主義体制下において、アウシュヴィッツは「ポーランド人の受苦」のシンボルとして機能した。収容所開設7年にあたる1947年6月14日、国内外から3万人が参列して追悼式典が開催された際、ツィランキェヴィチ首相は、「忌まわしい死の工場

に在り、それを記憶するわれわれは、ポーランド民族のため、欧州のため、世界のために、独立に向けた国家の発展、ポーランドの廃墟からの復興、恒久的な平和を打ち立てるための闘争の先兵とならなければならない」と演説した。収容所における犠牲者の大多数を占めるユダヤ人に対する言及はなかった。逆説的に、だからこそ、アウシュヴィッツはポーランド政府によって保存されたと言ってよい。

　しかし、社会主義体制の崩壊後、ポーランド人は、アウシュヴィッツはポーランド人だけのものではないという事実に直面する。「西側」世界との交流が回復し、EUやNATOへの加盟を目指すなかで、ポーランドは、世界的にはアウシュヴィッツはユダヤ人が大量殺戮された場所として認知されており、また、第二次世界大戦における悲劇や犠牲のシンボルとして、あるいは人間存在の本質に関わる悪や暴力、絶望のメタファーとして機能しているという事実に適応する必要に迫られた。折から、2000年に、ポーランド出身の歴史学者であるヤン・グロス（プリンストン大学教授）が、アメリカにおいて『隣人たち（Neighbors）』と題する書物を発表し、戦時下でのポーランド人によるユダヤ人への加害（イェドバブネ事件）を告発したことと相まって、ポーランド人の自己認識は大いに揺らぐこととなった。

　同時に、諸外国における記憶の風化もポーランド人を悩ませるように

なった。2012年1月にドイツ誌『シュテルン』は、同誌が行ったアンケート調査に対し、ドイツ人青年（18－29歳）の21％が「アウシュヴィッツ」が何であるか答えられず、また、回答者の31％が、アウシュヴィッツ収容所が現在のポーランド領にあったことを知らなかったと報じた。2007年、ポーランド政府の申請を受け、ユネスコは、博物館の世界遺産への登録名を「アウシュヴィッツ強制収容所」から「アウシュヴィッツ・ビルケナウ　ナチス・ドイツの強制絶滅収容所（1940－1945）」へと変更した。ポーランド側は、「アウシュヴィッツを建設したのはポーランド人であったという印象を与えることを防ぐため」と変更の理由を説明した。

　現在、アウシュヴィッツに関するポーランド人の認識は、新たな落ち着き場所を見出しつつある。2011年のアウシュヴィッツ収容所解放記念日に行われた追悼式典の大統領式辞においては、ユダヤ人、シンティ・ロマ、ポーランド人、ソ連人の戦争捕虜について順に言及され、これら4民族の代表が式辞を述べた。このような認識は国民のなかにも定着しており、2010年にポーランドで行われた世論調査では、アウシュヴィッツの犠牲者は誰かとの問いに対し、ポーランド人：11％、ユダヤ人：8％、多くの民族：66％、犠牲者の民族性は重要でない：14％との回答結果となった（TNS OBOP社発表）。

　しかし、当然ながら、このような

認識の変化は、ポーランド人にとってのアウシュヴィッツの重要性を減ずるものではない。2011年のアウシュヴィッツ訪問者は140万5000人であったが、その約半数の61万人がポーランド人で、大多数が学校や教会の社会科見学として団体で訪問する青少年である。収容所の見学はガイド・ツアーが一般的であるが、ポーランド語ガイドの多くが、ナチス・ドイツに対するポーランド人の英雄的な抵抗運動について熱弁をふるう。収容所の「死の壁」（ゲシュタポによってポーランド人政治犯が射殺された）の前には献花、献灯が絶えることなく、他の囚人の身代わりとなって亡くなったコルベ神父は1982年に聖人に列せられ、アウシュヴィッツはカトリック信者の「巡礼」の対象ともなっている。1979年のヨハネ・パウロ2世の「祖国巡礼」に際しては、ビルケナウ収容所跡地でミサが行われ、以来、11月2日の「死者の日」の次の日曜日には、収容所跡地において、ナチス・ドイツおよびソ連の収容所での死者を悼むカトリックの追悼行事が執り行われるようになった。

### ユダヤ人の聖地として

収容所を歩けば、イスラエルからの修学旅行生の姿が否応なしに目に飛び込んで来る。多くの生徒がイスラエル国旗を肩に掛けており、また、見学中に、泣き崩れ、通路にうずくまったり、意識を失ったりする生徒さえ見られる。アウシュヴィッツは、

見学中、涙に暮れるユダヤ人修学旅行生

彼らにとって「聖地」であり、アウシュヴィッツ訪問は、イスラエル青年の人生にある種の通過儀礼として組み込まれている。イスラエルからの訪問者のほかにも、ユダヤ系アメリカ人など、世界中のユダヤ人がアウシュヴィッツを訪れる。2011年には、イスラエル国籍のユダヤ人だけで6万2000人が来訪しており、国籍別では英国人、イタリア人に次ぐ3番目の外国人グループとなっている。

しかし、これは体制転換後のことであり、冷戦下においてポーランドは、アメリカの支援を受けたイスラエルと政治的に敵対する局面が多く、両国の間での自由な往来は不可能であった。このことが、他国に在る「われわれ」の死者を追悼できないユダヤ人と、自国に在る「他者」を追悼する立場に置かれたポーランド人の間での誤解や齟齬を増幅させた面がある。特に、ポーランド人が、長い間、ポーランド人を犠牲者の中心に据えて来たことで、追悼の様式がカトリック教会の典礼と結びつきがちであることはユダヤ人を刺激する。ポーランド人の追悼の姿勢が真摯で

国旗を身にまとうユダヤ人修学旅行生

熱心なものであればあるほど、深刻な対立に発展するケースも見られる。

収容所には、外壁の向こうに、大きな木製の十字架の上端が見える場所がある。この十字架は、1979年のローマ教皇ヨハネ・パウロ2世の初めての祖国巡礼の際、ミサが行われたビルケナウ収容所跡地に設置されたもので、1988年にカトリック教会の合意を得て、アウシュヴィッツ収容所跡地に隣接する砂利採石場跡地（戦時中には、囚人が強制労働に従事しており、152人のポーランド人の政治犯が射殺された）に移設された。

これに対し、主に国外のユダヤ人団体より、ユダヤ人にとって神聖な場所であるアウシュヴィッツ収容所から見える場所に十字架を掲げることは死者への冒涜であるとして、十字架の撤去の要請が始まった。この抗議は、1984年から、戦時中にツィクロンB貯蔵庫として用いられた建物の跡地（「教皇の十字架」に隣接する）をカトリック修道会のカルメル会が使用し始めたことに対する抗議活動と相まって、世界中のユダヤ人コミュニティに拡大して行った。

1998年、ポーランド外相が、フランスのカトリック紙『ル・クロワ』のインタビューにおいて、「教皇の十字架」について語ったことから、ユダヤ人団体の抗議が再燃した。これに対し、ポーランド側は、右派政治家を中心に、カトリック信者に対する「宗教的冒涜かつ政治的屈辱」と反発した。さらには、「教皇の十字架の守護を祈念するミサ」を執り行うカトリック小教区も現れた。これを受けて、一般のポーランド市民が、「教皇の十字架」の周囲に手製の十字架を建て、収容所の周辺に、「ここは1940－1945年にポーランド人がドイツ人に殺害された場所である」などの横断幕が掲げられる事態へと発展した。

これは、多分に政治的に構成された「事件」であり、アウシュヴィッツでポーランド人も殺害されたことをよく理解していなかった（あるいは軽視した）ユダヤ人と、ポーランド人はアウシュヴィッツにおける唯一の犠牲者ではないことをよく理解していなかった（または軽視した）ポーランド人右派との間で生じた極端なエピソードとして片づけてしまうことも可能である。しかし、複数の民族が共有する「聖地」をめぐっては、容易にこのような対立を引き起こせるという点で、示唆に富んだエピソードであると言うことは出来る。

### 多民族に共通する聖地として

アウシュヴィッツを巡っては、これまで、ポーランド人とドイツ人、あるいは、ドイツ人とユダヤ人とい

う枠組みで語られることが多かったが、ここでは、あえて、アウシュヴィッツにおける犠牲者のなかで、最大の民族集団となるユダヤ人と、アウシュヴィッツ巡礼における最大のゲストであり、巡礼者のホストでもあるポーランド人との葛藤を中心に取上げた。国外から「われわれ」の死者を悼むこと、国外に在る「他者」の死を悼むことは、根源的な困難を孕んでいるが、いかなる尺度であるかに関わらず、多数派（マジョリティ）、しかも圧倒的な多数派集団であることは、その困難を倍加する。

多くの文学作品や映画を通じ、世界の大多数の人々が、「アウシュヴィッツ」の犠牲者とはユダヤ人のことであると理解し、その「アウシュヴィッツ」がどこにあったのかはよく知られていないという現状は、抽象化され、細部が捨象され、語りや儀礼が最表層に立ち現れる「聖地巡礼ツーリズム」の特性をよく表している。

他方で、被害者の多様性や、被害の多層性、被害と加害の重層性など、「聖地」をめぐる具体的かつ複雑な関係性を知ることは、「聖地」がいかに構成され、維持されて来たかを理解する上で有益であろう。

戦前には国民の10%（都市人口の25%）をユダヤ人が占めていたポーランドにおいて、戦前のオシフィエンチム住民は4割がユダヤ人であり、ポーランドにおけるユダヤ文化の中心地であったとされる。当時のオシフィエンチムには、ポーランド人と

ビルケナウ収容所、広大な敷地を歩く

ユダヤ人が共生する模範的なコミュニティが存在したとする論者もあるが、近年、「アウシュヴィッツ」を接点に、多民族が共有する新たな「聖地」を生み出そうとする活動も生まれている。

1986年、収容所跡地に隣接し、ポーランド、ドイツ、イスラエルなどの青年の交流を目的とした「国際青少年集会センター（International Youth Meeting Center）」が建設され、活発な活動を続けている。また、1992年には、市内にポーランド・ロマ協会が設立され、ロマに対する集団殺戮に関する啓蒙活動を開始した。このような活動を通じて、戦争の傷跡から立ち上がった「聖地」にいかなる（新しい）意味が付与されるか、注視される。　　　　　（加藤久子）

### 参考文献
Jonathan Huener, *Auschwitz, Poland, and the Politics of Commemoration 1945-1979*, Ohio University Press, 2003
Geneviève Zubrzynicki, *The Cross of Auschwitz*, The University of Chicago Press, 2006
近藤孝弘「隣人の記憶—ポーランドにおける『過去の克服』とドイツ」高橋秀寿・西成彦編『東欧の20世紀』人文書院、2006年

# あとがき

星野英紀

## 巡礼研究の「第一世代」

　いまから10年ぐらい前だったであろうか、日本の巡礼研究者の集まりで、ある研究者から「日本の巡礼研究の第一世代である星野先生がここにはいらっしゃっているが、私たち第二世代の者は云々」というような話が某氏からでて、私は本当にびっくりしたことがある。そのニュアンスとトーンから、「星野さんはすでに終わった人」という感じが読み取れたからだ。現在の私なら、そうした発言も笑って受け止めるだけの自覚と余裕があるが、当時はまだまだ第一線だと思い込んでいたからやや愕然としたのである。その後、私なりに「第一世代」の意味するところを考えた。その時に、私が巡礼研究とりわけ四国遍路研究において人類学的または社会学的視点や知見を用いたこと、比較宗教学的な観点を重要視したことが、それまでの日本の巡礼研究にはあまり見られなかったことであり、そのことを指して、「第一世代」というようなネーミングをいただいたのではないかと自分の都合の良いように思うようにした。

　この「あとがき」では、まことに僭越なことではあるが、まずは私の研究生活を通してここ半世紀にわたる日本の巡礼研究の一端を回想し、そのうえで本書刊行の意味を考えてみたい。

　私が巡礼研究を始めた、いまから40年ほど以前、日本の巡礼研究、聖地参詣研究を支えていた研究者の多くは、私の印象では国文学者あるいは日本史研究者であった。奈良時代、平安時代に目を向けると、聖地が数多く生まれそこへ参る人々が次第に多くなった。平安時代には物詣、仏詣ともいったらしい。特に遠方の寺社に祈願のために詣でることは平安中期以降に盛んになった。貴族の日記類に沢山出てくるのはご承知の通りである。高野山参詣記などを垣間見ると、青息吐息で高野山の丁石道をのぼった様子などの描写たとえば「死ぬかと思った」などという文章に貴族たちの必死の聖地巡礼の様子がうかがえ、一種の感動すら感じるほどある。こうした日記文学の聖地参り描写や体験が多くの国文学者の研究の対象となってきた。

　日本史学では交通史という研究分野が巡礼研究に関連が深い。そのなかでは新城常三氏の業績が卓越している。『遠隔参詣の社会経済史的研究』という大著を著した研究者である。さらにそれを増補し『新稿　遠隔参詣の社会経済史的研究』も出版

した。1400頁弱の大作である。増補版の方はもとの著作に新しい資料を沢山加えたもので、重複箇所があったりしてやや混沌としたところも感じられるが、日本巡礼史を全体的にかつ子細に研究したものであり、日本巡礼史研究上に記憶されるべき業績といってよい書物だと思う。私は、巡礼研究に着手してからこの大先輩を成城大学に表敬訪問したことがある。彼はもともと交通史の専門家であった。交通史を研究していたら、経済的動機などとは別の意図を持つ遠隔地往来者つまり巡礼者が沢山おり、交通の発展に寄与するところ大であることを発見した。そのことより巡礼研究にも着手することになったのである。宗教的動機を持つ巡礼者の動きが、結果として交通、交易など経済的活動の展開と関連していくという流れがあって、それが上記大著の副題「社会経済的史的研究」となっている。余談であるが、新城氏を訪ねたとき私の拙い論文をお褒め頂いたのが若輩の私には大変嬉しく後々まで密かにではあるが誇らしかった。愛媛県の山村で偶然発見した遍路宿の宿帳に記載されていた、昭和10年代の1万人を越える宿泊者のデータを整理分析したものである。いまのように情報の行き届かない時代に、大正大学の小さく地味な研究誌に載せた論文を氏がチェックされていたことにもびっくりした。研究者のあり方を教えていただいたようにも思った。

## 人類学、宗教学と巡礼研究

　私が巡礼に着手しようと思った直接のきっかけは、1970年前後のシカゴ大学留学中に人類学者ヴィクター・ターナーの書物に触れかつ彼の講義に出たことによる。私のV.ターナー理解については当時に記した小論があるのでそれに譲りたい（拙稿「構造と反構造の弁証法─V・ターナーの場合」『国際宗教ニューズ』Vol.15, no.3-4所収）。

　ターナーは彼のコミュニタス論のなかで、巡礼もコミュニタスが顕現する宗教儀礼の一つであるといい、当時はメキシコのカトリック巡礼の研究に着手していた。しかし、その調査自体はまとまった報告としては公刊されることはなかったし、研究誌に発表した単独論文も「観光ガイド程度」などと酷評されることになった。彼の巡礼コミュニタス論は抽象度が高すぎ、分析枠組みとしては有用性が低いことは私も十分に承知しているし、拙著にも記している。しかし若くて勉強の足りない日本からの未熟な院生にはそれなりに魅力的であった。そこで日本でもっとも著名な巡礼である四国遍路を研究テーマにしようと思った。

　そこで新城氏の大著をひもとくと、四国遍路は文献史料が少なく歴史的には不明な点が多いこと、女性や社会の下層階級の巡礼者が目立つこと、接待などの独特の民衆的風習が盛んなこと、観光化されてこなかったこと（ここでの観光とは物見遊山という

意味である)、いわゆる大師信仰とよばれる教理教学ではとても捉えきれない信仰が基盤になっていること、などの特徴があることが分かった。

　これらの特徴の分析には、歴史的文献研究ではなく参与観察研究中心の人類学的研究や社会学的研究が向いているのではないかと見通しをつけた。当時はV.ターナー、E.リーチ、M.ダグラスなど象徴人類学、構造人類学が広く注目されていた。いずれも非歴史学的アプローチを採用していた。さらに、私はもともと比較宗教学的視野をまず訓練されていたから、比較巡礼論の展開も研究の関心であった。これらが私の巡礼の方法論的基礎である。

　換言すれば、このようなアプローチを有効にする巡礼が四国遍路だったということで、それまでの四国遍路および巡礼、聖地巡り研究にそうした研究方法や視座があまり採用されてこなかったということである。少ない文献的史料を苦労しながら渉猟し四国遍路の歴史的再構成を研究することにはあまり関心がなく、そのことを自分の論文のなかで正直に記してしまい、苦労を重ねておられた歴史学者からこっぴどくお叱りを受けたこともあった。

　ただし断っておくが、もちろん「第一世代」に入る研究者が私だけということではなく、私より10年ぐらい以前より巡礼研究に従事していた社会学者前田卓氏、私のほぼ同世代で民俗学分野で精力的な仕事をし始めていた真野俊和氏なども、私と同じ時代人といえるであろう。つまり1970年ごろから、巡礼研究において多彩な研究が始められたということが正しい表現であろう。私自身のことをいえば、他のテーマも多少はつまみ食いしながらも、2000年ごろまで、四国遍路研究を中心に巡礼研究を持続していた。

## 聖地・巡礼研究とツーリズム

　さて、本書の一大特色は52カ所にものぼる聖地、巡礼が研究対象として取上げられていることである。執筆者の大半は若手の将来を嘱望されている研究者である。世代論からいえば第三世代、第四世代に属する方々である。誤解のないように記すが、第二世代の研究史上の功績が少ないということでは断じてない。紙数の都合上、挙げるお名前、業績に遺漏がありうることを恐れてここでは列挙しない。このことに関しては他日を期したい。しかし私が巡礼研究を始めたころには、本書ほどの研究者や研究対象の広がりは想像だにできなかった。

　V.ターナーによれば、人類学者や社会学者は巡礼研究にほとんど関心を払ってこなかったが、その理由は彼らが固定的な"構造"に過度に関心を持ち、つねに"動いている推移的行動"である巡礼などには関心を持たなかった、あるいは持ち得なかったからである。

　現代の聖地研究、巡礼研究の発展は、ターナーのいうような学的方法論の欠陥が克服されたからだけでは

ない。むしろそれ以上に大きな原因がある。それは、聖地巡り、巡礼という行為を狭義の宗教的行為に限定しないようになったことである。その背景には、ツーリズムの隆盛が国家の命運を握るほどの影響力をもつようになり、それが聖地めぐりをも包含してきたこと、"宗教的なるもの"の概念が変容し、スピリチュアルなものへの関心という形で、多くの人々の注目を浴びてきたきたことなどが考えられる。この点については本書「概説」に詳しい。かつての巡礼研究においても、新城氏著書のタイトルにあるように聖地巡礼の「社会経済史的」意味の重要性が指摘されてきた。しかしこれは島国日本の巡礼の場合であった。中世ヨーロッパの巡礼でもヨーロッパ大陸各地からの巡礼者を集めたことから、その政治的文化的影響が論じられることがあったが、それはキリスト教文化の枠組みのなかでの副次的な研究テーマであったのではないかと思う。このように巡礼研究、聖地研究は特に1990年頃から新しい地平を築くようになったのであり、本書はその成果の一端であるといってよい。

## 本書刊行のいきさつと意義

本書で共に編者を勤めた山中弘氏は岡本亮輔氏などとともに、「宗教と社会」学会の研究プロジェクトを立ち上げ、宗教とツーリズムの研究を進めてきて、それは現在に至っている。その間に学術振興会の科学研究費の交付を受け研究を推進してきた。その研究集団の成果が本書の中核になっているのである。

本書の出版の経過を少々記しておきたい。昨年、私はある研究会で弘文堂三徳洋一氏と久しぶりにお会いし最近の出版事情などを話し合った。その後、小さな出版祝賀会の席で山中氏、岡本氏に会い相談の結果、本書の原案が案出された。それをわれわれと三徳氏とで何度も話しあうことから本書が生まれたのである。山中氏、岡本氏らが何年もかけて育んできた研究者ネットワークに負うところが多いのであるが、現在の出版界の実状から執筆者にも無理をお願いした向きがあり、その点は申し訳ない気持ちが一杯である。

読者においては、本書をお読みになると、この聖地が現代聖地論の研究テーマとして取上げられるのであれば、「私の知っているケースも、同じ視点で論ずることができるのでは？」と思う事例を思い浮かべることがおそらくあるに違いない。私たちは当然そういうケースがあるだろうと推測している。そしてぜひ、それを研究していただきたい、と考えている。このことが、聖地論、巡礼論、ツーリズム論をさらに充実することになるであろう。

またこの52の聖地はずっと聖地であり続けるのであろうか。一時の流行で、いずれは消えてなくなるのではないか、と考えられるかもしれない。実は、聖地の消長は古今より枚挙にいとまがない。実際に、現代においても、私たちの回りには、数

多くの聖地巡り候補がある。路傍の石仏から始まり、大きな寺社伽藍は当然のことであるが、さらにさまざまなモニュメントや事件事故の追悼の地などである。そのうち、なにが耳目を集める聖地となり、なにが聖地となりえないか。この課題の解明は、もっと多くの事例を調べることが必要であると思うが、古くからの伝統聖地巡りを分析することも一つの方法であろう。

持続する聖地巡りとしてはまず宗教団体の聖地めぐりがある。教えのなかで明確な位置づけが行われ、聖地巡りを組織的にバックアップする信者組織が確固としているからである。新宗教教団本部巡礼がその典型である。ただしこの本部巡礼は訪れる人々の資格を制限するので広義のツーリズムの対象とはなりにくい。他方、伝統的巡礼のなかにも特定教団の強固な組織的支えがなくても続いてきたものもある。その典型は四国遍路である。四国遍路の基本は民衆的弘法大師信仰であるが、その民衆性は教義・教理の枠内に収まるものではない。それは著しく素朴な先祖供養や病気直しなど民間的信仰であったし、職業遍路も無視できなかった。四国遍路札所寺院の大半は真言宗系寺院である。しかし札所寺院のまとまりは決して強固ではない。霊場会ができたのも明治中期以降である。札所は広く散らばっている。教学上も、真言宗には平安期より加持祈禱の流派がいくつもあり、真言宗宗団として一まとまりになりにくい歴史的経緯がある。つまり四国遍路には教団の"しばり"が希薄であるから、近代以前から遍路者個人の自由な"四国遍路解釈"が可能であった。現在も、先祖供養や祈願目的の人はもちろん、観光主眼の人、ウォーキングなど健康志向の人、自分探しの人などさまざまである。つまり四国遍路の価値多様性は現在も十分生きている。このように考えると、組織的拘束が少なく選択の幅が広く"個人性"が優先されることが、新しい聖地巡りの持続の一つの重要条件ではなかろうか。また巡礼地、聖地に限ることではないが、50年間、100年間と人々を惹きつけているカギのひとつはリピータの存在であることも忘れてはならない。

かつて決してメジャーな研究対象ではなかった聖地研究がツーリズムの隆盛という時代の大きな追い風があったとはいえ、このような多くの若手研究者がこの研究テーマにかかわるようになったことはまことに嬉しいことである。私の願うところは、ここで論じられている聖地についてさらなるディープな研究が蓄積されること、研究される聖地リストがさらに充実していくことを大いに期待するものである。そのことから、われわれは、現代人がいかなる異時間・異空間を求めているかを具体的に知ることができるであろう。

# 索　引

## あ

愛国　　204, 209, 210, 211, 244, 245
アイヌ　　212
アウシュヴィッツ　　2, 3, 9, 246
東御廻り　　90, 93
秋葉原　　149
あげいん熊野詣　　95, 96, 97
アーサー王　　132, 133, 134, 135
浅草神社　　155
アダム　　60
アニミズム　　6
アニメ　　147, 148, 149, 150, 151
アニメ聖地巡礼　　3, 152, 153, 155
『あの日見た花の名前を僕達はまだ知らない。』　　150
アムネマチン　　39
アリエス、P　　166
アリゾナ・メモリアル　　239, 240, 241
アンダーソン、B　　17

## い

イヴ　　60
イエ　　235
イエス・キリスト　　56, 57, 58, 158
五十嵐太郎　　79
池上本門寺　　72
遺骨　　71, 72
遺骨収集　　227, 228, 229, 234, 235
生駒の神々　　121, 122
イザイホー　　91
石切神社　　120, 121
出雲大社　　144
出雲大社教　　163

伊勢神宮　　1, 66, 144
石上神宮　　79
痛絵馬　　151, 152, 153
痛車　　149
市川団十郎　　112, 113
1.17希望の灯り　　174
イパチエフ修道院　　108
今戸神社　　154
癒し　　18, 25, 119, 165, 215
慰霊　　123, 161, 178, 197, 226, 230, 231, 233
慰霊巡拝　　234, 235, 236, 237
慰霊塔　　227
慰霊登山　　176, 178
慰霊碑　　185, 186, 187
石清水八幡宮　　154
岩のドーム　　57
磐船神社　　120
インターネット　　119, 123, 130, 147, 152

## う

ヴァラーム諸島　　108
ヴィア・ドロローサ　　58
ウエストミンスター寺院　　200
氏神　　214
牛久大仏　　124
うしわきの森　　87, 88
御嶽　　90
ウッドストック　　33
浦上天主堂　　233
ウルル　　7

## え

永平寺　　74
英霊　　195, 237
エキュメニズム　　32, 34
エコ・ツーリズム　　41
江原啓之　　156

エリアーデ、M　　78
エルサレム　　2, 56, 60
円覚寺　　103, 104
役小角　　120
縁結び　　144, 156, 157, 164

## お

黄金のドーム　　56, 57
桜桃忌　　169
大浦天主堂　　84
大口真神社　　118
大谷廟堂　　70, 72
鷲神社　　155
大峰山上ヶ岳　　7
大山　　119
おかげまいり　　66
おかげ横丁　　67
岡本太郎　　91
オカルト　　132
沖田総司　　155
御師　　10, 95, 99, 101, 116, 117, 118, 119
御巣鷹山　　176
オタク　　147, 149
おぢばがえり　　78, 81
小野照崎神社　　155
『オーラの泉』　　156
折口信夫　　91
おろくにんさま　　88, 89
御嶽講　　116, 117

## か

カアバ　　60
開拓民　　214
開帳　　112, 113, 150, 152
カイラス　　38
革命観光　　244
革命聖地　　206
かぐらづとめ　　78, 80

索引　■　*257*

カクレキリシタン　87, 88, 89
カーケリング、ハーペイ　24
加藤清正　142
カトマンズ　33
鎌倉大仏　104, 124
ガマフヤー　228, 229
カルバラーの物語　220, 221, 222, 223
川崎大師　112
川端康成　102
観光のまなざし　81, 91
観音巡礼　150

き

ギアーツ、C　25
祇園祭　114
聞得大君　90, 91
疑似科学　144
擬死再生　101
奇跡（奇蹟）　28, 29, 106, 122
北口本宮浅間神社　9, 99
吉祥講　75, 76
キブラ　57
9・11テロ　188, 189
『教行信証』　126
教如　70
教派神道　163
教派神道化　100
巨大仏　124
キリスト祭　160

く

偶像崇拝　217
熊野古道　85
熊野三山　94
グラストンベリー・フェスティヴァル　133
グランド・ゼロ　3, 8, 188, 190, 191
クリアウォーター　6
クリシュナ　139
黒田清隆　214
軍国主義　195
軍神　242, 243, 244

け

ケルト　132, 134, 135
現世利益　43, 45, 112, 117
建長寺　103
原爆死　230
原爆死没者慰霊碑　231
原爆ドーム　8, 231

こ

高徳院　103, 104
高度経済成長　54, 76, 113, 124
弘法大師空海　14, 18, 49
コエーリョ、パウロ　20
国定戦跡公園　226
護国神社　236
『こころの時代』　122
コスプレ　161
国家主義　215
国家神道　48, 163
国家報勲政策　202
古都保存法　105
コミックマーケット　149
コミュニタス　80
コーラン　60
コルディリェーラの棚田群　92
コルベ神父　249
婚活　11, 154
魂魄の塔　227

さ

西国三十三観音霊場　48
西国巡礼　183
最後の晩餐　132
ザイナブ　220, 221, 222
在日コリアン寺院（朝鮮寺）　122, 123
『坂の上の雲』　244
札幌まつり　215
佐渡遍路　48, 49
里山伏　116
ザビエル、フランシスコ　84
山岳信仰　8, 94, 116
山岳仏教　98
三庫理　91

参禅　74, 76, 77
サンティアゴ・デ・コンポステラ　1, 9, 20, 85
3.11希望の灯り　175
3.15義挙　203

し

食行身禄　99
式年遷宮　67
『四国八十八カ所　こころの旅』　15
四国遍路　48, 49, 85, 183
私事化　15
寺社領没収　117
地蔵寺　180
実行教　100
十返舎一九　66
司馬遼太郎　244
島崎藤村　102
志摩スペイン村　67
島田秀平　143, 156
島原の乱　84
島義勇　212
『下妻物語』　126
シャルトル　29
周恩来　208
集合的記憶　89, 211
終戦記念日　197
宿坊　117, 119
修験道禁止令　94
首相、閣僚の参拝　197
須弥山　36
蒋介石　206
商業神　117
昇魂之碑　176, 177, 178
上座仏教　42
聖天（歓喜天）　120, 121
浄土信仰　116
浄土真宗東本願寺　125
浄土真宗本願寺派　70
傷病者巡礼　26, 29
定林寺　150
贖宥状　23
死霊　237
シンクレティズム　37

258

信仰と光　31
新港奉天宮　129, 130
新郷村　158
震災モニュメント交流ウォーク
　　173
真宗大谷派　70
新勝寺　114
人生儀礼　42
神秘主義　132
神仏分離　9, 94, 116, 117
親鸞　70, 71, 72, 73, 126
新霊性運動　15

**す**

水天宮　155
スターリン　243
スピリチュアリティ　10, 25,
　　123, 125, 144
スピリチュアル　119, 123, 133,
　　134, 145, 165
スピリチュアル産業　134, 135
スピリチュアルツーリズム
　　91, 93
スーフィー思想　217, 218
スワトス、W　6
スワン、J　6
スンナ　60

**せ**

聖遺物　28, 37, 42
青岸渡寺　96
政教分離　235
聖者廟　217
聖人　28, 106, 168
聖杯の伝説　133
聖墳墓教会　57
聖母出現　7, 28
聖母マリア被昇天祭　88
聖ヤコブ　20
世界遺産　1, 85, 87, 88, 89, 91,
　　92, 93, 95, 101, 109, 248
世界遺産指定　84
世界遺産登録　52
世界文化遺産　17, 21, 70, 98,
　　100, 105

世界文化遺産登録　101
世俗化　15, 33, 34
接待　18, 19
銭洗弁財天　103
セノタフ　198
セラピー　119
ZEN　77
全国戦没者追悼式　197
戦跡観光　245
先祖　72
浅草寺　150
先達　15, 113, 235
潜伏キリシタン　230, 232
戦没記念碑　198
戦没者　195, 226
戦没者慰霊　124
戦没兵士追悼記念日　198, 199
禅林寺　169

**そ**

總持寺　75
掃苔（道）　168
祖師信仰　77
祖先崇拝　90
ソロフキ諸島　109
ソロモン　56
孫文　211

**た**

対イスラーム感情　190
大遠忌　72, 76
大河ドラマ　144
大甲鎮瀾宮　129, 130
タイ寺　53
大師信仰　14, 16
大石神ピラミッド　160
第二ヴァチカン公会議　30
大仏　103
太平洋戦争　91
『ダ・ヴィンチ・コード』　158
高尾山　119
竹内巨麿　158, 159, 160
太宰治　169
タタリ　181
ダッタ、ケダルナート　137

ターナー、V　80
ダビデ　56, 59
多文化主義　201
多磨霊園　168
ダライ・ラマ　26
タロット　134
丹下健三　231
団体バス巡礼ツアー　15
タントラ仏教　218

**ち**

地域おこし　124
知恩院　72
地上における信頼の巡礼　35
秩父巡礼　150
チデスター、D　7
ぢば　78, 80, 81
チャイタニヤ　136, 138, 139
中印国境問題　54
忠魂墓地　204, 205

**つ**

追悼　197
追悼記念センター　190
ツインタワー　189
通過儀礼　14, 25, 80, 217
筑波山　119
鶴岡八幡宮　102, 103, 154

**て**

ディズニー・ランド　59
出開帳　10, 117
テゼ共同体　32
テレビ霊能者　145, 156
田園墓地　166, 168
天理市　78

**と**

トゥアン、Y　6
『東海道中膝栗毛』　66
東京招魂社　194
東京スカイツリー　144
道元　74, 75
東郷平八郎　242
同時多発テロ　188

索引　*259*

東方正教会　106
ドストエフスキー　106
トポフィリア　6
トロイツェ・セルギエフ大修道院　106

## な

ながさき巡礼　84, 85, 87
中田重治　160
中山正善　79
中山みき　78
ナショナリズム　191, 199, 202, 240
ナショナル 9/11 メモリアル・ミュージアム　190, 191
ナチス・ドイツ　32, 246, 249
那智の滝　95, 96
夏目漱石　102, 242
『夏目友人帳』　155
ナニャドヤラ　159, 160, 161
奈良の大仏　124
成田山信仰　112

## に

日ユ同祖論　160
日蓮　46, 47, 72
日露戦争　242, 243
日系移民　162
西本願寺　70
二〇三高地　244, 245
日本遺族会　235
日本寺　53
ニューエイジ　21, 24, 134
女人禁制　7

## ぬ

抜けまいり　66

## ね

ネオペイガニズム　134
ネオリベラリズム　189
根獅子　87, 88, 89
ネルー　53
年中行事　14, 42, 217

## の

ノヴォデーヴィチ修道院　109
乃木希典　242
祝女　90

## は

パウルの歌　216
墓マイラー　168
墓参り　72
白山神社　154
バクティヴェーダーンタ　136, 137, 138
箱根　119
橋本徹馬　181, 182
バス　90
バスツアー　49
長谷寺　103
ハッジ　61
鳩森八幡神社　99
バトルフィールド（戦跡・戦場）・ツーリズム　201
花の窟神社　7
バリアフリー　27, 68, 93
榛名山　119
パールハーバー　162, 238
ハレ・クリシュナ　136
パレ・ル・モニアル　29
ハワイ　162, 184, 238
ハワイ出雲大社　162, 163, 164
ハワイ大神宮　163
パワーストーン　69, 134, 143
パワースポット　1, 3, 9, 69, 118, 119, 142, 143, 144, 145, 154, 155, 156, 157, 165, 169, 215

## ひ

東本願寺　70, 71
悲劇的災害　2
悲劇的場所　3
ヒズブ・アッラー（ヒズボラ）　223
ピータ巡礼　38
ヒッピー　133
ヒッピー・ムーブメント　32
人穴神社　9
ヒムラー、ハインリヒ　246
ひめゆりの塔　92
百観音霊場　150
ヒーリング　134, 156
広島原爆死没者追悼平和祈念館　231
廣瀬武夫　242, 244
ヒロ大神宮　162, 163
ビン・ラディン、オサマ　191

## ふ

ファシズム　163
ファン　147, 148, 153
ファン・ヘネップ、A　25, 80
風水　207
フェミニスト　7, 134
富士講　9, 98, 99, 100
富士修験　98
富士浅間大社　156
富士塚　99
富士本宮浅間神社　98
扶桑教　100
舞台探訪　151, 152
仏像ブーム　125
ブッダガヤ　2, 52
フリーダムタワー　190
フルシチョフ　243
プレスリー、エルビス　240
文化大革命　40, 207
分杭峠　144

## へ

平和祈念　124
平和祈念公園　226
平和記念公園　231
平和主義　226
ベナレス　1
戸来村　158
ペール・ラシェーズ墓地　166, 167
ベンガル　136, 216
遍路道　17

## ほ

奉天宮　128
法然　72
ポストモダンツーリズム　16
墓地ツーリズム　167, 168
北海道神宮　212
ボランティア　27, 68, 93, 115, 147
ボリシェヴィキ　106

## ま

マーカー　8
マクレーン、シャーリー　21
魔女　134
マスツーリズム　16
媽祖進香　128
待乳山聖天　154
摩文仁の丘　92, 226, 229
マーヤープル　136
マルクス　11
丸山教　100
マンダラ　36, 37, 39

## み

水子供養　180, 181, 183
御岳山　118
みたままつり　196
身延山久遠寺　72
みんなで靖国神社に参拝する国会議員の会　197

## む

無形文化遺産　216
武蔵御嶽神社　116
無信仰　15
ムハンマド　57, 60
無名戦士　200
村上光清　99

## め

明治神宮　1, 112, 142
明治天皇　142, 194, 214

## メ

メッカ　1, 2, 58, 59, 60, 63, 64
メディア　15, 119, 145
メディア戦略　29
メディナ　58, 59, 60, 63, 64
免罪符　66

## も

毛沢東　206, 208
黙娘徒歩環島　130
『モヤモヤさまぁ～ず2』　164
モリソン、ジム　168
門前町　71, 76, 112, 113, 114, 115
門中　90, 93
モンパルナス墓地　166, 167
モンマルトル墓地　166, 167

## や

靖国神社　194, 236
山歩きブーム　118
山ガール　101, 144

## ゆ

遊就館　196
湯島天神　150
ユタ　93, 229
ユニバーサルスタジオジャパン　67
ユネスコ　21, 64, 70, 92, 95
ユネスコ世界遺産　247
ユネスコによる無形文化遺産　218
ユネスコの文化遺産指定　109

## よ

ヨガ　119
YOSAKOIソーラン祭り　215
ヨハネ・パウロ2世　9, 249, 250
四大革命聖地　206
4.19革命　202

## ら

『らき☆すた』　146, 148, 149

ラロン・シャハ、フォキル　216
ランドマーク　127

## り

リネンタール、E　7
リミナリティ　80
『琉球の風』　92
劉少奇　208
龍勢祭り　152
旅順　242
リラクゼーション　233

## る

ルルド　6, 7, 26
ルンビニ　52

## れ

霊験譚　10
霊骨　75
霊障　181, 182
霊場会　15
レイライン　133
レイン、B　6
歴女　155, 169
レッド・ツーリズム　210, 211
恋愛の聖地　154
蓮如　70

## ろ

ロシア正教会　109
ロマ　246, 251
ローマ皇帝コンスタンティヌス　57

## わ

ワイルド、オスカー　167
鷲宮神社　146
ワッハーブ派　61, 65
ワールドトレードセンター（WTC）　188

●執筆者一覧 (50音順)

天田顕徳（あまだ・あきのり）　北海道大学メディア・コミュニケーション研究院
　「本来の祭りの行方」『郷土再考』角川書店、2012

粟津賢太（あわづ・けんた）　上智大学グリーフケア研究所客員研究員
　『記憶と追悼の宗教社会学―戦没者祭祀の成立と変容』北海道大学出版会、2017

板井正斉（いたい・まさなり）　皇學館大学文学部
　『ささえあいの神道文化』弘文堂、2011

今井信治（いまい・のぶはる）　立教大学兼任講師
　『オタク文化と宗教の臨界―情報・消費・場所をめぐる宗教社会学的研究』晃洋書房、2018

碧海寿広（おおみ・としひろ）　武蔵野大学文学部
　「近代仏教とジェンダー」『日本思想史学』45、2013

加藤久子（かとう・ひさこ）　東京外国語大学世界言語社会教育センター特任助教
　共著『宗教とツーリズム―聖なるものの変容と持続』（山中弘編）世界思想社、2012

門田岳久（かどた・たけひさ）　立教大学観光学部
　『巡礼ツーリズムの民族誌―消費される宗教経験』森話社、2013

川﨑のぞみ（かわさき・のぞみ）　筑波大学大学院人文社会科学研究科一貫制博士課程中退
　共著『宗教と社会のフロンティア』（髙橋典史他編）勁草書房、2012

河西瑛里子（かわにし・えりこ）　国際ファッション専門職大学
　『グラストンベリーの女神たち』法藏館、2015

韓敏（かん・びん）　国立民族学博物館
　編著『革命の実践と表象―現代中国への人類学的アプローチ』風響社、2009

木村勝彦（きむら・かつひこ）　長崎国際大学人間社会学部
　共編『西欧近代の思想史像』勁草書房、2003（1998）

藏本龍介（くらもと・りょうすけ）　東京大学東洋文化研究所
　『世俗を生きる出家者たち―上座仏教徒社会ミャンマーにおける出家生活の民族誌』法藏館、2014

齋藤譲司（さいとう・じょうじ）　筑波大学大学院生命環境科学研究科博士後期課程
　「地域資源としての近代化遺産の保全活用の課題」『地域研究年報』33、2011

鈴木洋平（すずき・ようへい）　拝島大師職員
　「石塔化と『無縁』」『日本民俗学』257、2009

高尾賢一郎（たかお・けんいちろう）　中東調査会
　共編『宗教と風紀―〈聖なる規範〉から読み解く現代』岩波書店、2021

高橋沙奈美（たかはし・さなみ）　九州大学人間環境学研究院
　『ソヴィエト・ロシアの聖なる景観』北海道大学出版会、2018

髙橋典史（たかはし・のりひと）　東洋大学社会学部
　共編『宗教と社会のフロンティア―宗教社会学からみる現代日本』勁草書房、2012

高山陽子（たかやま・ようこ）　亜細亜大学国際関係学部
　『民族の幻影―中国民族観光の行方』東北大学出版会、2007

田中悟（たなか・さとる）　摂南大学外国語学部
　『会津という神話―〈二つの戦後〉をめぐる〈死者の政治学〉』ミネルヴァ書房、2010

寺戸淳子（てらど・じゅんこ）　国際ファッション専門職大学
　　『ルルド 傷病者巡礼の世界』知泉書館、2006
土井清美（どい・きよみ）　中央学院大学現代教養学部
　　『途上と目的地―スペイン・サンティアゴ徒歩巡礼路　旅の民族誌』春風社、2015
問芝志保（といしば・しほ）　日本学術振興会特別研究員（PD）
　　秋山志保「葬送に関連する事業の展開と墓の変化」『宗教学年報』26、2011
外川昌彦（とがわ・まさひこ）　東京外国語大学アジア・アフリカ言語文化研究所
　　『聖者たちの国へ―ベンガルの宗教文化誌』NHKブックス、2008
徳野崇行（とくの・たかゆき）　駒澤大学非常勤講師
　　「永平寺の先祖供養」『宗教学論集』28、駒沢宗教学研究会、2009
中谷哲弥（なかたに・てつや）　奈良県立大学地域創造学部
　　「多宗教世界」『南アジア社会を学ぶ人のために』（田中雅一他編）世界思想社、2010
中山郁（なかやま・かおる）　皇學館大学文学部
　　『修験と神道のあいだ―木曽御嶽信仰の近世・近代』弘文堂、2007
名和清隆（なわ・きよたか）　淑徳短期大学兼任講師
　　「社会的守護者となる死者」『佛教文化学会紀要』19、2011
橋本暁子（はしもと・あきこ）　上越教育大学
　　「京都近郊農山村における柴・薪の行商活動」『歴史地理学』53(4)、歴史地理学会、2011
平岡光太郎（ひらおか・こうたろう）　同志社大学一神教学際研究センター共同研究員
　　「現代ユダヤ思想における宗教と政治の関係」『宗教研究』362、2009
藤本頼生（ふじもと・よりお）　國學院大學神道文化学部
　　『神道と社会事業の近代史』弘文堂、2009
藤本龍児（ふじもと・りゅうじ）　帝京大学文学部
　　『「ポスト・アメリカニズム」の世紀―転換期のキリスト教文明』筑摩選書、2021
別所裕介（べっしょ・ゆうすけ）　駒澤大学総合教育研究部
　　共編『宗教性の人類学―近代の果てに、人は何を願うのか』法藏館、2021
前島訓子（まえじま・のりこ）　愛知淑徳大学交流文化学部
　　「ローカルな文脈における「聖地」の場所性」『日本都市社会学会』28、2010
松井圭介（まつい・けいすけ）　筑波大学生命環境系
　　『日本の宗教空間』古今書院、2003
三木英（みき・ひずる）　大阪国際大学グローバルビジネス学部
　　『宗教集団の社会学―その類型と変動の理論』北海道大学出版会、2014
村上晶（むらかみ・あき）　駒澤大学仏教学部
　　『巫者のいる日常―津軽のカミサマから都心のスピリチュアルセラピストまで』春風社、2017
安田慎（やすだ・しん）　高崎経済大学地域政策学部
　　『イスラミック・ツーリズムの勃興―宗教の観光資源化』ナカニシヤ出版、2016
山田政信（やまだ・まさのぶ）　天理大学国際学部
　　共著『グローバル化するアジア系宗教』（中牧弘允他編）東方出版、2012

● 編者

**星野英紀**（ほしの・えいき）
大正大学元学長
『四国遍路の宗教学的研究―その構造と近現代の展開』法藏館、2001年
共著『四国遍路―さまざまな祈りの世界』吉川弘文館、2011年

**山中弘**（やまなか・ひろし）
筑波大学特命教授（名誉教授）
『イギリス・メソディズム研究』ヨルダン社、1990年
共編著『神話と現代』リトン、2007年
共編著『世界は宗教とこうしてつきあっている―社会人の宗教リテラシー入門』弘文堂、2013
編著『宗教とツーリズム』世界思想社、2012年
編著『現代宗教とスピリチュアル・マーケット』弘文堂、2020年

**岡本亮輔**（おかもと・りょうすけ）
北海道大学メディア・コミュニケーション研究院准教授
『聖地と祈りの宗教社会学―巡礼ツーリズムが生み出す共同性』春風社、2012年
『聖地巡礼―世界遺産からアニメの舞台まで』中公新書、2015年
『江戸東京の聖地を歩く』ちくま新書、2017年
『宗教と日本人―葬式仏教からスピリチュアル文化まで』中公新書、2021年

---

### 聖地巡礼ツーリズム

2012（平成24）年11月15日　初版1刷発行
2021（令和3）年 8月15日　同　4刷発行

編　者　星野英紀・山中弘・岡本亮輔
発行者　鯉渕　友南
発行所　株式会社　弘文堂　　101-0062 東京都千代田区神田駿河台1の7
　　　　　　　　　　　　　　TEL 03(3294)4801　振替 00120-6-53909
　　　　　　　　　　　　　　https://www.koubundou.co.jp

装　丁　松村大輔
組　版　堀江制作
印　刷　三報社印刷
製　本　井上製本所

© 2012　Eiki Hoshino, Hiroshi Yamanaka, Ryosuke Okamoto, Printed in Japan.
JCOPY〈(社)出版者著作権管理機構 委託出版物〉
本書の無断複写は著作権法上での例外を除き禁じられています。複写される場合は、そのつど事前に、(社)出版者著作権管理機構（電話 03-5244-5088、FAX 03-5244-5089、e-mail: info@jcopy.or.jp）の許諾を得てください。
また本書を代行業者等の第三者に依頼してスキャンやデジタル化することは、たとえ個人や家庭内での利用であっても一切認められておりません。

ISBN 978-4-335-16071-4